U0851674

城区隧道爆破
对地面建筑物的振动影响

于建新 王海亮 杨波 周勇 赵军 王晓静 著

中国铁道出版社有限公司

2022年·北 京

内 容 简 介

本书重点讲述隧道爆破对多层砖混结构的振动影响、隧道爆破对多层框架结构的振动影响、TBM导洞先行条件下隧道爆破对砌体结构的影响。书中以青岛地区隧道爆破对地面建筑物的振动影响为背景，采用现场实测、理论分析与数值模拟的方法，研究得到了几种典型建筑结构的振动响应特性，分析内容包括振动速度三向分量的变化规律、频谱特性，重点提出了建筑结构顶层绝对放大、相对放大、相对降低、绝对降低四种现象产生的原理及表现形式。

本书可供从事隧道工程、地下工程的管理、科研、设计、施工人员使用，也可作为高等院校隧道工程、地下工程及相关专业的参考书。

图书在版编目(CIP)数据

城区隧道爆破对地面建筑物的振动影响/于建新等著. —北京：中国铁道出版社有限公司，2022.6

ISBN 978-7-113-28643-9

Ⅰ.①城… Ⅱ.①于… Ⅲ.①城市隧道-爆破施工-振动影响-建筑物-研究 Ⅳ.①U459.9②TU311.3

中国版本图书馆CIP数据核字(2021)第256106号

书　　名：城区隧道爆破对地面建筑物的振动影响

作　　者：于建新　王海亮　杨波　周勇　赵军　王晓静

策　　划：张卫晓

责任编辑：冯海燕　　　　**编辑部电话：**(010)51873017

封面设计：尚明龙

责任校对：孙　玫

责任印制：樊启鹏

出版发行：中国铁道出版社有限公司(100054，北京市西城区右安门西街8号)

网　　址：http://www.tdpress.com

印　　刷：北京富资园科技发展有限公司

版　　次：2022年6月第1版　2022年6月第1次印刷

开　　本：710 mm×1 000 mm 1/16　**印张：**10.75　**字数：**199千

书　　号：ISBN 978-7-113-28643-9

定　　价：56.00元

前　　言

我国城市化进程逐渐加快，城市人口激增，城市交通的压力日渐显现。在这样的背景下，城市不断向地下发展，城市地下工程项目逐渐增多。城市地下空间的开发必然要下穿建筑物（构筑物）、交通干道、地下管线等，对其安全构成了一定的影响，同时这也给地下工程的建设提出了更高的要求。

在城市轨道交通硬岩地层施工中，钻爆法凭借其灵活快速的优点已经成为不可或缺的施工手段。在诸如隧道等地下工程修建的过程中，钻爆法引发的振动效应危害性最大，一方面影响周围建筑结构的安全与稳定性，引发安全隐患；另一方面对城市居民的生活和心理也产生一定影响。研究城区地下工程控制爆破技术，分析爆破振动对建筑结构的影响规律，对于地下工程建设具有一定的指导意义。

本书共分5章。第1章为绪论，介绍了地下工程爆破振动传播规律与振动波特性、爆破振动对建筑物的影响、建筑结构爆破振动响应规律、爆破振动安全控制标准等方面的研究现状，以及城区地下工程爆破建筑结构动力响应的研究内容与研究方法；第2章结合工程背景，分析了隧道爆破对多层砖混结构的振动影响；第3章采用理论分析、数值模拟、现场监测，研究了隧道爆破对多层框架结构的振动影响；第4章分析了TBM导洞先行条件下隧道爆破对砌体结构的影响规律；第5章对本书主要研究内容和创新成果进行总结，并对未来城区隧道爆破对建筑结构的影响方面进行了展望。

本书由河南理工大学于建新博士，山东科技大学王海亮教授，中铁二局集团成都新技术爆破工程有限公司杨波高工、周勇高工、赵军高工，山东科技大学王晓静硕士共同完成，于建新博士、王海亮教授共同负责全书统校工作。

山东科技大学李占海博士、闫莎莎博士，中国交通建设股份有限公司于福高工、李维洲教授级高工，河北飞瀑环保科技有限公司王振彪教授，青岛理工大学缪玉松副教授，为本书撰写和出版提供了大量素材，并给予了帮助和支持。山东科技大学孙志果、肖业辉、孙中博硕士研究生做了大量研究工作，河南理工大学刘文金、李真珍硕士研究生做了大量文字编辑工作。撰写过程中参阅了大量国内外相关文献和研究成果，在此，一并表示感谢！

本书的出版得到国家自然科学基金项目(42107200)、河南省科技攻关计划项目(212102310598)的资助，在此深表感谢！

鉴于城区隧道爆破施工以及对地表建筑结构影响的复杂性，著者虽在控制爆破技术及振动效应控制等方面付出努力，解决了工程现场的技术难题，取得了部分成果，但由于水平和时间有限，文中疏漏与不足之处在所难免，恳请广大读者批评指正。

著　者

2021 年 10 月

目　　录

第1章 绪　论

1.1 研究背景及意义

随着我国城市化建设进程快速发展，很多城市已经出现了严重的交通拥堵问题，地铁隧道的建设运行已成为缓解交通拥堵问题的有效途径。如今，我国城市不断加快建设的步伐，促使城市隧道工程和地下工程的建设工作越来越多。

依据地铁隧道不同的开挖形式，通常分为钻爆法、TBM法、明挖法、顶进法、盾构法等方法。对于在硬岩条件下的城市地铁隧道施工工程，其中较为合理适用、经济高效的开挖方法为钻爆法。但是，钻爆法会带来一系列负面效应，影响周边居民生活和威胁既有建筑物的安全。其中，爆破施工影响范围最广、社会危害性最大的有害效应是爆破振动。城市地铁中，尤其是穿行商业街、居民区等人口聚集的区域，隧道爆破产生的爆破振动就会对周围的人群以及建筑物设施造成一定的影响。如果产生的爆破振动大于周围建筑物所能承受的最大振动时，爆破过程就会对周围建筑物造成不同程度的破坏，影响周围建筑物的安全和稳定。因此在地铁隧道开挖的过程中，如何控制爆破振动效应，保障周边居民和既有建筑物的安全显得尤为重要。

爆破地震波峰值振速大、持续时间短，作用在结构构件上产生较高拉应力和剪应力，超过材料抗拉和抗剪强度时，会引起结构破坏。因此必须准确掌握建筑物的爆破振动响应规律。质点振动的峰值振速代表质点所受内力和动能，因此常常被用作判别建筑结构是否破坏的参量。根据萨道夫斯基公式可知，质点的峰值振速主要与一次爆破的最大单段药量 Q 和测点至爆源的距离 R 有关。

随着控制爆破振动危害效应的标准越来越严格，爆破振动主频在爆破振动安全评价中的作用也越来越重要。爆破地震波在传播过程中，频率会不断衰减，由于建筑结构本身自振频率较小，当二者频率较为接近时，容易产生共振危害。

目前，隧道逐渐向大断面、小净距、浅埋深方向发展，钻爆法逐渐成为城市硬岩隧道主要施工方法，控制爆破振动对周边环境的影响尤为重要。研究建筑物爆破振动响应规律，对保障隧道爆破施工安全、保护人居环境稳定等具有重要的理论意义和工程实用价值。

1.2 国内外研究现状

从 20 世纪 20 年代以来，国内外学者针对炸药引发的爆破地震效应、爆破地震波在建筑物内的传播、建筑物振动响应特性进行了大量研究，取得了一定的研究成果。

1.2.1 爆破振动传播规律研究

爆破地震效应是指炸药爆炸对周围一定区域内的岩土体介质、建筑物结构及周边环境产生的地震现象及结构响应。国内外学者对爆破地震效应的了解最早源于矿山建设和采矿爆破。

1927 年，美国 Rockwell E H 主要针对采石场爆破引发的地震效应进行了详细研究。两年后，美国学者 Chabot 主要针对铁矿爆破开采过程中引发地震效应进行讨论。此后，关于爆破地震效应的研究在国内外众多学者中陆续展开。

1950 年，Morris 提出了爆破振动衰减规律的公式，这是在世界范围内首次提出的关于爆破振动衰减的公式，该公式考虑了爆心距、炸药量及地质条件的影响，并且以质点振幅为振动强度的指标。

$$A=K\frac{Q}{R} \tag{1-1}$$

式中 A——质点最大振幅(mm)；

Q——装药量(kg)；

R——爆心距(m)；

K——与地质条件和爆破条件有关的参数。

1962 年，中科院谢毓寿等人对多种地质条件下的爆破地震效应及建筑物的破坏标准进行了研究，获得了地表质点振速衰减的经验公式，具体见式(1-2)：

$$\lg v_z=K+0.6\lg Q-1.8\lg R \tag{1-2}$$

式中 Q——炸药量；

v_z——垂向最大振速；

R——爆心距；

K——与地质条件和爆破设计有关的参数。

1967 年，Lencont 通过研究发现质点振速与爆炸能量有直接关系，基于此对 Morris 公式进行了修正，以质点最大振速作为振动强度的指标。

1977 年，苏联学者萨道夫斯基也是在 Morris 经验公式的基础上进行了修正，成为后来广为人知的萨道夫斯基公式。

$$v=K\left(\frac{Q^{\frac{1}{3}}}{R}\right)^{\alpha} \tag{1-3}$$

式中　v——质点最大振速(cm/s)；

K——场地特征系数；

α——衰减系数；

Q——单段最大装药量(kg)；

R——爆心距(m)。

1981年，龚亚莉在大量现场实测基础上，以地面峰值振速为研究对象，拟合出表示爆破振速、爆心距和药量之间关系的经验公式，具体见式(1-4)，为研究爆破地震波的传播和衰减提供了参考：

$$v=k\left(\frac{R}{Q^{\frac{1}{3}}}\right)^{\alpha} \tag{1-4}$$

式中　v——爆破振速；

R——爆心距；

Q——爆破药量；

k,α——地区因素和衰减系数。

1983～1985年Ghosh A等人通过研究发现利用回归分析处理质点振速峰值，可以回归出接近实际的振速衰减公式。这一方法被普遍应用于回归计算地质系数，Ghosh A等人的研究推动了地震波在爆破领域的进展。

1989年，长沙矿山研究院李保珍在露天矿深孔爆破实验的基础上，总结出质点振速传播特征，即爆破振速在爆破近区衰减较快。而爆破地震波的能量在中远区衰减缓慢，集中在低频，不利于该区域建筑物的保护。

1997年，山东矿业学院爆破研究所的李玉民等人对地下工程爆破振动进行实测研究，水平振速的主频频率与建筑物自振频率接近，且100 ms延期起爆可以较好地防止爆破振动与建筑物发生共振现象。另外，合振速作为三矢量振速波形的合成振速，可以比较合理反应振动水平。

1999年，韩志型等人以露天煤矿爆破为背景，用爆破振动衰减系数拟合出质点振速方程的修正公式，利用该法在露天矿爆破设计中进行实际应用，有效降低了爆破振动产生的危害。

2000年，廖大学等人在对边坡深孔爆破监测基础上，将振动主频与振速监测联系起来，拟合出关于爆破振速传播的经验公式，具体见式(1-5)。

$$v=[m\ln(f/f_0)+n]K\left(\frac{\sqrt[3]{Q}}{R}\right)^{\alpha} \tag{1-5}$$

式中　f,f_0——振动主频和自振频率(Hz)。

2000 年，徐全军等人利用 LS-DYNA3D 数值模拟程序对近场两孔延时爆破进行模拟分析，发现随着距爆心距离的增大，测点振动的持续时间也随之增大，并且质点处于静止的时间间隔会变小，产生振动波形叠加。因而通过这一点可以明确振动波形叠加位置，并得到了延时间隔为 8 ms 和 13 ms 时双孔爆破产生的振动波叠加位置在 7 m、29.3 m。

2003～2005 年，西南交通大学的郭建群等人，结合多个工程背景，对爆破地震效应的现场实验研究。结论表明，掏槽孔的地表振动强度是其他类炮孔的两倍以上，辅助孔、周边孔的地表振动强度与单段最大装药量无必然联系，空洞区测点的垂直振速普遍大于未开挖区对称测点垂直振速。其中，将空洞区域部分垂直振速放大的现象，称为“空洞效应”。

2007 年，中南大学唐信来运用现场实测的方法对岩石爆破开挖产生的振动衰减规律进行研究。作者从质点垂向振速、水平方向振速及频率方面进行系统分析，提出利用干扰振动控制爆破技术实现精准施工，认为进行爆破干扰的最优时间 Δt 不应小于岩石振动周期 T 的二分之一。作者针对现场实验结果成功指导了爆破施工，加快了施工进度。

2011 年，北京交通大学傅洪贤等在隧道掌子面后方 5 m 范围内布置测点进行振速监测，研究爆破近区振动的变化规律。通过对监测点振速回归分析，得出了近区爆破振动传播对介质特性不敏感的结论。爆破振动变化规律应综合考虑爆破近区和爆破远区。

2013 年，解放军理工大学李兴华等人运用现场监测的方法研究地形高差对爆破振动信号的影响。通过对所测信号进行小波包分析，作者认为当爆源与被保护目标存在正高差时，存在高程放大效应且爆破振动信号的能量向低频发展，不利于爆源周围建筑物的保护。

2008～2013 年，王海亮等人以青岛胶州湾海底隧道陆域段工程为依托，进行了 3 年的连续观测，发现有如下“极振效应”：埋深在 15～35 m 的隧道爆破产生的振动，以爆源在地表位置的垂直投影点为基准点，沿隧道轴线方向，在基准点前后 5～15 m 的范围内，存在极振峰值，并且极振峰值的振速是基准点振速的 1.5～3.1 倍；同时，在基准点附近，存在极振峰谷，峰谷的形状类似于火山口状，半径在 5～15 m 之间；随着药距比系数的增大，极振峰谷半径减小直至消失，极振峰值逐渐接近基准点。

2016 年，贵州新联爆破公司代青松等人对比分析了山体开挖爆破时，采用耦合装药爆破、空气间隔装药爆破和小孔径（$r_b=40$ mm）爆破三种装药方式下爆破效果，以期达到保护邻近建筑物的目的。结果表明：当爆区距离保护对象较近时，为了控制爆破振动可采用小药量小孔径爆破装药；随着爆心距不断增加，为了加快施工进度，在参考安全距离的基础上可适当采取耦合装药和空气间隔装药。

2017年，贵州大学张梦雅研究某磷矿爆破对周边小学的振动影响。根据现场监测结果，作者将爆源与建筑物的地形地貌高差考虑在内，拟合出爆破振动的预测公式，具体见式(1-6)。

$$v=26.36\left(\frac{\sqrt[3]{Q}}{R}\right)^{0.7709}H^{-0.3723} \tag{1-6}$$

式中 H——地形高程差(m)。

2018年，中国地质大学胡守云等人针对下穿隧道爆破施工产生的入射P波对混凝土跑道的作用机理进行系统分析。结果表明：爆破振动对岩石混凝土交界面的破坏作用主要以拉伸破坏为主；爆破地震波垂直入射时对机场跑道破坏最大。作者还针对不同入射角度的爆破地震波对爆破安全振速进行修正，得到了具有更高安全储备的安全振速。

1.2.2 爆破振动波特性研究

1985年，张志呈认为，地质地形条件等因素对爆破地震波传播的方向性具有影响，受影响质点振动速度峰值等值线的异向系数也适用于这一规律，并且两者都趋向椭圆形分布。

1985年，杨昇田等人通过对洞室内不同部位质点振动加速度峰值的贯彻和统计分析，得到了影响岩土介质峰值质点速度的岩石动力特性、爆破方式、药量和比例距离的经验规律。

2009年，Graizer V等人研究发现低速带岩层以及地貌形态是引起质点振动放大效应的关键因素。

李新平等人也应用了考虑高程效应的振速衰减公式。

2013年，武汉大学金旭浩通过理论分析和数值模拟，研究爆破地震波特别是剪切波的产生机理，分析爆破地震波的振动幅值、能量和频率的衰减规律和影响因素，建立了球状药包激发地震波的频谱表达式和爆破振动质心频率的衰减公式。

2015年，中国矿业大学(北京)雷振通过设计不同的爆破参数，在不同孔深、不同药量、不同装药结构和不同延期时间条件下距爆源不同距离的多个测点进行爆破振动监测，得到了不同条件下的振动波形及频谱，在此基础上研究了不同条件下爆破振动的衰减与耗散规律。

2017年，武汉理工大学冉成通过对爆破现场建筑物进行振动监测发现，随着监测点楼层高度的增加，水平方向的振动速度峰值呈减小趋势，但是垂直方向的振动速度峰值随楼层升高呈逐渐增大趋势。

2017年，胡学龙等人通过提出了等效路径及等效距离概念，在综合考虑了爆破振动多因素的影响下，得到了一种预测爆破振速峰值与地震波传播等效距离关系公式，间接有效反映了不同岩性及复杂地形对爆破地震波在传播路径中衰减特性的影响。

2018 年，任仕国对在车站开挖爆破近区产生的爆破振动进行监测，监测结果表明垂直方向质点振动速度较大，随着比例距离的增加，垂直方向振动速度与水平方向振动速度趋于接近。

2019 年，张声辉等人基于不同高程的爆破振动实测数据研究爆破振动信号在各频带间的能量分布特征。研究表明：随着高程的增加，爆破地震波的频率成分趋于简单化，主频有往低频发展的趋势，而节理裂隙的存在，会使爆破地震波的频率成分复杂化。

数字信号分析与处理技术在爆破地震波频谱特性研究中起到了至关重要的作用。自 20 世纪 80 年代法国地球物理学家 Morlet 提出小波变换，Daubechies 等人发现有效的小波基函数，又为工程领域中信号的处理与分析增添了一种重要手段。借助小波分析技术，我们能够更加深入地了解爆破地震波所蕴含的信息。

何军等人在爆破振动信号分析中应用了小波分析理论，娄建武等人，林大超等人，凌同华等人，李洪涛等人也先后利用小波分析技术对爆破振动信号进行频谱分析。易长平等人通过分析爆破振动信号，采用频谱分析方法及小波多分辨分析技术，研究了爆破振动特性。高富强等人通过小波包分析的方法，对某露天煤矿实测爆破地震波进行多层分解和重构，不同频段地震波的衰减规律理论分析表明，爆破地震波在岩土介质中传播时，高频波衰减较快，低频波衰减较慢，同时还对一定频段的地震波具有选择吸收的特点。

1.2.3 爆破振动对建筑物的影响研究

建筑物在爆破作用下的振动响应根本上是指建筑物在爆破作用下引起的动力响应，包括振动速度、结构应力、位移以及变形等。建筑物在爆破作用下的振动响应研究是一个异常复杂的课题，同时也是工程界、学术界时常关注的问题。专家学者一般在影响建筑物振速响应因素的基础上，研究建筑物的振动响应规律。

1927 年，Rockwell E H 第一次开展了爆破振动对建筑物影响的相关研究，认为在离爆源 200 ft(60.96 m)的范围外，建筑物虽然会受到爆破振动的影响，但是基本上不会被破坏。Thoenen 与 Windes，Joseph，Perkins 等人也后续对露天矿山的爆破作业对建筑物的影响进行了相关研究，其中 Thoenen 与 Windes 研究了质点的加速度，并将其作为结构损伤的标准，认为当质点加速度大于 0.19 m/s^2 时，建筑物会受到爆破振动的破坏。直到 20 世纪末，国内的学者才开始对建筑物在爆破作用下的响应规律进行研究，一般采用的方法包括现场实验法、有限元分析法以及时程分析法等。

1999年，长沙矿山研究院的王迪安在深圳某土石方爆破施工的过程中，对多层建筑物的振动响应规律进行了研究分析，得出当建筑物的主频与振动振动主频数值越接近时，建筑物顶层的振动放大作用就会越明显。

2000年，铁道部隧道局科研所的方俊波等人研究了爆破作用下3层砌体结构的振动响应规律，发现水平方向的振速随着楼层的增加逐渐增加，垂直方向的振速和合速度随着楼层的增加呈现出逐渐降低的趋势。

2002年，中铁十一局集团朱泽兵等人以重庆大坪车站隧道的导洞爆破开挖工程为例，对地表多个砌体结构建筑物进行了爆破振动监测，通过数据处理，得到了工作面掏槽孔和底板孔监测到的振速最大，并且振动速度伴随着楼层的升高呈现出逐渐降低的规律，三矢量垂直方向的振速也要高于水平方向的振速。

2004年，解放军理工大学李德林等人利用Origin软件对实测的振动数据进行了拟合处理，得到了建筑物相对位移、绝对加速度以及相对加速度的反应谱曲线，分析发现建筑物的自振周期、阻尼系数等固有结构特性会对振动的大小产生影响；建筑物不同高度的测点的反应谱曲线有着较大的区别。但是作者并没有深入研究建筑物结构对振动受力影响的状态，也没有深入研究建筑物在不同高度的加速度、速度以及位移反应谱曲线。

2005年，中国地质大学刘满堂等人分析了天然地震与爆破地震之间的异同。研究发现建筑物的高度与粒子的加速度之间存在正相关。其中，建筑物振动速度的放大倍数与地震爆破的主要频率密切相关，建筑材料颗粒的加速度显示出明显的放大。

2005年，重庆大学的胡国忠通过结合现场实测振速数据，分析了爆破现场周围不同爆源下的地表振速和建筑物振速，研究发现距离爆源较近的一侧的垂直方向振速衰减的最为缓慢，距离爆源较远的一侧的振速衰减最快，并且远爆源侧的垂直和水平方向的振速衰减指数都大于近爆源一侧。

2008年，北京交通大学刘晓梁采用ANSYS-LSDYNA软件建立了多个数值模型研究建筑物在爆破作用下的振动响应规律，随着楼层的增加两个方向的变化规律也呈现出不一样，水平方向的振速变化不明显，而垂直方向的振速随着楼层不断增高呈现出增大的趋势。当施加一样的外部条件时，高楼层的建筑物顶层的质点加速度和速度都要小于低楼层建筑物。在相同建筑的情况下，随着隧道埋深深度的增加，建筑物的加速度和速度都会表现出降低的规律。

2008～2020年，山东科技大学王海亮等人结合青岛地铁工程以及胶州湾海底隧道陆域段爆破施工，对周边建筑物进行振动监测，通过数据分析研究建筑物的振动响应规律并提出药距比系数等概念。得出建筑顶层以及中间楼层的振速相对于1层振速随着药距比系数的增加呈现出绝对降低、绝对放大、相对降低以及相对放大四种现象。

2009 年，南昌工程学院刘优平等人依托厦门机场万石山隧道爆破工程，对爆心距 R、爆心距的水平投影 S 和建筑物振速放大系数之间的关系进行研究。通过数据分析，发现 R/S 与建筑物对振速的放大系数之间呈现正相关的关系。具体表现为当 R/S 值在 1～5 范围时，放大系数会随着 R/S 值的增大而增加，且增大较快；当 R/S 值大于 5 时，放大系数也会增加，但是增加的较为缓慢，而且振速放大系数随着 R/S 值的增大不会一直增大，而是逐渐趋向一个稳定的值。放大系数与 R/S 值的关系如图 1-1 所示。

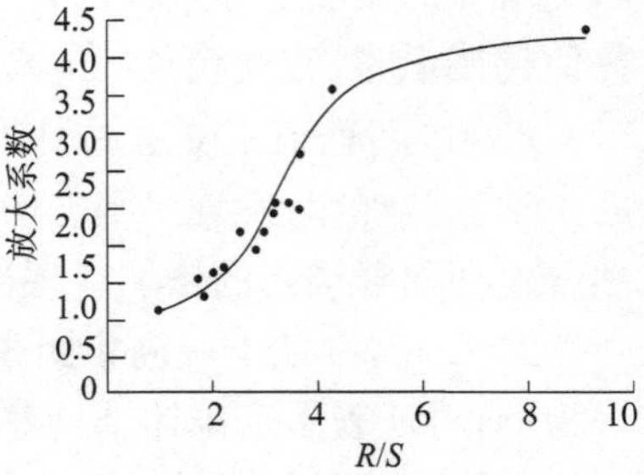

图 1-1　放大系数与 R/S 值的关系（刘优平，2009）

2010 年，山东科技大学魏海霞等人利用 MATLAB 软件中 Newmarket 时程分析法，建立了多层钢筋混凝结构建筑物的数值模型，并在模型上施加爆破地震波进行研究分析。研究结果表明，当施加的爆破地震波的主频率与建筑物的主频率相近时，建筑物的结构就更容易受到破坏；当爆破地震波的主频率不断增加时，建筑物各个楼层的最大位移幅值会不断地减小；钢筋混凝土砌体结构的垂直方向和水平方向的振动速度随着楼层的增加呈现出不断增大的规律。

2011 年，北京交通大学王文韬以重庆地铁五里店站作为工程研究的背景，采用 MAIDAS 模拟软件建筑物振动响应规律进行研究，通过分析模拟数据可以发现建筑物垂直方向的振速要远大于水平方向的振速，并且振速峰值一般会出现在建筑物的底层或者顶层。建筑物振动响应的各个参数随着爆心距的增大表现出逐渐减小的规律。

2012 年，大连理工大学王小红等人在深海爆破的背景下，通过对实验数据的分析整理，发现远爆区的爆破振动频率大多小于 10 Hz，均处于较低的水平。对于水平方向的振速，多层建筑物和高层建筑的变化规律有些许不同，多层建筑物的高楼层要大于低楼层的振速，而高层建筑的中间楼层要普遍大于高层和低层的振动速度；对于垂直方向的振动速度，高层建筑和多层建筑都表现出较高楼层基本大于低楼层的振速。针对建筑物在爆破作用影响下的振动位移，中间楼层要高于其他楼层的位移变化。

2014 年，同济大学张建波等人在敖包沟隧道爆破施工过程中，对隧道上方的一栋建筑物进行了振动监测，通过对振动数据的处理分析，得到三矢量振速中的垂直方向的振动速度要明显大于水平方向的振动速度，同时还认为这一变化规律可以适用于城市浅埋隧道的爆破开挖。

2014年，青岛理工大学王伟以青岛地铁下穿的建筑物为研究对象，选取受爆破振动影响容易开裂的敏感部位进行模拟。现场选取了一栋7层的砌体结构作为检测对象，并在1层、3层、5层和7层的墙角位置分别布置振动监测传感器，采集到各个测点楼层的振动主频以及振速数据，对三矢量各个方向的振动速度以及振动主频进行处理分析，发现建筑物受爆破振动响应最大的部位出现在砌体结构的中间位置，并且建筑物水平方向的振动主频要更加地接近建筑物的自振频率，这时受到的振动响应最为明显，对建筑物产生的影响最大，应引起各方的重视。

2015年，北京理工大学高富强等人采用ANSYS/LS-DYNA软件，建立了4层砌体结构的数值模型，分析砌体结构在不同的振动主频作用下的响应规律。通过分析表明，砌体结构的振动速度随着爆破振动的增大而增大，并且砌体结构的振动速度随着楼层的增加会有一定的放大作用。

2015年，北京交通大学林凡涛在成渝线新红岩隧道，通过反应谱以及施工现场的实测数据分析对建筑物在爆破作用影响下的振动频率、应力进行研究。根据对现场实测数据的分析可得出三矢量振速不同方向的振速变化，对于水平方向和垂直方向的振速，垂直方向的振速更能显示出建筑物的振速变化规律。反应频谱的分析结果也表明竖直方向比水平方向的频谱更能体现出优势。

2016年，北京理工大学高愿依托乌鲁木齐地铁1号线爆破施工工程，通过对振动数据的整理分析，研究爆破振动速度、振动主频率在不同楼层高度以及不同砌体结构建筑物中的响应规律。研究结果表明在低层的砖混结构建筑物中，径向振速随着楼层高度的增加表现出先增大后减小的规律，切向振速和垂向振速则随着楼层的增加呈现出持续增大的变化规律；在高层框剪结构建筑物中，径向振速随着楼层高度的增加呈现出逐渐减小的趋势，切向和垂向振速则呈现出先减小后增大的变化趋势。

2016年，重庆大学杨家田利用有限元软件MIDAS-GTS，建立了砌体结构、框架结构的三维实体的数值模型，研究地表砌体结构、框架结构在爆破作用下的响应规律。得出了高层框架结构、砌体结构在垂直方向的振动速度、加速度、位移等在爆破作用影响下的响应数值要远大于水平方向。垂直方向的振速响应值随着楼层的增加呈现先减小后增大的变化规律，振速峰值一般出现在砌体结构的底层或顶层，最小的振速一般出现在中间的楼层。

2017年，武汉理工大学冉成依托湖北宏港石化储运公司所属办公楼的基坑爆破开挖工程，对爆破影响范围内的建筑物进行振动监测，通过对振动数据的分析得出，水平方向的振动速度峰值随着监测建筑物楼层的增加呈现不断减小的规律，而垂直方向的振动速度峰值随着监测建筑物楼层的增加表现出不断增大的变化规律。

2017 年，湖南科技大学吴仕鹏依托广东陆丰核电站的爆破开挖施工工程，采用有限元软件 ANSYS/LS-DYNA 建立了灯塔的数值模型，研究分析灯塔在爆破振动荷载的影响下的振动速度、位移等响应规律。通过现场监测数据的采集分析可以得出，灯塔垂直方向的振动速度要大于水平方向的振动速度，并且随着灯塔高度的不断增加呈现出增大的趋势，垂直方向的振动频率则随着高度的增加逐渐减小。

2018 年，山东科技大学王文强依托青岛地铁 1 号线西镇站 2 号风道爆破开挖工程，研究了 5 层砌体结构居民楼在风道爆破作用下的振速、应力的变化规律。为了研究药距比系数的大小与砌体结构各个楼层振速、应力响应规律之间的关系，采用 ANSYS/LS-DYNA 软件建立了多个药距比系数的数值模型，研究结果发现，药距比系数的大小对砌体结构的振速和应力变化规律无明显的影响。

2019 年，山东科技大学陈至昊等人依托青岛地铁 1 号线西镇站 B 出入口爆破开挖工程，研究地表近爆源 33 层框架结构高层建筑物的振动响应规律。采用 ANSYS/LS-DYNA 按照实际工况建立了数值模型，研究建筑物各个楼层的三矢量振速峰值、位移的传播规律，发现建筑物三矢量的振动速度峰值会随着楼层的增加逐渐降低，当振动传播到顶层时会出现相对放大的现象；建筑物三矢量位移值则会随着楼层的增加呈现出不断增加的规律，这与振速峰值的变化规律恰恰相反。

2019 年，霍润科等人以地藏隧道工程为背景，研究了典型西南山区四层砌体房屋在爆炸荷载作用下的振动响应。结果表明，最大质点振动速度增加到第三层，衰减发生在第四层。

1.2.4 建筑结构对爆破振动的响应特性研究

结构包括建(构)筑物、边坡等，由于爆破地震激发起振动而使结构产生随时间变化的位移、速度、加速度、内力和变形等，即结构的爆破地震反应。众多学者针对基坑爆破开挖、水下爆破、地铁和公路隧道掘进爆破以及露天矿爆破对建筑物的影响开展了一系列研究，总结出了建筑物爆破振动响应规律。

1989 年，Adhikari G R 等人认为质点峰值振速(PPV)无法完全解释爆破振动对结构的影响。作者对建筑物振动的频谱进行分析，认为低频地面振动是造成结构破坏的原因，结构本身将地面振动放大 1～3 倍，而放大率是地面振动频率的函数。

2000 年，新加坡 Lu Y 等人运用理论分析等方法，基于简化的分析模型来评估爆破地震强度。结果表明爆炸地震动作用下，结构的梁柱构件中剪切力异常高，容易产生脆性剪切破坏。

2003 年，Dhakal R P 和 Pan T-C 对地震动的结构响应进行了概念性的讨论，在简化的线性结构模型上进行了数值参数分析。结果表明建筑物对爆破振动响应取决于脉冲数量，一般发生在地面冲击刚停止之后。

2003 年，西南交通大学许海亮以人和场隧道穿越一幢 8 层建筑为工程背景，对该建筑物进行爆破振动监测。结果表明楼房质点垂向振速大于水平振速，垂向振动频率更易引发共振危险。沿楼层增高方向，爆破地震波的频率逐渐衰减，逐渐接近建筑结构自振频率，各层爆破振速出现增大趋势。作者认为，浅埋隧道穿越高层建筑时，应综合考虑振速和频率因素，但是作者并未针对振速和频率的变化规律做深入研究，未针对实验结果开展理论分析。

2003 年，中南大学言志信等人通过运用应变关系和波的传播特征，充分证明利用质点振速描述爆破地震效应的合理性。将介质中的质点看作简谐运动，则有式(1-7)：

$$\sigma_{\mathrm{m}}=\frac{v_{\mathrm{m}}E}{C'} \tag{1-7}$$

式中　σ_{m}——质点所受的极限应力；

E——弹性模量；

v_{m}——质点的极限振速；

C'——波的传播速度。

由式(1-7)可知，建筑结构在爆破地震波作用下所受应力与极限振速成正比，说明质点振速对判别建(构)筑物结构是否破坏非常重要。质点振动的峰值振速可将爆破地震波能量与质点受力状况联系起来，进而可以用作判别结构爆破振动破坏的物理量。

2003 年，西南交通大学曹孝君运用结构动力学的理论分析了爆破地震效应下框架结构振动响应。作者认为，多种爆破谐波的叠加使建筑结构出现爆破振动响应，进而以频比系数为出发点提出了爆破振动安全判据。作者从理论分析得到的频比系数判据，并未在实际工程中得到具体应用，并未针对建筑物振动响应随爆心距的变化做系统研究。

2010 年，山东科技大学蔺新丽等人采用 ANSYS/LS-DYNA 软件建模，分析 16 层框架结构爆破振动响应规律。结果表明：在垂向爆破振动作用下，结构上下振动响应最为强烈。建筑结构顶层出现爆破振动放大效应，框架结构高度与爆破振动的放大系数的关系具体如图 1-2 所示。结构顶层的位移、振速和爆破振动放大系数最大，表明顶层爆破振动响应最为强烈。

2011 年，山东科技大学高同伟采用现场实测法分析建筑物爆破振速和主振频率响应特性，创新性地提出建筑物振动响应呈现绝对放大、相对放大、绝对降低、相对降低四种规律。作者依据爆破药量 Q 和爆心距 R 两个因素，创造性地提出药距

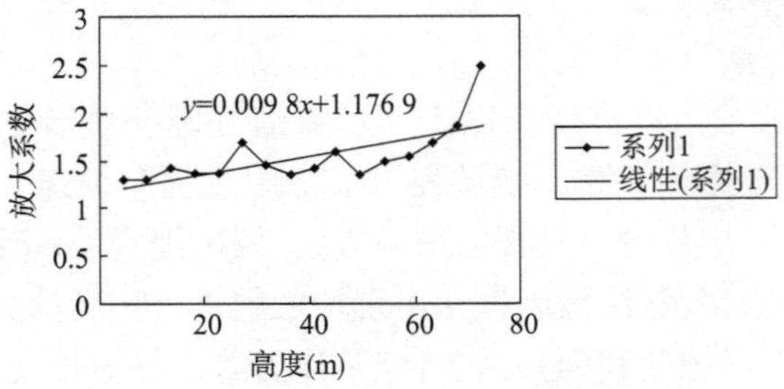

图 1-2　框架结构爆破振动放大系数变化

比系数 β 的概念，具体如式(1-8)所示。并在药距比系数基础上根据建筑物振速曲线，将地面建筑区域划分等级。

$$\beta=\frac{100Q^{\frac{1}{3}}}{R} \tag{1-8}$$

2011 年，重庆大学张远华以福州魁岐隧道爆破开挖为背景，对某三层建筑进行振速监测。结果表明，随着爆源距不断增大，楼房监测点峰值振速沿楼层增高方向的放大效应越来越明显，具体如图 1-3 所示。爆破振动主频集中在 10～50 Hz，占总数的 73.8%，Y 向爆破振动主振较高。作者选取的三层建筑物层数较少，不利于研究放大效应机理。

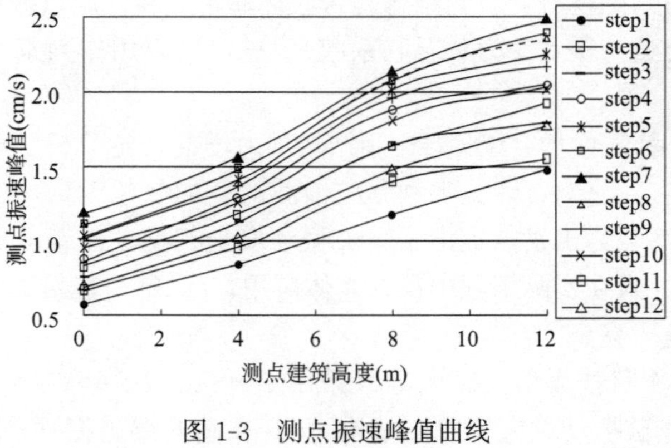

图 1-3　测点振速峰值曲线

2014 年，湖南科技大学王辉等人针对重庆轻轨隧道工程下穿某建筑物开展了爆破振动现场实验。作者认为：隧道掘进爆破过程中，垂向振速峰值大于水平方向振速；沿楼层增高方向，建筑物爆破振速呈现波动变化并在顶层出现放大效应。

2015 年，重庆交通大学黄华东运用 Midas-GTS 软件建立数值模型，分析爆破地震引起的围岩及建筑结构的响应特征。结果表明：爆心距较小处爆破振动主频远远大于房屋建筑的自振频率，一般不易发生共振危害，应加强爆心距较大处的爆破振动监测；建筑物楼层的放大效应与围岩状况和建筑物内部结构有关，软岩介质条件下更易出现高层放大效应。作者利用数值模拟手段验证高层“放大效应”的存在，但是并未对这种现象做更深入的理论研究，并未从数学、力学角度解释出现这种现象的原因。

2015 年，贵州新联爆破公司刘光汉等人通过对露天矿爆破进行振动监测，并运用数值模拟方法对爆破振动高程放大效应进行计算。结果表明，当监测点与爆源存在地形地貌高差时，沿高程增加方向，各向振速放大系数先增加后减小。作者还拟合出考虑高差在内的振速衰减公式。但作者缺乏对放大效应的理论探讨。

2016 年，大连交通大学刘斌依托华泉区间隧道工程，采用数值模拟手段综合分析四层框架结构对爆破地震效应的响应特征。结果表明：

(1)建筑质点振动响应存在高程放大效应，且节点高度越大，峰值振速放大效应越显著，放大倍数最大可达 2.52 倍；建筑物内部最大振速易出现在楼板层处，因此宜布置爆破振速监测点。

(2)建筑物节点三向振速随节点高度变化规律不同，具体如图 1-4 所示。其中 Y 向峰值振速放大效应最明显，应加强建筑物顶部 Y 向振速的爆破振动监测。

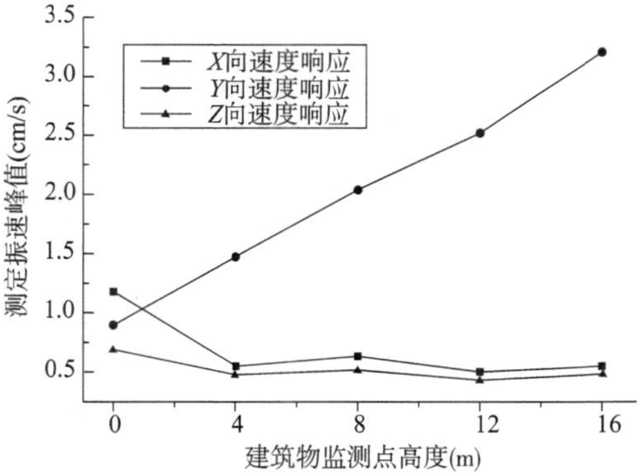

图 1-4　监测点各向(X、Y、Z)峰值振速与高度的关系

2016 年，青岛理工大学纪伟杰运用 ABAQUS 有限元软件建立数值模型，研究隧道与建筑物之间水平距离及埋深对建筑物振速的影响。结果表明：空洞效应在隧道开挖方向表现的最明显，楼房振速的放大倍数可达 1.34 倍；当建筑结构至爆源的水平距离小于 12 m 时，楼房振速衰减幅度较大。高程放大效应随隧道埋深的增加而减弱。测点与爆源的高差以及爆心距是影响建筑结构振动响应的主要因素。作者将爆源和测点之间的连线与地面的夹角 θ 考虑在内，拟合出建筑结构振

速衰减变化,具体见式(1-9):

$$v=K\left(\frac{\sqrt[3]{Q}}{R}\right)^{\alpha}(\sin\theta)^{\beta} \tag{1-9}$$

2018 年,中国地质大学何如结合下穿隧道实际工程,针对开挖爆破下建筑结构动力响应规律问题开展系统研究。结果表明:

(1)建筑结构位于地表以下这一特征,使其产生与无地下室结构不同的爆破地震响应规律。

(2)数值模拟结果表明,沿建筑结构高度方向,建筑物水平径向、水平切向、垂向振动速度先逐渐减小,随后呈现放大趋势,垂向振速大于水平向。

2018 年,西南交通大学潘毅等人采用数值模拟方法,通过建立多层和高层基础隔振结构模型,研究分析近断层处的脉冲地震动对建筑物隔振结构、楼层的影响。结果表明,与非脉冲地震动相比,脉冲地震动作用下,隔振层位移放大系数最大,楼层加速度放大系数比较敏感,呈波浪形变化。

2018 年,Adepitan R 等人评估并预测了邻近建筑结构对 Kopek 采石场爆破引起的地面振动的响应特征,利用平方根标度距离方程,估算了爆炸过程中距爆炸源一定距离受体的峰值粒子速度。结果表明:在给定的爆破设计参数内,采石场爆破振动对邻近建筑物的影响较小。

2018 年,武汉理工大学张忆等人采用 Midas-GTS 建立模型,分析爆破地震作用下高层框架结构的振动响应特征。结果表明:高层建筑背爆侧边柱存在明显放大效应,顶层放大倍数可达 3.48,此区域称为爆破振动放大区;而迎爆侧柱体振速随楼层增高不断衰减,称为爆破振动衰减区,具体如图 1-5 所示。研究结论表明建筑物内部不同区域爆破振动响应规律存在差异。

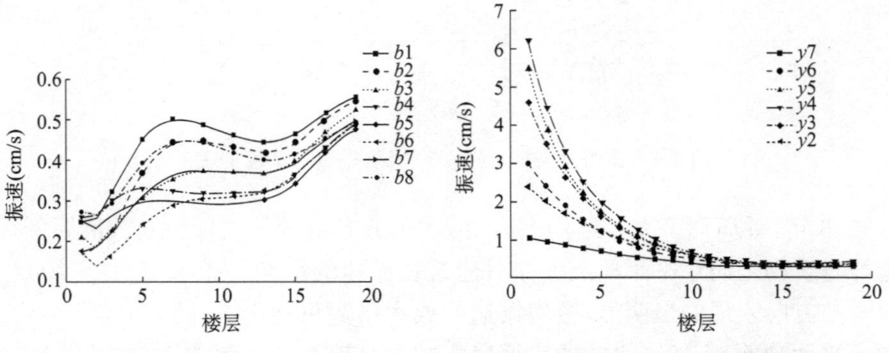

(a)振速放大区测点峰值振速曲线　　(b)振速衰减区测点峰值振速曲线

图 1-5　各区域柱体沿楼层增高方向振速变化曲线

2019 年，武汉大学李洋等人运用数值模拟的方法，研究爆破振动对在建混凝土烟囱的影响。结果表明：爆破施工条件下，沿烟囱高度增加方向会出现放大效应，放大倍数与高度密切相关，顶部质点振速放大效应最大。作者认为，烟囱基地安全允许振速值应由烟囱上升部位确定。

2019 年，中国地质大学张玉琦等人以武汉地铁 8 号线为背景，采用现场实验和数值模拟的方法，探究基坑爆破开挖条件下邻近高层建筑物振动响应特征，数值计算模型如图 1-6 所示。作者认为，高层建筑物顶层具有放大效应，放大倍数在 1.19～1.26 之间，具体如图 1-7 所示，受基坑开挖深度影响较小。针对顶层放大效应的机理，作者并未进行深入解释。

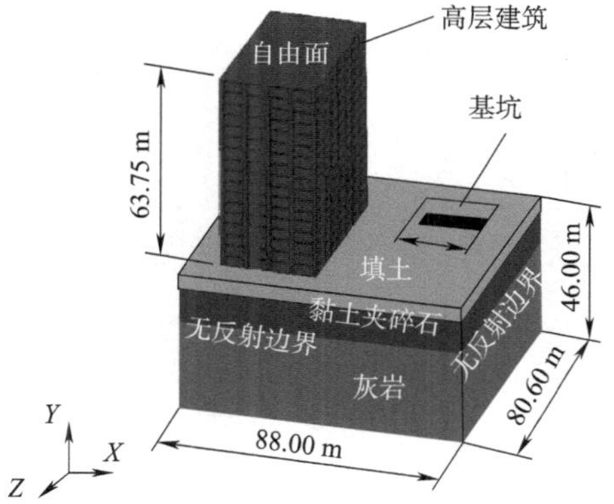

图 1-6　数值计算模型

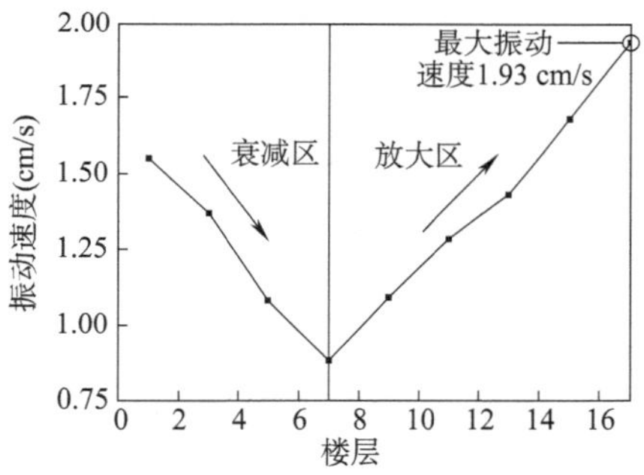

图 1-7　楼层振速变化曲线

2020 年，山东科技大学公伟增等人以青岛地铁 3 号线为背景，研究 7 层砌体结构爆破振动响应特征。结果表明：爆破施工时装药不耦合系数直接影响建筑物的振动响应规律，不耦合系数越大，结构响应强度增加；随着单段爆破药量增加，结构振动响应呈线性增加。在影响爆破振动强度的因素中，作者未对爆心距进行深入研究。

2020 年，青岛理工大学王岗等人通过建立 5 层砖混建筑三维模型，探究建筑结构内部局部构件的应力响应规律。结果表明：随着峰值振速的不断增加，建筑物内部局部构件的主拉应力不断增大，发生损伤的构件数量增多；不同建筑结构最大拉应力发生的位置以及应力值可能不相同。作者并未针建筑结构的应力响应规律进行理论分析，探究内部机理。同时，作者并未针对建筑物振速和频率做系统探讨。

2020 年，内蒙古科技大学李小宇运用 Midas-GTS 软件研究不同开挖顺序时，爆破荷载冲击作用下建筑结构的响应特征。结果表明：在影响建筑结构的振动响应规律的众多因素中，爆心距占据主导地位，爆心距的不断减小会增强放大效应。

1.2.5 爆破振动评判标准研究

爆破地震波通过地基由下向上在建筑结构中传播，当遇到构件阻抗突变处或门窗等拐角处会产生一系列反射、透射和衍射，因此形成的拉力波会使结构产生破坏，危害建筑物安全。

为了预防保护区内的建筑物受爆破施工的影响，保证工程顺利进行，许多国家和机构制定了爆破振动安全判据。由于爆炸本身的复杂性，爆破施工方式、工程地质环境的差异，爆破振动安全判据也不尽相同。合理有效的爆破振动安全标准能够保证施工高效安全地进行。

目前，多数爆破振动安全判据主要以质点峰值振速(v)和主振频率(f)为主。瑞士关于建筑物爆破振动安全标准见表 1-1。

表 1-1　瑞士爆破振动安全标准

建筑物分类	频率范围(Hz)	质点峰值速度(mm/s)
钢结构、钢筋混凝土结构	10～60	30
	60～90	30～40
砖混结构	10～60	18
	60～90	18～25
砖石墙体、木楼阁	10～60	12
	60～90	12～18
历史性及敏感性建筑	10～60	8
	60～90	8～12

德国采用质点振动的合速度和振动频率双标准，具体见表 1-2。

表 1-2　德国爆破振动安全标准

建筑类型	质点振动合速度(cm/s)		
	<10 Hz	10～50 Hz	50～100 Hz
工业及商业建筑	2.0	2.0～4.0	4.0～5.0
民用建筑	0.5	0.5～1.5	1.5～2.0
敏感性建筑	0.3	0.3～0.8	0.8～1.2

国内学者对爆破振动安全判据也开展了大量研究与探索。罗忆等人强调爆破安全判据应针对波的传播和破坏机理加以区分，同时应把振动的主振频率和振动维持的时间考虑在内。陶刘群探讨了爆破振动安全判据三大核心问题，认为采用

质点振速而非加速度来描述爆破振动强度标准更具有科学合理性;宜采用合振速峰值作为爆破振动的安全标准。张玉成提出将炮孔附近爆破柱状荷载等效为面荷载,在既考虑建(构)筑物自振频率和安全储备,又能合理评价振动荷载对建筑物的影响基础上,提出了新的安全判据。

在大量理论分析和工程实践的基础上,于2014年颁布《爆破安全规程》(GB 6722—2014),综合振速和频率对建筑物的影响,对各类建筑物的爆破振动安全标准做出具体规定,列举各类建筑结构安全标准见表1-3。其中,爆破振动应同时监测三向振速峰值及主振频率。

表1-3 爆破振动安全标准(GB 6722—2014)

序号	保护对象类别	安全允许质点振动速度 v(cm/s)		
		$f\leqslant 10$ Hz	10 Hz$<f\leqslant 50$ Hz	$f>50$ Hz
1	土窑洞、土房、毛石房屋	0.15~0.45	0.45~0.9	0.9~1.5
2	一般民用建筑物	1.5~2.0	2.0~2.5	2.5~3.0
3	工业和商业建筑物	2.5~3.5	3.5~4.5	4.2~5.0
4	一般古建筑和古迹	0.1~0.2	0.2~0.3	0.3~0.5
5	运行中的水电站及发电中心控制室设备	0.5~0.6	0.6~0.7	0.7~0.9

1.2.6 研究现状评价

通过针对爆破地震效应和建筑物爆破振动响应规律研究现状的分析,影响建筑结构爆破振动响应规律的主要因素可分为两类,一类是建筑结构自身构造特点,另一类与爆破地震波的传播和衰减有关。众多学者的研究结果表明:

(1)在研究爆破地震波的传播规律时,一般通过现场实测等方法,拟合出介质质点峰值振速与爆破药量(Q)、爆心距(R)之间的预测公式;当监测点与爆源存在地形地貌的高程差时,在经验公式中引入高差因子。

(2)当爆破地震波由地面传递至建筑物顶层时,会出现振速放大效应,顶层爆破振动响应最为强烈。这是由于顶层受约束少,爆破振动放大效应大于衰减效应。

(3)炸药爆炸后,产生的爆破地震波在传播过程中频率不断衰减,而建筑结构自身频率较低,当二者频率接近时易产生共振危害。

对于建筑物爆破振动响应规律的研究,某些地方仍需要加强和完善:

(1)研究方法大多采用单一数值模拟或现场实测,缺少对所得规律的理论推导,缺乏放大效应的理论判据。针对高层建筑爆破振动的研究,现场实测数据较少。

(2)大多数结论集中强调建筑物底层和顶层振速大小、放大倍数等,针对各楼层之间振速大小关系的描述较少。

(3)在探究爆心距 R、起爆药量 Q 对建筑物振动响应规律的影响时，缺乏定量关系的描述。由于爆破开挖地质条件的复杂性和地面建筑多样性，解决爆破振动引发的负面效应仍然是一项重难点课题，所以分析爆破振动对周边建筑的影响显得尤为重要。

伴随着地下交通网络不断扩展，钻爆法在各种工程实践中广泛应用，开展建筑物爆破振动响应规律的研究具有十分重要的意义。本书拟采用爆破振动现场监测、数值模拟和理论推导等方法，以框架结构建筑为例，研究建筑结构爆破振动响应特征，为后续类似研究提供参考。

1.3 研究内容与方法

首先根据现场监测，得到框架结构爆破振动信号；通过建立隧道-岩石介质-建筑结构三维数值模型，分析爆破荷载作用下，框架结构内部第一主应力、位移幅值和振速的变化特征；综合运用力学和数学知识，从理论方面推导建筑物振动响应特征。技术路线具体情况如图 1-8 所示。

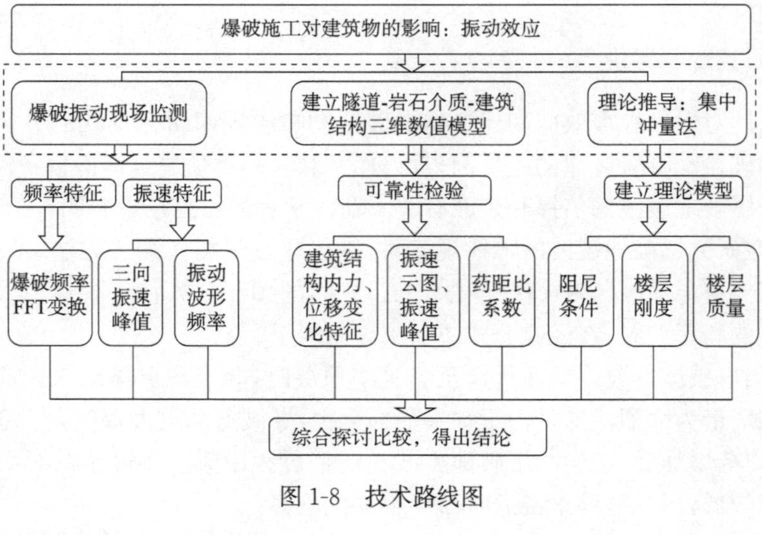

图 1-8　技术路线图

具体研究内容包括以下几个方面：

(1)爆破振动现场监测。根据隧道开挖进度和建筑物自身结构特点，制定框架结构建筑爆破振动监测方案。分析建筑结构沿楼层增高方向测点峰值振速、垂向与水平向峰值振速比、测点振速时程曲线的变化特征；运用快速傅里叶变换(FFT)

得到建筑物振动频谱特征，分析振动主频随楼层高度的变化规律。

(2)建筑物爆破振动响应规律的数值模拟分析。运用 Midas-GTS 软件，建立隧道-岩石介质-建筑结构的数值模型，并进行以下研究：

①爆破冲击荷载作用下，建筑结构内部第一最大主应力、合位移变化特征。

②在建筑物内部选取代表性的质点，分析三向振速峰值随楼层高度的变化特征；分析楼层迎爆侧、背爆侧质点振速峰值变化规律，拟合出考虑高程差在内的振速衰减方程。

③分析结构振速变化与药距比系数的关系。

(3)采用基于力学和数学的解析分析，建立框架结构建筑与爆源的力学模型，通过解析计算得出建筑物在不同阻尼条件、不同刚度条件及楼层质量等条件下，框架结构的振动响应规律。

第2章　隧道爆破对多层砖混结构的振动影响

2.1　概　　述

2.1.1　工程概况

青岛市地铁一期工程(3号线)土建03标,起于太平角公园内,线路基本延香港路布置,标段尾止于延安三路与香港中路交叉口沿香港中路以东约600 m。隧道爆破开挖方式主要为台阶法。

太延区间正线往太平角公园站方向下穿多栋建筑物,区间沿线两侧建筑物较多。区间下穿房屋段线路长度约528.98 m(按单线长度计),分别下穿伊美尔整形医院、如家快捷酒店太平角店、湛山路3号民房、原济南军区第一疗养院口腔科,区间隧道穿越建筑物相应里程及长度见表2-1。

表2-1　隧道下穿建筑物段信息

序号	建筑物名称	线路	起止里程	长度(m)
1	伊美尔整形医院	左线	ZK4+797.87～+838.28	40.41
		右线	YK4+798.34～+836.12	37.78
2	如家快捷酒店	左线	ZK4+881.08～+897.19	16.11
		右线	YK4+850.94～+895.51	44.57
3	湛山路3号民房	左线	ZK4+913.06～+929.10	16.04
		右线	YK4+908.53～+932.83	24.30
4	原济南军区第一疗养院口腔科	左线	ZK4+944.85～+966.65	21.80

本章主要研究隧道爆破对下穿如家快捷酒店建筑物的影响。如家快捷酒店位于太延区间隧道K4+851～+898里程段,建成于2004年,砖混结构、毛条石基础结构。建筑物地下1层为餐厅,地上5层为酒店客房,基础为3层条石扩大基础。隧道拱顶距基础垂直距离为5 m,隧道拱顶距地面垂直距离为7.4 m。下穿左线施工里程为K4+880～+898,为A2断面,Ⅲ级围岩,计18 m。右线施工里程为K4+851～+896,为A3断面,Ⅳ、Ⅴ级围岩,计45 m。如家快捷酒店下穿段左右

线地质剖面如图 2-1 所示，隧道下穿建筑物断面类型见表 2-2。

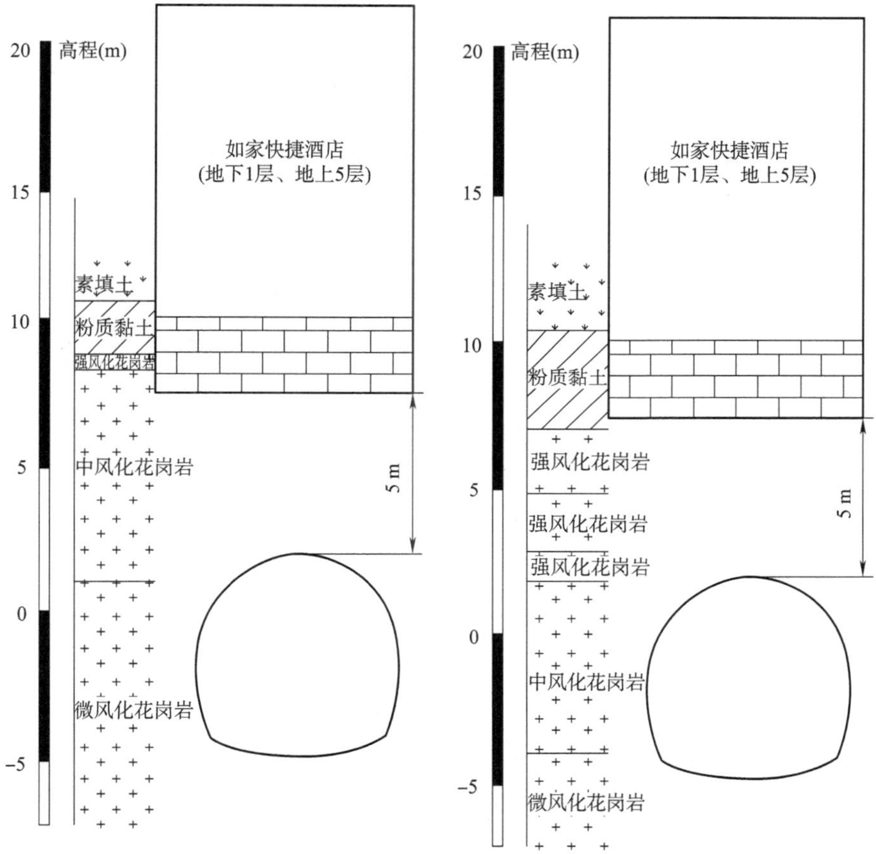

图 2-1　隧道下穿如家快捷酒店段左右线地质剖面图

表 2-2　隧道下穿建筑物断面类型

左右线	断面类型	围岩等级	起止里程	开挖方法
左线	A2	Ⅲ	K4＋873～＋900	台阶法
右线	A3	Ⅳ～Ⅴ	K4＋847.9～＋900	台阶法

下穿房屋段区间所处地层由上至下分别为强风化、中风化和微风化花岗岩层。地貌类型为剥蚀坡地和山前侵蚀堆积坡地，所处地形变化不大，地层特性如下：

杂填土地层：主要成分为人工堆填的粉质黏土、风化砂、碎石、杂填土含有砖块、混凝土块或生活、建筑垃圾，大部分欠压实～稍压实。

花岗岩强风化上亚带地层：浅肉红色～黄褐色，结构构造已大部分破坏。该层岩石坚硬程度为极软岩，岩体完整程度为极破碎，岩体基本质量等级为Ⅴ级。

花岗岩中风化带地层：肉红色，粗粒结构，岩体呈块状构造。该层岩石坚硬程度为软岩，岩体完整程度为较破碎，岩体基本质量等级为Ⅳ级。

花岗岩微风化带地层：肉红色，粗粒结构，岩体呈块状构造。该层岩石坚硬程度为坚硬岩，岩体基本质量等级Ⅲ级。

该区段内的地下水类型按赋存方式分为：第四系松散堆积层孔隙水，基岩裂隙水。

（1）第四系松散堆积层孔隙水（潜水、微承压水）

场地主要含水地层为第四系填土层、粗砾砂。第四系填土层、粗砾砂层直接覆盖于基岩之上，松散岩类孔隙水与下部的基岩裂隙水有一定的水力联系。

（2）基岩裂隙水

基岩裂隙水主要赋存于结构已大部分破坏、节理裂隙极为发育的强风化花岗岩及节理裂隙较为发育的中风化花岗岩中。

2.1.2　爆破开挖方案

1. 钻爆设计原则

根据工程实际、工程要求、地质地形条件和地表建筑物分布情况，确定设计原则为：

（1）严格按照《爆破安全规程》进行设计和施工。

（2）采用大直径中空孔掏槽创造爆破自由面，有效降低爆破振动速度。

（3）通过短进尺、多打眼、少装药控制振动速度，将振速控制在设计要求范围之内。

（4）根据围岩情况及振动监测数据及时调整爆破参数。

2. 爆破方案设计

根据隧道左右线下穿湛山路3号民房（K4＋909～＋933）的爆破施工经验，采用台阶法，在隧道拱顶埋深11.2 m条件下，可以将爆破振动速度控制在业主要求的1.0 cm/s范围内。根据工程类比原理，隧道下穿如家酒店段选用台阶法作为基本的钻爆施工方法。

A2、A3断面分上下台阶施工，上台阶超前下台阶3～5 m。为降低掏槽爆破振动，上台阶采用两个大直径中空孔直眼掏槽，中空孔直径150 mm。掏槽眼布置如图2-2所示。

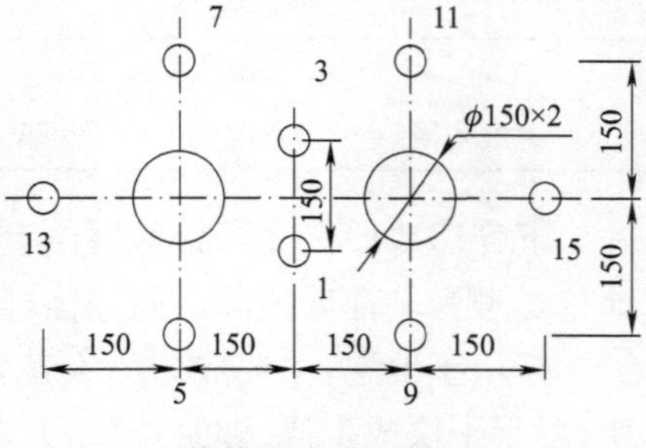

图2-2　掏槽眼布置（单位：mm）

上台阶开挖面积 16 m²，单循环进尺 0.5 m，炮眼个数 127 个，空眼个数 2 个，比钻眼个数 7.94 个/m²，炸药量 12.7 kg，炸药单耗 1.59 kg/m³。上台阶分 3 次起爆，炮眼布置如图 2-3 所示，A2 断面上台阶爆破参数见表 2-3。A3 和 A2 断面仅断面尺寸略微不同，炮眼布置和爆破参数一致，此处不再赘述。图中阿拉伯数字 1～53 为高精度延期导爆管雷管段别，各段别名义延期时间见表 2-4。

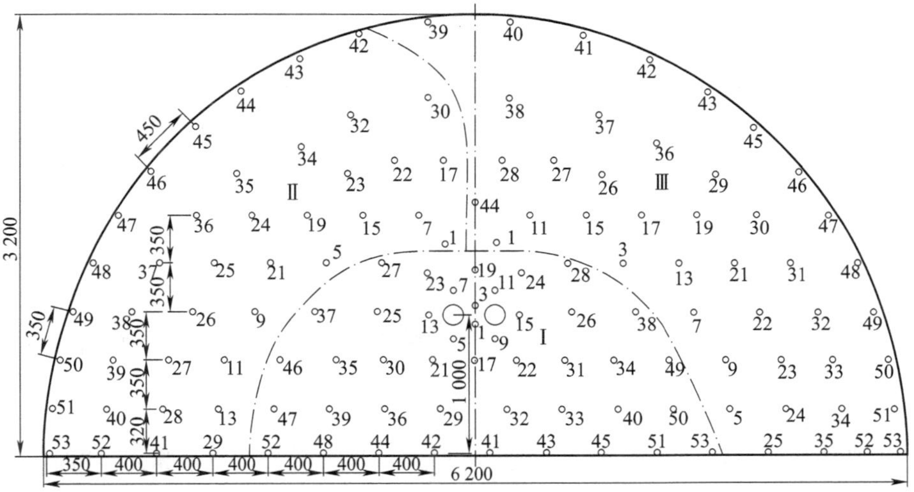

图 2-3　A2 断面上台阶炮眼布置(单位:mm)

表 2-3　A2 断面上台阶爆破参数

部位	炮孔名称	段号	眼数	炮孔深度(m)	单孔装药量(kg)	单段最大装药量(kg)
Ⅰ	掏槽+辅助+底板	1～53	43	0.7	0.1	0.1
Ⅱ	辅助+周边+底板	1～53	41	0.6	0.1	0.1
Ⅲ	辅助+周边+底板	1～53	43	0.6	0.1	0.1

表 2-4　雷管段别和名义延期时间

段别	延期时间(ms)	段别	延期时间(ms)	段别	延期时间(ms)	段别	延期时间(ms)
1	25	8	200	15	375	22	600
2	50	9	225	16	400	23	650
3	75	10	250	17	425	24	700
4	100	11	275	18	450	25	750
5	125	12	300	19	475	26	800
6	150	13	325	20	500	27	900
7	175	14	350	21	550	28	1 000

续上表

段别	延期时间(ms)	段别	延期时间(ms)	段别	延期时间(ms)	段别	延期时间(ms)
29	1 100	37	2 200	45	3 800	53	6 500
30	1 200	38	2 400	46	4 000	54	7 000
31	1 300	39	2 600	47	4 300	55	7 500
32	1 400	40	2 800	48	4 600	56	8 000
33	1 500	41	3 000	49	4 900	57	9 000
34	1 600	42	3 200	50	5 200	58	10 000
35	1 800	43	3 400	51	5 500	59	11 000
36	2 000	44	3 600	52	6 000	60	12 000

2.1.3 爆破振动监测

通过爆破振动监测，可以反馈指导隧道爆破施工，有利于控制爆破振动对地面保护对象的影响。

1. 监测方案设计原则

监测设计应保证监测次数尽量少，而监测结果包含的信息尽量多，同时在进行数据的统计分析时便于提取这些信息。本监测方案设计应遵循以下原则：

(1)监测区段具有代表性且不受外界因素干扰。

(2)控制监测场地周围环境对监测结果的影响。

(3)监测方案要具有可行性和可操作性。

(4)经济合理化原则。

2. 监测仪器与监测系统

采用 UBOX-5016 爆破振动智能监测仪、振动速度传感器及计算机分析软件组成爆破振动监测系统。

UBOX-5016 便携式数据采集设备是针对现场爆破、振动、冲击、噪声等测试专门优化设计用于信号记录和分析的小型仪器。仪器有 3 个通道，每个通道可连接一个传感器，各通道均可连接水平和垂直传感器。

速度传感器分为垂直传感器和水平传感器，分别采集垂直方向、水平方向振动速度和振动主频。完整的爆破测振过程可以分为三个部分，分别是测试参数准备、现场测试、数据回放。

UBOX-5016 爆破振动智能监测仪所使用配套的数据处理软件是 BMVIW，BMVIW 通过数据采集设备控制得到的爆破振动数据，并在此基础上根据萨道夫斯基经验公式进行爆破振动的专业分析、统计、管理。软件系统由三大部分组成：

数据采集、数据回放和爆破振动分析。

3. 测点布置

监测对象为青岛如家快捷酒店市南区太平角店，隧道里程段范围为 K4＋851～＋898。考虑隧道埋深较浅，隧道爆破会对酒店内的住宿客人造成较大影响。因此当隧道开挖至此处时，对该建筑物进行了跟踪监测。整个监测过程中测点位置不变，随着隧道工作面的推进，监测上台阶第 1 次爆破振动数据。

爆破振动监测系统由 6 台 UBOX-5016 爆破振动检测仪、配套的速度传感器和软件组成。为便于数学表达，将日常认为的 1 层地面定义为 0 层，随楼层数增加楼层编号依次增加。

为排除其他因素干扰，实际监测过程中，传感器分别布置在建筑物每一层的迎爆侧墙角处，使所有的传感器保持在一条垂直直线上。监测点里程为 YK4＋874.1，因为在此处有一楼梯，适合布置仪器。每层布置 3 个传感器(两个水平传感器，一个垂直传感器)，其中 1 号仪器布置在楼房的－1 层，2 号仪器布置在 0 层，3 号仪器布置在第 1 层，4 号仪器布置在第 2 层，5 号仪器布置在第 3 层，6 号仪器布置在第 4 层(楼顶)。测点布置如图 2-4 所示。

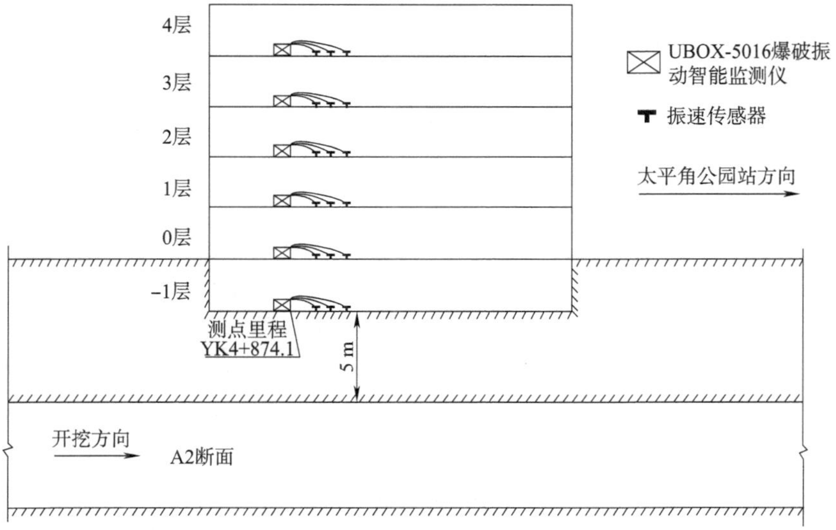

图 2-4　测点布置

2.2　现场监测结果分析

鉴于爆破振动速度最大值主要出现在掏槽爆破处，且上台阶第 1 炮外界条件变化不大，针对上台阶第 1 炮进行了振动监测，得到了大量原始爆破振动数据。在隧道里程 YK4＋876.27～＋870.3 范围内，监测点前后－2.67～3.8 m 范围内，消除无效不全面的数据，选取 8 组有效监测数据，用 A1，A2，…，A7，A8 对数据进行编号。每组数据分别包括振动峰值速度（垂直振动峰值速度 v_c、水平径向振动峰值速度 v_r 和水平切向振动峰值速度 v_t）和振动主频（垂直振动主频 f_c、水平径向振动主频 f_r 和水平切向振动主频 f_t）。

2.2.1 爆破振动峰值速度随楼层的变化规律

分别将垂直振动峰值速度 v_c、水平径向振动峰值速度 v_r、水平切向振动峰值速度 v_t 和合振动峰值速度 $v=\sqrt{v_c^2+v_r^2+v_t^2}$ 列于表 2-5、表 2-6、表 2-7 和表 2-8 中。表中，L 表示爆源距建筑物 0 层地表测点的水平距离，L 的数值为负表示爆源在测点的后方；Hn 表示楼层，其中 n 表示楼层层数。

表 2-5 垂直振动峰值速度 v_c （单位：cm/s）

数据编号	L(m)	H－1	H0	H1	H2	H3	H4
A1	－2.67	0.404	0.443	0.29	0.324	0.21	0.259
A2	－2.17	0.402	0.48	0.349	0.347	0.284	0.253
A3	－0.5	0.464	0.187	0.315	0.31	0.258	0.18
A4	0	0.431	0.308	0.278	0.275	0.245	0.229
A5	0.45	0.393	0.379	0.358	0.309	0.282	0.205
A6	1.65	0.395	0.335	0.233	0.196	0.187	0.18
A7	2.2	0.346	0.368	0.325	0.326	—	0.23
A8	3.8	0.402	0.43	0.294	0.219	0.228	0.15

表 2-6 水平径向振动峰值速度 v_r （单位：cm/s）

数据编号	L(m)	H－1	H0	H1	H2	H3	H4
A1	－2.67	0.244	0.307	0.203	0.114	0.082	0.107
A2	－2.17	0.223	0.288	0.304	0.126	0.104	0.093
A3	－0.5	0.442	0.303	0.274	0.117	0.086	0.062
A4	0	0.231	0.11	0.27	0.129	0.151	0.095
A5	0.45	0.278	0.235	0.194	0.097	0.097	0.073
A6	1.65	0.302	0.283	0.23	0.107	0.079	0.041
A7	2.2	0.161	0.252	0.196	0.076	—	0.033
A8	3.8	0.189	0.342	0.183	0.097	0.087	0.052

表 2-7　水平切向振动峰值速度 v_t　(单位:cm/s)

数据编号	L(m)	H−1	H0	H1	H2	H3	H4
A1	−2.67	0.242	0.129	0.199	0.195	0.056	0.075
A2	−2.17	0.28	0.157	0.225	0.215	0.045	0.058
A3	−0.5	0.269	0.164	0.26	0.049	0.032	0.062
A4	0	0.24	0.142	0.216	0.045	0.041	0.087
A5	0.45	0.222	0.134	0.168	0.181	0.079	0.096
A6	1.65	0.293	0.21	0.136	0.045	0.042	0.083
A7	2.2	0.207	0.192	0.097	0.042	—	0.066
A8	3.8	0.213	0.173	0.199	0.152	0.06	0.087

表 2-8　合振动峰值速度 v　(单位:cm/s)

数据编号	L(m)	H−1	H0	H1	H2	H3	H4
A1	−2.67	0.53	0.554	0.406	0.395	0.232	0.29
A2	−2.17	0.538	0.581	0.515	0.427	0.306	0.276
A3	−0.5	0.695	0.392	0.492	0.335	0.274	0.2
A4	0	0.545	0.356	0.444	0.307	0.291	0.263
A5	0.45	0.53	0.466	0.44	0.371	0.308	0.239
A6	1.65	0.577	0.486	0.354	0.228	0.207	0.202
A7	2.2	0.434	0.485	0.392	0.337	—	0.241
A8	3.8	0.493	0.576	0.399	0.284	0.251	0.181

表 2-5～表 2-8 中监测数据,其中 A1～A4(L 值为负)表示测点在工作面前方时监测得到的数据,建筑物下方尚未形成空腔。A5～A8(L 值为正)表示测点在工作面后方监测得到的数据,建筑物下方已形成空腔。

为便于分析,首先定义以下几个术语:

参量基准点:指建筑物与隧道垂直距离最小的测点位置,本书以−1 层测点为参量基准点。

爆心距:指药包中心与观测点的距离。对于群药包爆破,是指群药包的质量中心与观测点的距离。本书爆心距是指隧道开挖断面的形心与楼房观测点在地面上投影点的最短距离,用 R 表示。

绝对放大:顶层监测参量数值大于基准点监测值,大于相邻楼层监测值。

绝对降低:顶层监测参量数值小于基准点监测值,小于相邻楼层监测值。

相对放大:顶层监测参量数值小于基准点监测值,大于相邻楼层监测值。

相对降低：顶层监测参量数值大于基准点监测值，小于相邻楼层监测值。

放大/减小系数：顶层监测参量数值与基准点监测值的比值。

药距比系数的定义由式(2-1)给出：

$$\beta=100Q^{1/3}/R \tag{2-1}$$

式中　β——药距比系数($kg^{1/3}/m$)；

Q——单段最大起爆药量(kg)；

R——爆心距(m)。

药距比系数反映了单段最大起爆药量与爆心距之间的关系。

根据药距比系数计算公式，计算出每组的药距比系数，计算结果列于表2-9中。

表2-9　药距比系数 β

数据编号	A1	A2	A3	A4	A5	A6	A7	A8
Q(kg)	0.1	0.1	0.1	0.1	0.1	0.1	0.1	0.1
R(m)	8.81	8.67	8.41	8.4	8.41	8.56	8.68	9.22
β($kg^{1/3}/m$)	5.26	5.35	5.51	5.53	5.51	5.42	5.35	5.05

1. 垂直振动峰值速度 v_c 随楼层的变化规律

建筑物下方未形成空腔时，垂直振动峰值速度随楼层的变化规律如图2-5(a)所示。建筑物下方形成空腔时，垂直振动峰值速度随楼层的变化规律如图2-5(b)所示。

分析图2-5可知，A1、A2和A7、A8的 v_c 在0层增长到最大值，然后随楼层振荡减小。A3、A4和A5、A6的 v_c 在−1层取最大值，在0层处振速降低，然后随楼层振荡减小。A1～A8的 v_c 最小值均在顶层H4处取得。建筑物下方尚未形成空腔时，顶层减小系数为0.387～0.641。建筑物下方形成空腔时，顶层减小系数为0.373～0.664。因此，在药距比系数 $\beta=5.05\sim5.53$ 的范围内，垂直振动峰值速度 v_c 随楼层 Hn 的变化呈以下特点：

(1)总体上，垂直振动峰值速度随楼层的增加振荡减小，在顶层减小到最小值，建筑物垂直方向振动峰值速度出现顶层绝对降低现象。

(2)爆源在测点前后−0.5～1.65 m范围内时，垂直振动峰值速度在0层出现振速降低，垂直振动峰值速度最大值出现在−1层。爆源在测点后−2.67～−2.17 m和测点前2.2～3.8 m，垂直振动峰值速度在0层出现振速增大，垂直振动峰值速度最大值出现在0层。

(3)建筑物下方尚未形成空腔时，顶层减小系数为0.387～0.641。建筑物下方形成空腔时，顶层减小系数为0.373～0.664。因此，建筑物下方尚未形成空腔和建筑物下方已形成空腔两种情况下，垂直振动峰值速度顶层减小系数大致相同。

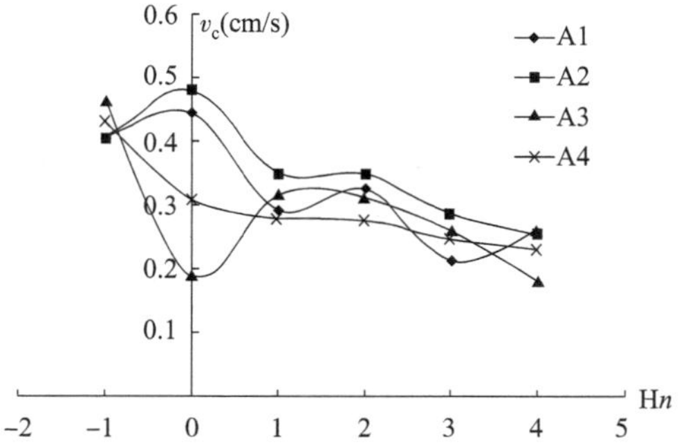

(a)建筑物下方未形成空腔时 v_c 随楼层 Hn 的变化

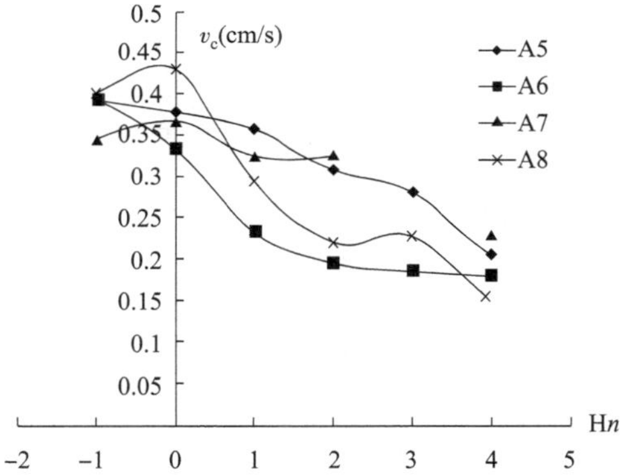

(b)建筑物下方形成空腔时 v_c 随楼层 Hn 的变化

图 2-5　垂直振动峰值速度 v_c 随楼层 Hn 的变化

2. 水平径向振动峰值速度 v_r 随楼层的变化规律

建筑物下方未形成空腔时，水平径向振动峰值速度随楼层的变化规律如图 2-6(a)所示。建筑物下方形成空腔时，水平径向振动峰值速度随楼层的变化规律如图 2-6(b)所示。

分析图 2-6 可知，A1、A2 和 A7、A8 的 v_r 在 0 层增长到最大值，然后随楼层振荡减小。A3、A4 和 A5、A6 的 v_r 在−1 层取最大值，在 0 层处振速降低，然后随楼层振荡减小。A1～A8 的 v_r 最小值均在顶层 H4 处取得。建筑物下方尚未形成空腔时，顶层减小系数为 0.140～0.438。建筑物下方形成空腔时，顶层减小系数为 0.135～0.275。因此，在药距比系数 β=5.05～5.53 的范围内，水平径向振动峰值速度 v_r 随楼层 Hn 的变化呈现以下特点：

(1)总体上，水平径向振动峰值速度随楼层的增加在振荡减小，在顶层减小到最小值，水平径向振动峰值速度出现顶层绝对降低现象。

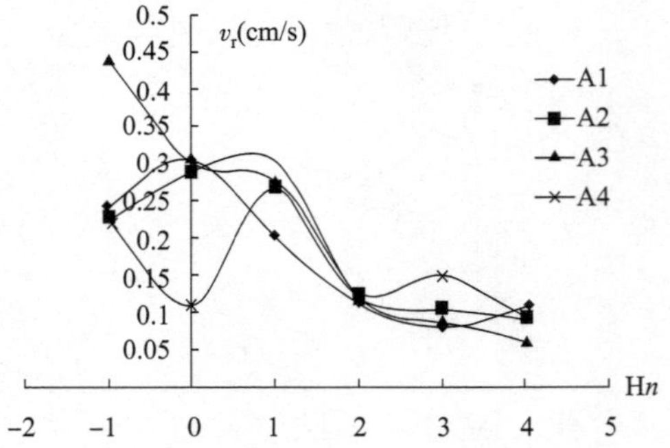

(a)建筑物下方未形成空腔时 v_r 随楼层 Hn 的变化

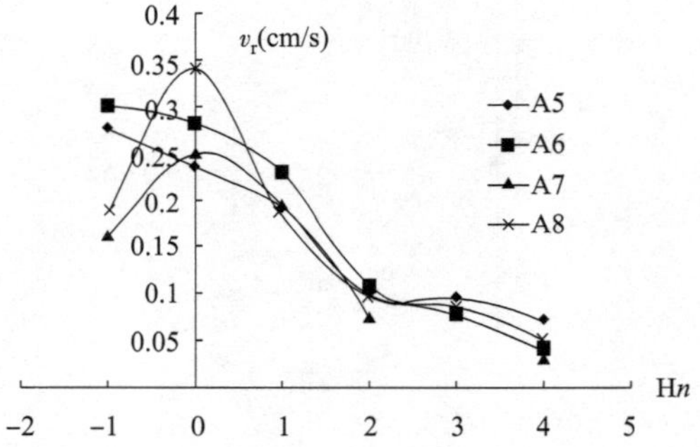

(b)建筑物下方形成空腔时 v_r 随楼层 Hn 的变化

图 2-6 水平径向振动峰值速度 v_r 随楼层 Hn 的变化

(2)爆源在测点前后−0.5～1.65 m 范围内时，水平径向振动峰值速度在 0 层出现振速降低，水平径向振动峰值速度最大值出现在−1 层。爆源在测点后−2.67～−2.17 m 和测点前 2.2～3.8 m，水平径向振动峰值速度在 0 层出现振速增大，水平径向振动峰值速度最大值出现在 0 层。

(3)建筑物下方尚未形成空腔时，顶层减小系数为 0.140～0.438。建筑物下方形成空腔时，顶层减小系数为 0.135～0.275。因此，建筑物下方尚未形成空腔时的顶层减小系数大于建筑物下方已形成空腔时的减小系数。

3. 水平切向振动峰值速度 v_t 随楼层的变化规律

建筑物下方未形成空腔时，水平切向振动峰值速度随楼层的变化规律如图 2-7(a)所示。建筑物下方形成空腔时，水平切向振动峰值速度随楼层的变化规律如图 2-7(b)所示。

分析图 2-7 可知，A1～A8 的 v_t 在−1 层取最大值，在 0 层处振速降低，然后随楼层振荡减小，在 3 层取最小值，在顶层水平切向振动峰值速度略大于相邻楼层振速。建筑物下方尚未形成空腔时，顶层减小系数为 0.207～0.310。建筑物下方

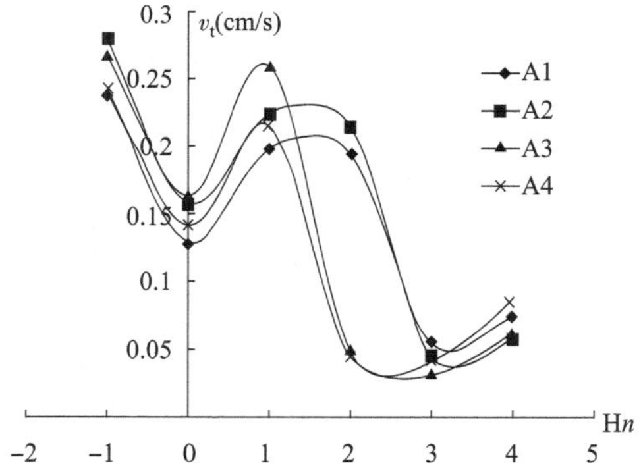

(a)建筑物下方未形成空腔时 v_t 随楼层 Hn 的变化

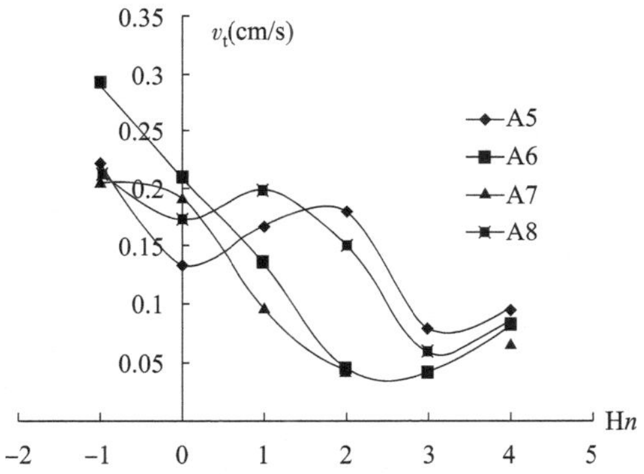

(b)建筑物下方形成空腔时 v_t 随楼层 Hn 的变化

图 2-7　水平切向振动峰值速度 v_t 随楼层 Hn 的变化

形成空腔时，顶层减小系数为 0.283～0.432。因此，在药距比系数 β=5.05～5.53 的范围内，水平径向振动峰值速度 v_t 随楼层 Hn 的变化呈现以下特点：

(1)总体上，水平切向振动峰值速度随着楼层的增加振荡减小，在顶层振动速度略大于相邻楼层振动速度，水平切向振动峰值速度出现顶层相对降低现象。

(2)在测点前后−2.67～3.8 m 范围内时，水平切向振动峰值速度在−1 层取最大值，在 3 层取最小值。

(2)建筑物下方尚未形成空腔时，顶层减小系数为 0.207～0.310。建筑物下方形成空腔时，顶层减小系数为 0.283～0.432。因此，建筑物下方尚未形成空腔时的顶层减小系数小于建筑物下方已形成空腔时的减小系数。

4. 合振动峰值速度 v 随楼层的变化规律

建筑物下方未形成空腔时，合振动峰值速度随楼层的变化规律如图 2-8(a)所示。建筑物下方形成空腔时,合振动峰值速度随楼层的变化规律如图 2-8(b)所示。

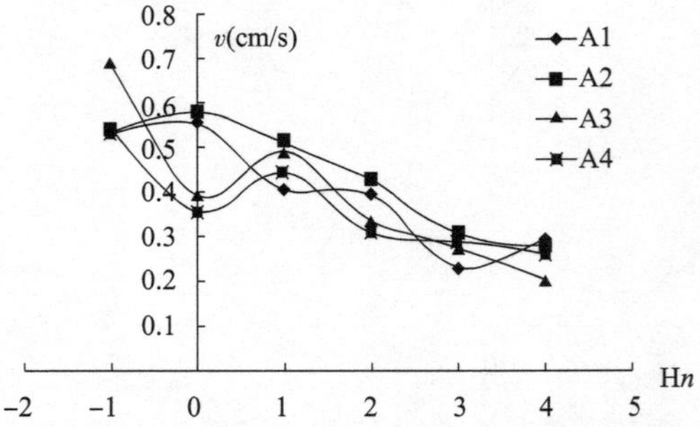

(a)建筑物下方未形成空腔时 v 随楼层 Hn 的变化

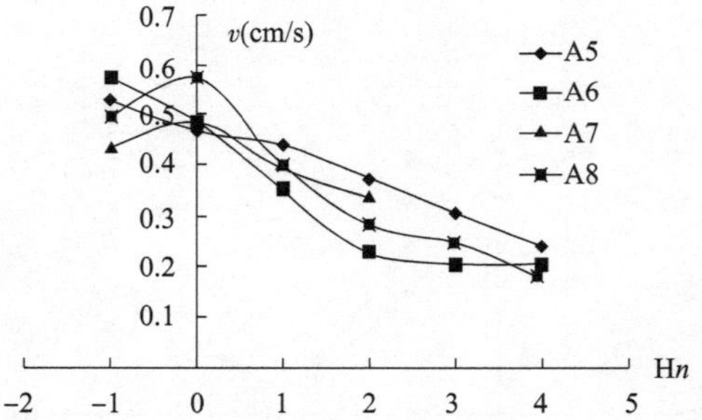

(b)建筑物下方形成空腔时 v 随楼层 Hn 的变化

图 2-8 合振动峰值速度 v 随楼层 Hn 的变化

分析图 2-8 可知,A1、A2 和 A7、A8 的 v 在 0 层增长到最大值,然后随楼层振荡减小。A3、A4 和 A5、A6 的 v 在−1 层取最大值,在 0 层处振速降低,然后随楼层振荡减小。A1～A8 的 v 最小值均在顶层(H4)处取得。建筑物下方尚未形成空腔时,顶层减小系数为 0.287～0.547。建筑物下方形成空腔时,顶层减小系数为 0.35～0.555。因此,在药距比系数 β=5.05～5.53 的范围内,合振动峰值速度 v 随楼层 Hn 的变化呈现以下特点:

(1)总体上,合振动峰值速度随着楼层的增加振荡减小,在顶层出现最小值,合振动峰值速度出现顶层绝对降低现象。

(2)爆源在测点前后−0.5～1.65 m 范围内时,合振动峰值速度在 0 层出现振速降低,合振动峰值速度最大值出现在−1 层。爆源在测点后−2.67～−2.17 m 和测点前 2.2～3.8 m,合振动峰值速度在 0 层出现振速增大,合振动峰值速度最大值出现在 0 层。

(3)建筑物下方尚未形成空腔时，顶层减小系数为 0.287～0.547。建筑物下方形成空腔时，顶层减小系数为 0.35～0.555。因此，建筑物下方尚未形成空腔和建筑物下方已形成空腔两种情况下，合振动峰值速度顶层减小系数大致相同。

(4)合振动峰值速度随楼层的振动曲线特征与单一方向振动特征相似。

综上所述，在药距比系数为 5.05～5.53 的范围内时，振动峰值速度随楼层的变化呈现以下特征：

(1)总体上，振动峰值速度(3 个方向)随楼层的增加振荡减小。垂直振动峰值速度、水平径向振动峰值速度和合振动峰值速度在建筑物顶层出现振速绝对降低现象，水平切向振动峰值速度在建筑物顶层出现振速相对降低现象。

(2)振动峰值速度(3 个方向)随楼层的变化特征不同。爆源在测点前后−0.5～1.65 m 范围内时，垂直振动峰值速度、水平径向振动峰值速度和合振动峰值速度在 0 层出现振速降低，最大值出现在−1 层。爆源在测点后−2.67～−2.17 m 和测点前 2.2～3.8 m，垂直振动峰值速度、水平径向振动峰值速度和合振动峰值速度在 0 层出现振速增大，最大值出现在 0 层。在测点前后−2.67～3.8 m 范围内时，水平径向振动峰值速度在−1 层取最大值，在 4 层取最小值。

(3)建筑物下方尚未形成空腔与建筑物下方已形成空腔两种情况下，建筑物顶层 3 个方向振速减小系数不一致。

(4)合振动峰值速度随楼层的振动曲线特征与单一方向振动特征相似。

2.2.2 振动主频随楼层的变化规律

爆破振动主频是衡量爆破振动对建筑物影响的一个重要指标。本节分别对垂直振动主频 f_c、水平径向振动主频 f_r 和水平切向振动主频 f_t 随楼层的变化进行分析，以便找出建筑物对爆破振动主频的响应特征。

振动峰值速度相对应的垂直振动主频 f_c、水平径向振动主频 f_r 和水平切向振动主频 f_t 数据见表 2.10、表 2.11 和表 2.12。表中，L 表示爆源距建筑物 0 层地表测点的水平距离，L 的数值为负表示爆源在测点的后方；Hn 表示楼层，其中 n 表示楼层层数。

表 2-10 垂直振动主频 f_c (单位：Hz)

数据编号	L(m)	H−1	H0	H1	H2	H3	H4
A1	−2.67	56.1	48.8	68.1	24.4	34.2	24.4
A2	−2.17	65.9	53.7	90.3	90.3	36.6	29.3
A3	−0.5	62.4	56.5	91.5	29.3	29.3	29.3
A4	0	78.9	58.6	91.5	24.4	34.1	34.1

续上表

数据编号	L(m)	H−1	H0	H1	H2	H3	H4
A5	0.45	100	80.6	118.4	117.2	41.6	32.5
A6	1.65	109.9	53.7	130.6	107.4	35.2	29.3
A7	2.2	107.4	56.2	91.5	112.3	—	35.2
A8	3.8	114.7	96.5	97.6	97.6	21.9	20.5

表 2-11　水平径向振动主频 f_r　(单位:Hz)

数据编号	L(m)	H−1	H0	H1	H2	H3	H4
A1	−2.67	47.7	61.4	52.2	44.1	28.1	17.7
A2	−2.17	54.1	70.8	42.6	41.9	33.7	36.6
A3	−0.5	42.4	58.6	45.1	46.3	41.5	36.6
A4	0	43.5	55.4	46	46.5	42.4	45.3
A5	0.45	27.8	42.8	43.3	44.1	40.4	36.6
A6	1.65	37.4	49.2	42.6	47.2	47.7	34.6
A7	2.2	78.1	95.2	64	61	—	31.5
A8	3.8	46.4	70.8	43.8	42.1	63.47	45.9

表 2-12　不同楼层水平切向振动主频 f_t　(单位:Hz)

数据编号	L(m)	H−1	H0	H1	H2	H3	H4
A1	−2.67	67	50.3	36.7	44.6	48.8	19
A2	−2.17	94.5	80.3	86.4	41.9	46	25.9
A3	−0.5	84.7	46.3	45.5	44.3	41	35.9
A4	0	73.2	56.4	45.3	46.5	45.4	46.5
A5	0.45	68.7	63.9	49.9	44.1	43.6	23.2
A6	1.65	75.9	63.9	38.8	42.4	48.7	29.7
A7	2.2	55.5	49.2	33	37.9	—	26.2
A8	3.8	56.6	49.8	40.4	40.4	40.4	34.5

本节主要对 3 个方向的振动主频随楼层的变化特征进行分析。

1. 垂直振动主频随楼层的变化规律

建筑物下方未形成空腔时,垂直振动主频随楼层的变化规律如图 2-9(a)所示。建筑物下方形成空腔时,垂直振动峰值速度随楼层的变化规律如图 2-9(b)所示。

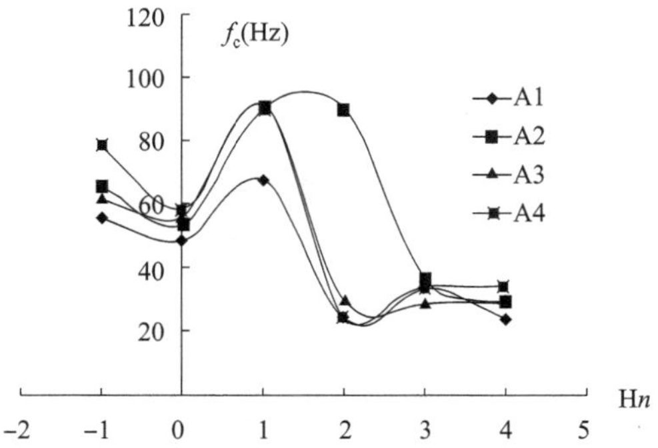

(a)建筑物下方未形成空腔时 f_c 随楼层 Hn 的变化

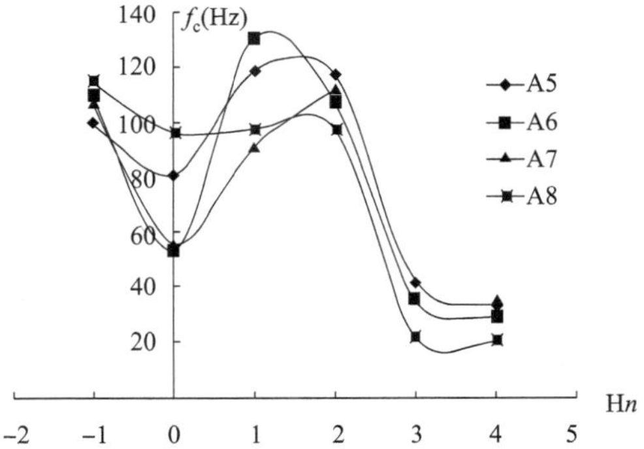

(b)建筑物下方形成空腔时 f_c 随楼层 Hn 的变化

图 2-9　垂直振动主频 f_c 随楼层 Hn 的变化

分析图 2-9 可知，A1～A8 在 0 层 f_c 减小，然后在 1 层或者 2 层增加到最大，最后在顶层减小到最小值。A1～A8 的 f_c 最小值均在顶层处取得。因此，在药距比系数 β=5.05～5.53 的范围内，垂直振动主频 f_c 随楼层 Hn 的变化呈现以下特点：

(1)总体上，垂直振动主频在顶层取最小值，在 1 层或 2 层取最大值，低频段主要出现在顶层。

(2)建筑物下方尚未形成空腔与建筑物下方已形成空腔两种不同的情况下，建筑物垂直振动主频随楼层的变化趋势基本是一致的。

2. 水平径向振动主频随楼层的变化规律

建筑物下方未形成空腔时，水平径向振动主频随楼层的变化规律如图 2-10(a)所示。建筑物下方形成空腔时，水平径向振动主频随楼层的变化规律如图 2-10(b)所示。

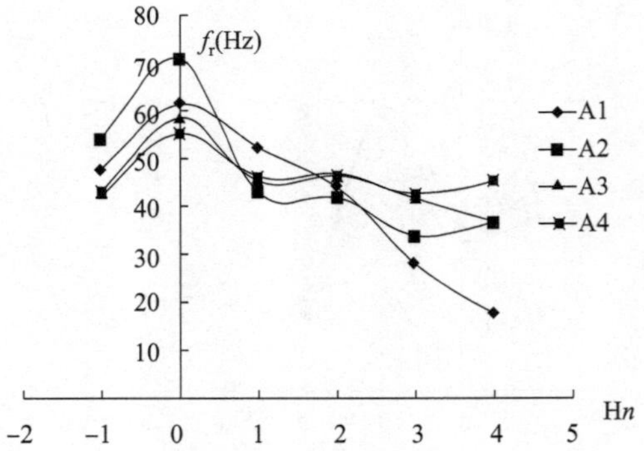

(a)建筑物下方未形成空腔时 f_r 随楼层 Hn 的变化

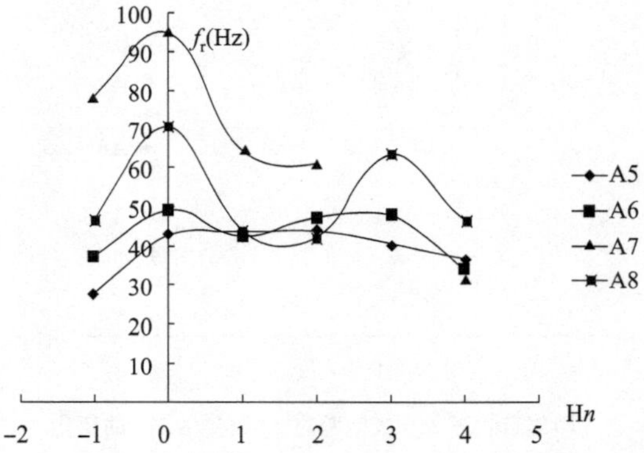

(b)建筑物下方未形成空腔时 f_r 随楼层 Hn 的变化

图 2-10　水平径向振动主频 f_r 随楼层 Hn 的变化

分析图 2-10 可知，A1～A8 在 0 层 f_c 增大到最大值，然后振荡减小，最后在顶层减小到最小值。因此，在药距比系数 β=5.05～5.53 的范围内，水平径向振动主频 f_r 随楼层 Hn 的变化呈现以下特点：

(1)总体上，随着楼层的增加水平径向振动主频 f_r 先增大后减小，最大值出现在 0 层，低频段主要出现在顶层。

(2)建筑物下方尚未形成空腔与建筑物下方已形成空腔两种不同的情况下，建筑物水平径向振动主频随楼层的变化趋势基本是一致的。

3. 水平切向振动主频随楼层的变化规律

建筑物下方未形成空腔时，水平切向振动主频随楼层的变化规律如图 2-11(a)所示。建筑物下方形成空腔时，水平切向振动主频随楼层的变化规律如图 2-11(b)所示。

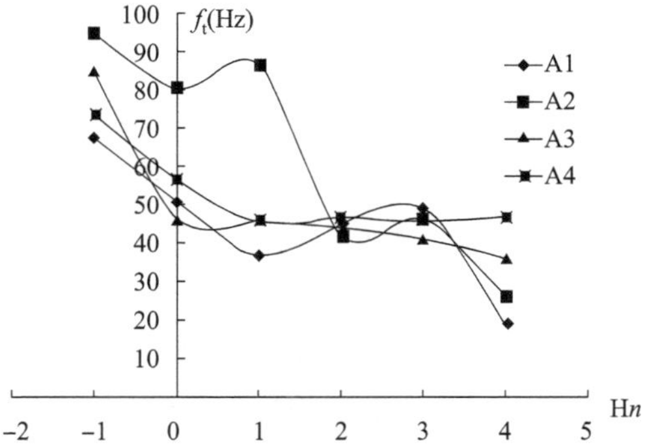

(a)建筑物下方未形成空腔时 f_t 随楼层 Hn 的变化

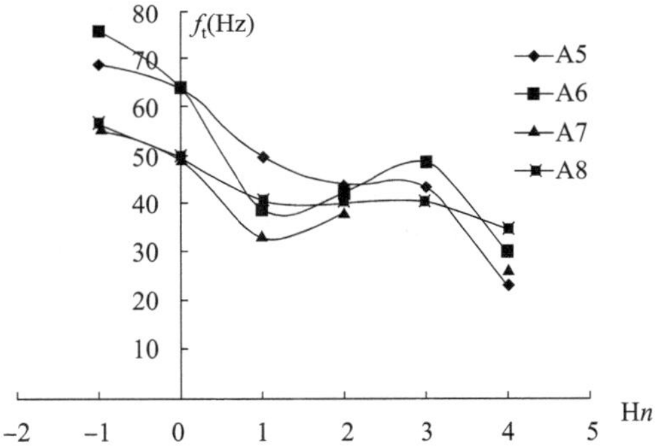

(b)建筑物下方未形成空腔时 f_t 随楼层 Hn 的变化

图 2-11　水平切向振动主频 f_t 随楼层 Hn 的变化

分析图 2-11 可知，A1～A8 的 f_t 随楼层的增加在振荡减小，最后在顶层减小到最小值。因此，在药距比系数 β=5.05～5.53 的范围内，水平切向振动主频 f_t 随楼层 Hn 的变化呈现以下特点：

(1)总体上，随着楼层的增加水平切向振动主频 f_t 是振荡减小的，最大值出现在−1 层，最小值出现在顶层，低频段主要出现在顶层。

(2)建筑物下方尚未形成空腔与建筑物下方已形成空腔两种不同的情况下，建筑物水平切向振动主频随楼层的变化趋势基本是一致的。

综上所述，建筑物振动主频随楼层的变化呈现以下特征：

(1)建筑物振动主频范围是 12.2～130.6 Hz。

(2)随楼层的增加，建筑物振动主频呈现振荡减小趋势。建筑物底层的振动主频值大，顶层的振动主频值较小。3 个方向中低频段主要出现在顶层。

(3)建筑物下方尚未形成空腔与建筑物下方已形成空腔两种不同的情况下，建筑物振动主频的变化趋势基本是一致的。

2.3　建筑物顶层振动响应特征

通过振动速度数据分析，在 3 个方向上（垂直方向、水平径向、水平切向）如家快捷酒店建筑物顶层都出现了振动峰值速度减小现象。这与以往其他大部分学者发现的振动速度在建筑物顶层放大现象相反。

根据第 1 章的文献综述，国内学者关于振动速度在建筑物顶层响应方面的观点尚不统一，主要认为振动速度在建筑物顶层出现顶层放大现象或顶层减小现象。

2.3.1　建筑物顶层振速的响应形式

2008～2013 年，山东科技大学王海亮教授指导高同伟、薛宪彬等硕士研究生结合青岛胶州湾海底隧道陆域段工程，研究了隧道下穿 3 层、6 层、7 层砖混结构建筑物和侧穿 18 层、28 层、33 层钢筋混凝土结构高层建筑物条件下，建筑物对隧道爆破的振动响应规律。

（1）33 层钢筋混凝土框剪结构建筑的爆破振动响应规律如图 2-12 所示，属于振速顶层相对放大的类型。隧道埋深 23 m，开挖面积 69.6 m^2，最大单段起爆药量为 18 kg，总起爆药量 117.8 kg，循环进尺 2.2 m。建筑物基础距隧道拱顶的垂直距离为 10.22 m，与隧道轴线水平距离 13.89 m，药距比系数为 7.39～8.42。

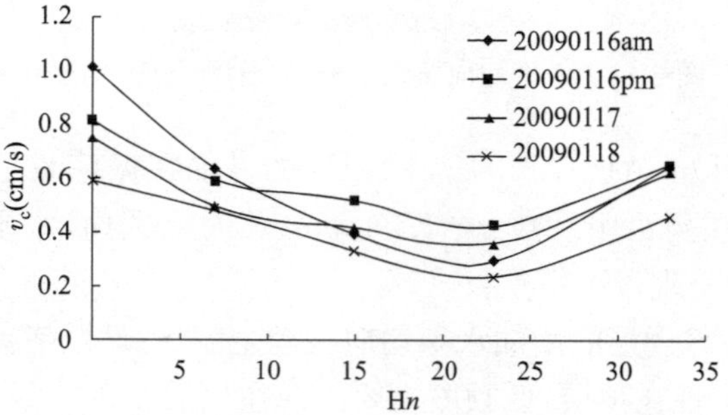

图 2-12　垂直振动速度 v_c 与 33 层建筑楼层层数 Hn 的关系

（2）20 层钢筋混凝土框剪结构建筑对爆破振动的响应规律如图 2-13 所示，响应规律属于振速顶层相对放大类型。隧道埋深 16.3 m，开挖面积 69.6 m^2，最大单段起爆药量为 4.8 kg，总起爆炸药量 91.8 kg，循环进尺 2 m。建筑基础与隧道拱顶垂直距离 33.4 m，与隧道轴线水平距离 31.5 m，药距比系数为 6.94～7.18。

（3）20 层凝土框剪结构建筑的爆破振动响应规律如图 2-14 所示，响应规律属于振速顶层绝对降低类型。隧道埋深 22 m，开挖面积 13.5 m^2，最大单段起爆药量为 9.6 kg，总起爆药量 60 kg，循环进尺 2 m。建筑基础与隧道顶部垂直距离 16.9 m，与隧道轴线水平距离 14 m，药距比系数为 3.94～4.18。

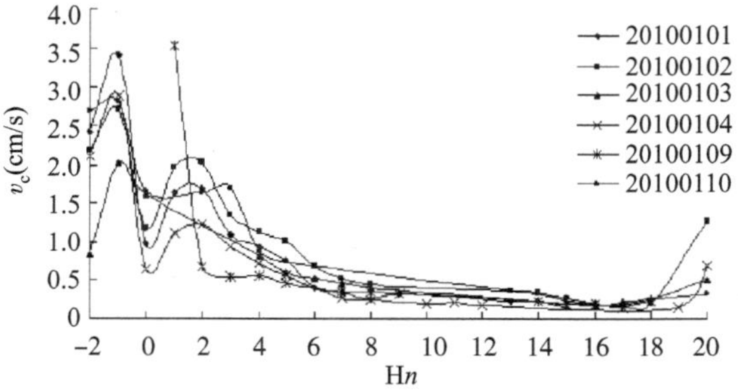

图 2-13　垂直振动速度 v_c 与 20 层建筑楼层层数 Hn 的关系

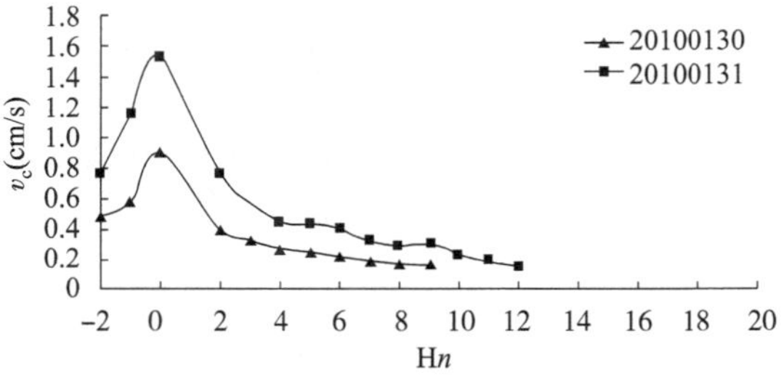

图 2-14　垂直振动速度 v_c 与 20 层建筑楼层层数 Hn 的关系

(4)隧道下穿 7 层砖混结构建筑的振动响应规律如图 2-15 所示，响应规律属于振速顶层绝对放大类型。隧道埋深 18.4 m，其中上台阶分 6 次爆破。第一炮为掏槽爆破，分 3 段起爆，最大单段起爆药量 6.0 kg，起爆装药量为 12.3 kg，总装药量约 78 kg。循环进尺 1.8 m。建筑基础与隧道拱顶垂直距离 18.4 m，药距比系数为 6.135～6.265。

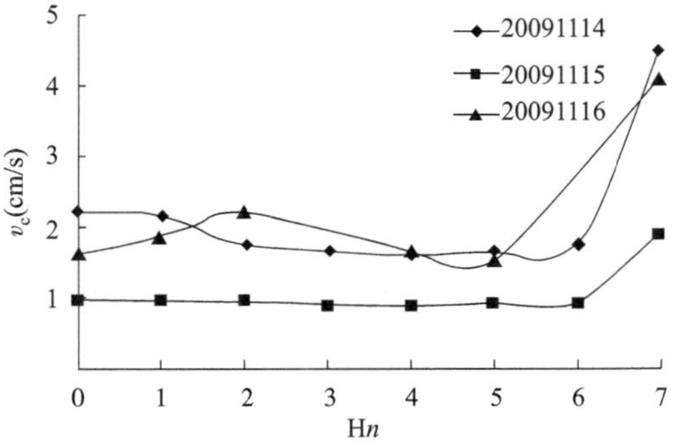

图 2-15　垂直振动速度 v_c 与楼层层数 Hn 的关系

建筑物的振动响应规律与隧道爆破的开挖方法、最大单段起爆药量、爆心距存在密切的关系。在其他条件不变的情况下，随着单段起爆药量的增大(相当于爆心距减小)，建筑物的爆破振动速度随着层高的增加，分别呈现绝对降低、相对降低、相对放大和绝对放大四种响应类型。但是，这四种响应类型的形成机理、形成条件和影响因素尚不明晰。

2.3.2 顶层振速响应形式的判别依据

影响爆破振动速度大小的因素有很多，如单段最大起爆药量、爆心距、地质状况和建筑物自身条件等。在同等条件下，单段最大起爆药量和爆心距对振动速度大小起着主要作用。在此基础上，通过引用药距比系数的概念来分析建筑物顶层振速响应规律。

通过对比分析发现，在不同的药距比系数情况下，建筑物顶层振动速度响应规律会出现不同的情况。统计部分学者的研究成果见表 2-13。

表 2-13 不同药距比系数下的建筑物顶层振速响应类型

β	7.39～8.42	6.94～7.18	6.135～6.265	5.05～5.53	3.94～4.18
顶层振速响应类型	相对放大	相对放大	绝对放大	绝对降低	绝对降低

本书提出以药距比系数来判别建筑物顶层振速响应形式。当药距比系数在 6.135～8.42 之间时，建筑物顶层出现振速放大现象；当药距比系数在 3.39～5.53 之间时，建筑物顶层出现振速降低现象。对于药距比系数 $\beta<3.39$ 和 $\beta>8.42$ 时，由于缺乏振动监测数据，本文未深入研究。

根据研究结论，当建筑物顶层出现振速放大现象时，不仅在地面或地下室布置测点，还应在建筑物顶层布置测点。当建筑物顶层出现振速降低现象时，只需在地面或地下室布置测点。

2.3.3 振动峰值速度与时间的关系研究

目前学者普遍认为振动速度 3 个方向中，垂直方向振动峰值速度最大。但是对于为什么垂直方向振动峰值速度最大，大部分学者只是通过监测数据分析得出，并没有进一步深入探讨。本节主要从振动峰值速度出现的时间上解释垂直方向振动峰值速度最大。

通过对太延区间下穿如家快捷酒店区段进行爆破振动监测，得到了大量原始爆破振动数据。针对上台阶爆破过程中第 1 炮的振动监测，选取其中的 11 组有效监测数据，包括垂直方向振动峰值速度出现的时间 t_c，水平径向振动峰值速度出现

的时间 t_r，水平切向振动峰值速度出现的时间 t_t。振动峰值速度出现的时间 t 数据见表 2-14。L 表示爆源与建筑物的水平距离，L 值为负表示建筑物下方尚未形成空腔，L 值为正值表示建筑物下方已形成空腔。

表 2-14　振动峰值速度出现的时间 t

距离 L(m)	时间 t(s)			距离 L(m)	时间 t(s)		
	t_c	t_r	t_t		t_c	t_r	t_t
−11.71	0.000 5	0.007 25	0.007 75	0	0.030 25	0.057 75	0.065 75
−10.04	0.000 63	0.000 38	0.005 87	0.45	0.037 56	0.676 56	0.491 75
−8.5	0.053 81	0.063 63	0.788 7	4.8	0.541 5	0.376 56	0.291 75
−7.93	0.000 25	0.001 69	0.011 44	5.35	0.041 75	0.467 75	0.455
−4.79	0.000 69	0.091	0.094 75	6.95	0.007 5	0.462	0.311
−3.73	0.112 5	0.379	0.373 75				

为便于分析振动峰值速度出现的时间与水平距离 L 的关系，根据表 2-14，作出振动峰值速度(3 个方向)出现的时间 t 与水平距离 L 的关系图，如图 2-16 所示。

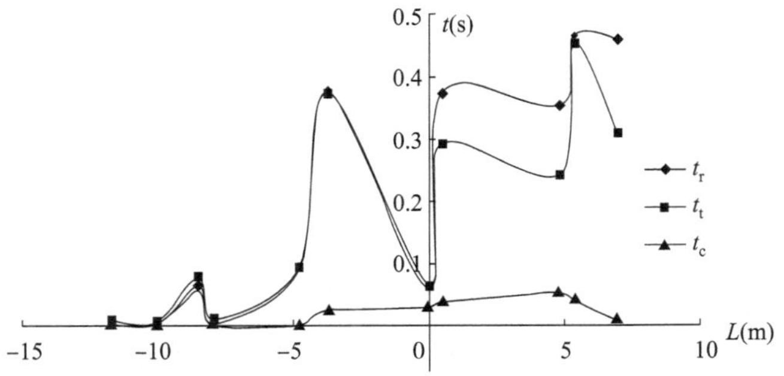

图 2-16　振动峰值速度出现时间 t 与水平距离 L 关系

分析图 2-16 可知，在建筑物下方尚未形成空腔时，$t_c<t_r<t_t$。在建筑物下方形成空腔时，$t_c<t_t<t_r$。t_c 值最小，且 $t_c<0.1$ s。因此，振动峰值速度(3 个方向)出现的时间 t 与水平距离 L 的关系呈现如下特征：

(1)从 3 个方向振动峰值速度出现的时间分析，在建筑物下方尚未形成空腔时，垂直振动峰值速度出现时间最早，水平切向振动峰值速度出现时间最晚；在建筑物下方形成空腔时，垂直振动峰值速度出现时间最早，水平径向振动峰值速度出现时间最晚。3 个方向中，垂直方向振动峰值速度出现最早。

(2)3 个方向的振动峰值速度出现的时间大部分在 0.1 s 范围之内，上台阶第 1 炮振动速度最大值出现在掏槽部位。

爆破振动波是通过岩体传递到传感器,引起传感器振动产生振动信号。为便于分析,假设岩体是有一定阻力的均匀传播介质,当爆破振动波在岩体中传播时,受阻力影响,3 个方向的振动波传播速度是不同的,在相同的传播距离下,传播时间越短,爆破振动波受阻力能量损耗越小,振动速度越大。通过监测数据分析,垂直方向振动速度最早出现,即垂直方向振动波在岩体中受损耗最小,从而垂直方向振动速度最大。

本节只是通过分析监测数据的基础上,得到振动峰值速度出现的时间与水平距离的关系,还需要通过振动力学、数值模拟等手段进一步验证分析结果。

2.4 爆破振动信号 FFT 分析

对爆破振动信号进行频谱分析是研究爆破振动信号的基础,可以找出爆破振动信号的频率分布和主振频率。频谱分析的方法主要有快速傅里叶变换、小波分析和 Hilbert-Huang 变换分析。快速傅里叶变换(FFT)是传统而又经典的信号分析方法,在爆破振动信号分析领域得到了较好的发展。爆破振动信号分析中的快速傅里叶变换(FFT)是 1965 年 J. W. Cooley 和 Tukey 提出的 DFT 的快速法。

2.4.1 爆破振动信号 FFT 分析基础

快速傅里叶变换 FFT 是一种简化的近似的傅里叶算法,可广泛用于对爆破信号的频谱分析,同时可以使计算速度得到极大提高。快速傅里叶变换 FFT 是从傅里叶变换演化而来的,是巧妙设计的计算离散傅里叶变换 DFT 的一种运算量小、计算速度快的特殊方法。

爆破振动信号经过 FFT 变换后得到其傅里叶谱的幅值谱,其中幅值谱反应了频域中各谐波分量的单峰幅值。快速傅里叶谱具有一定的频率分辨率,由于频率分辨率的存在以及时域信号为有限长度等原因,使 FFT 分析结果具有泄露的可能,为此常常使用一些措施来消除,如加窗。常用的几种窗函数有矩形窗、汉宁窗、海明窗、布拉克曼窗、指数窗、高斯窗、三角窗。窗函数具有不同的效果,但都可以提高主频处的幅值精度,其中矩形窗相当于没有加窗。

1. 傅里叶变换算法

周期波可以用傅里叶级数的形式表示,也就是将波形分解成正弦和余弦之和。爆破引起的测点振动是在 0～∞之间连续发生的,波形是非周期的。为简化分析,将爆破振动波比作一个无穷大周期波,其傅里叶积分的复数为

$$f(t) = \frac{1}{2\pi}\int_{-\infty}^{\infty} \mathrm{d}w \int_{-\infty}^{\infty} f(\tau)\, \mathrm{e}^{\mathrm{i}w(t-\tau)}\, \mathrm{d}\tau \tag{2-2}$$

设 $F(w)=\int_{-\infty}^{\infty} f(\tau)\mathrm{e}^{\mathrm{i}w(t-\tau)}\mathrm{d}\tau$，则式(2-2)可以简化为

$$f(t)=\frac{1}{2\pi}\int_{-\infty}^{\infty} F(w)\mathrm{e}^{\mathrm{i}wt}\mathrm{d}w \tag{2-3}$$

一般情况下 $F(w)$是复数形式，可以表示为

$$F(w)=A(w)-\mathrm{i}B(w)=R(w)\mathrm{e}^{\mathrm{i}\varnothing(w)} \tag{2-4}$$

$$F(w)=\int_{-\infty}^{\infty} f(\tau)(\cos w-\mathrm{i}\sin w\tau)\mathrm{d}\tau \tag{2-5}$$

比较式(2-4)和式(2-5)，可以得到

$$A(w)=\int_{-\infty}^{\infty} f(\tau)\int_{-\infty}^{\infty} f(\tau)\cos w\tau\ \mathrm{d}\tau \tag{2-6}$$

$$B(w)=\int_{-\infty}^{\infty} f(\tau)\int_{-\infty}^{\infty} f(\tau)\sin w\tau\ \mathrm{d}\tau \tag{2-7}$$

$$R(w)=\sqrt{[A(w)]^2+[B(w)]^2} \tag{2-8}$$

上述公式推导中，$R(w)$是 $f(t)$的傅里叶振幅谱，$F(w)$是 $f(t)$的傅里叶变换，$A(w)$、$B(w)$分别是傅里叶变换的实部和虚部。爆破振动信号傅里叶分析就是在傅里叶级数和傅里叶积分的基础上计算得到的，傅里叶级数和傅里叶积分习惯称为傅里叶变换。

2. 短时傅里叶变换算法

随着国内外学者的深入研究，傅里叶变换没有把信号的时域和频域两者有机地结合在一起，傅里叶分析面临着时域和频域的局部化矛盾。

为了消除傅里叶变换的这些矛盾，Dennis Gabor 于 1946 年引入短时傅里叶变换(STFT)。振动信号 $f(t)$的短时傅里叶变换为

$$GF(w,t)=\int_{-\infty}^{+\infty} \mathrm{e}^{\mathrm{i}wt} f(t)g(t-\tau)\mathrm{d}t \tag{2-9}$$

式中　$f(t)$——待分析的信号；

　　$g(t)$——窗函数。

由式(2-9)可知，信号 $f(t)$与“分析窗”$g(t-\tau)$的乘积的傅里叶变换就是短时傅里叶变换。

3. 快速傅里叶变换算法

已知一个连续变化的波形 $x(t)$，对其进行离散采样，设采样(即一个记录的波形)长度为 t，采样间隔 Δt，采样点数为 N，则离散值序列为 $X_m x(m\Delta t)$。在时刻 $t_k=m\Delta t$，该时刻的数据 $X_m=x(m\Delta t)$，于是可以得到在[0，t]区间内 $x(t)$的有限傅里叶级数：

$$x(t)=\frac{a_0}{2}+\sum_{k=1}^{\frac{N}{2}} a_k\cos\left(\frac{2km\pi}{N}\right)+\sum_{k=1}^{\frac{N}{2}-1} b_k\left(\frac{2km\pi}{N}\right) \tag{2-10}$$

公式中傅里叶系数 a_k，b_k 分别为

$$a_k = \frac{2}{N}\sum_{m=0}^{N-1} m_k \cos\left(\frac{2km\pi}{N}\right), k = 0,1,2,\cdots,\frac{N}{2} \tag{2-11}$$

$$b_k = \frac{2}{N}\sum_{m=0}^{N-1} m_k \sin\left(\frac{2km\pi}{N}\right), k = 0,1,2,\cdots,\frac{N}{2}-1 \tag{2-12}$$

在做有限傅里叶变换的计算时，当 $x(t)$ 为周期函数时，t 就是周期。当 $x(t)$ 为非周期函数时，t 就是样本长度，二者计算公式一样。

2.4.2　爆破振动信号 FFT 分析

本节对太延区间隧道下穿如家快捷酒店段，采用台阶法施工，单孔单段装药量 0.1 kg，隧道埋深 5～7.4 m。在隧道右线里程 YK4＋874.1 处布置测点，随着隧道工作面的推进，整个监测过程中测点位置不变，对上台阶第 1 次爆破进行振动监测。选取在隧道里程点 YK4＋868.75 处上台阶第 1 炮监测数据见表 2-15。

表 2-15　振动监测数据

通道方向	最大振速 v(cm/s)	主频(Hz)	时刻 t(s)
垂直方向	0.339	83.333	0.0417 5
水平径向	0.155	117.647	0.467 75
水平切向	0.223	80.000	0.455 00

1. 垂直方向爆破振动信号 FFT 分析

为便于对垂直方向爆破振动波进行 FFT 分析，首先提取垂直方向爆破振动波形，如图 2-17 所示。

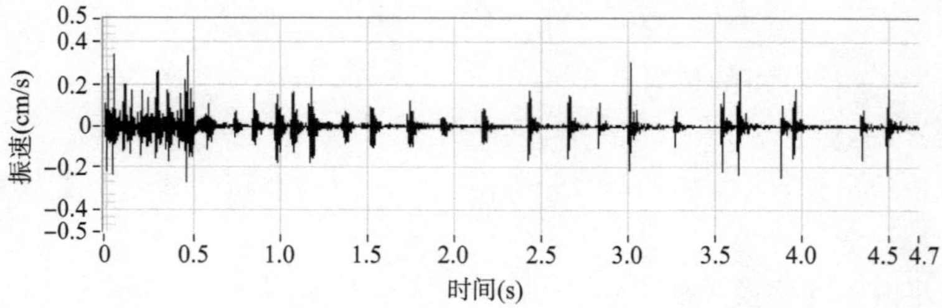

图 2-17　垂直方向爆破振动波形

爆破振动波形只能体现出时间与振速的关系，无法体现振动频率的关系。针对爆破振动波形，利用 Blasting vibration analysis 软件进行 FFT 频谱分析，垂直方向爆破振动信号 FFT 分析如图 2-18 所示。

采用 FFT 频谱分析得到的频谱图呈现锯齿状，不利于明确谱峰值的准确位置

和频谱范围，而且对频谱的分布范围也难以直观显现。对 FFT 频谱加汉宁窗，降低选取长度，得到垂直方向波形加窗 FFT 频谱图，如图 2-19 所示。

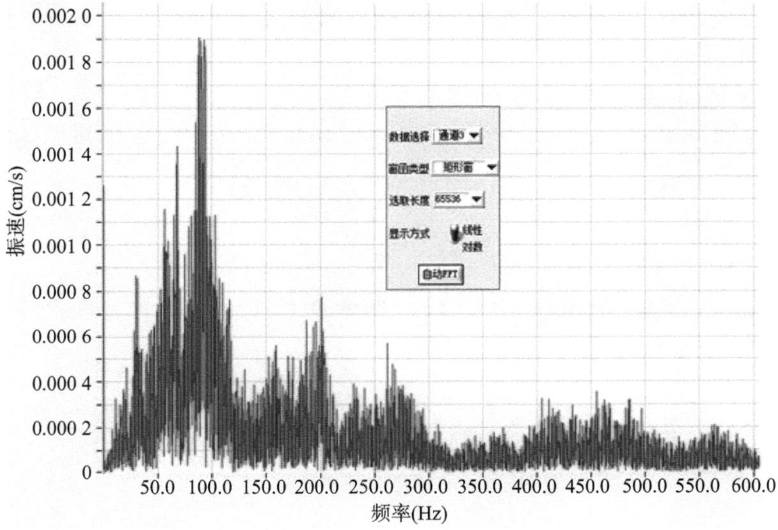

图 2-18　垂直方向爆破振动波形 FFT 频谱

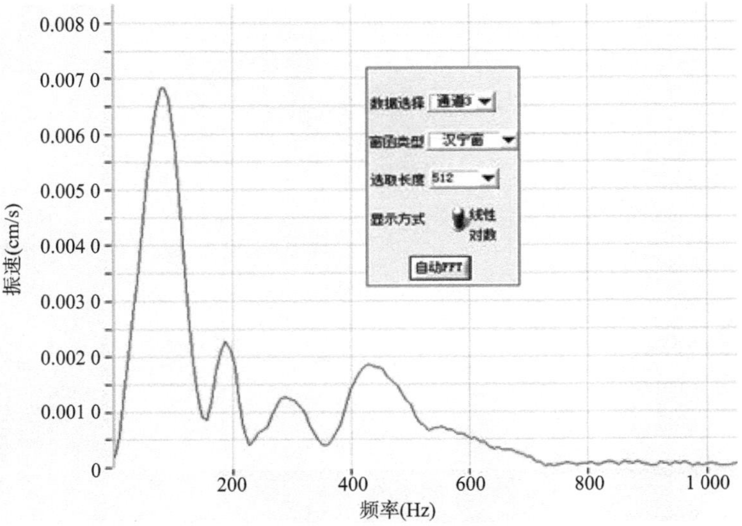

图 2-19　垂直方向波形加窗 FFT 频谱

分析图 2-17～图 2-19 可知，垂直方向爆破振动波存在多个波振山峰，在 0.042 s 处取得最大值 0.339 cm/s，波持时 4.7 s。波形 FFT 分析呈现锯齿状，振动频率主要集中在低频段，垂直方向振动速度较大值所处的频率主要集中在(50 Hz，120 Hz)

区间内，在该区间外振动速度很小，其傅里叶谱中 90 Hz 附近的成分分布较多。垂直方向振动峰值速度在 90 Hz 处取得。采用加窗 FFT 频谱分析，降低选取长度，可以消除垂直方向波形 FFT 频谱中的锯齿，使频谱图平滑化，有利于明确谱峰值位置和范围。

2. 水平径向爆破振动信号 FFT 分析

为便于对水平径向爆破振动波进行 FFT 分析，首先提取水平径向爆破振动波形，如图 2-20 所示。

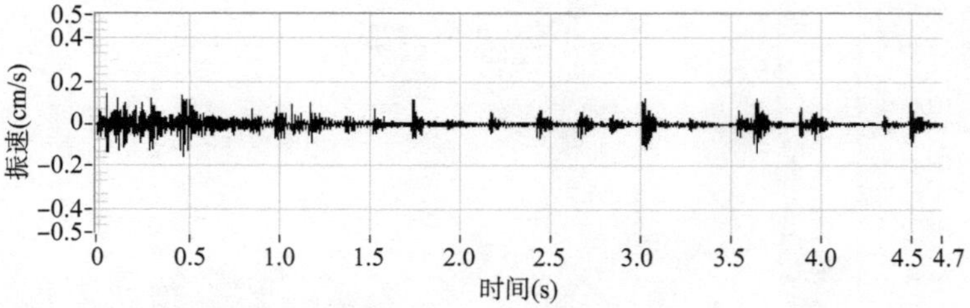

图 2-20　水平径向爆破振动波形

爆破振动波形只能体现出时间与振速的关系，无法体现振动频率的关系。针对爆破振动波形，利用 Blasting vibration analysis 软件进行 FFT 频谱分析，水平径向爆破振动信号 FFT 分析如图 2-21 所示。

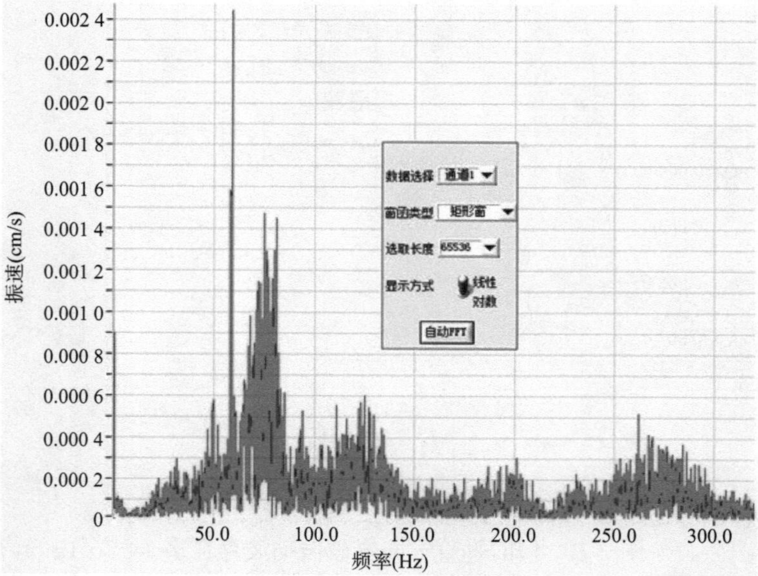

图 2-21　水平径向爆破振动波形 FFT 频谱

采用 FFT 频谱分析得到的频谱图呈现锯齿状，不利于明确谱峰值的准确位置和频谱范围，而且对频谱的分布范围也难以直观显现。对 FFT 频谱加汉宁窗，降低选取长度，得到水平径向波形加窗 FFT 频谱图，如图 2-22 所示。

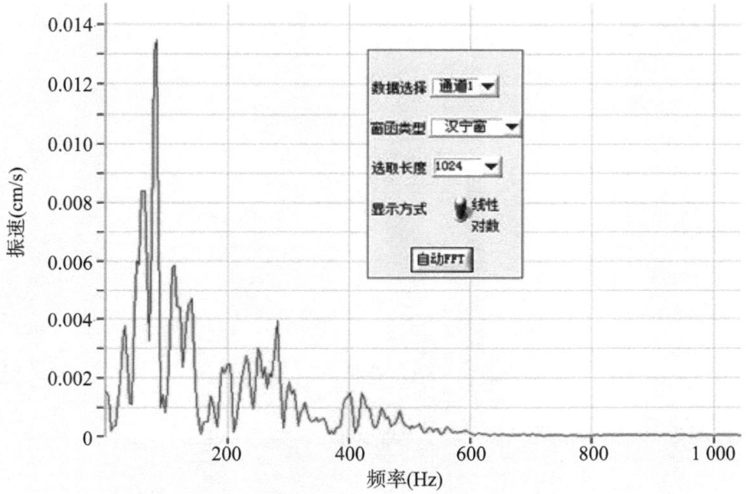

图 2-22 水平径向波形加窗 FFT 频谱

分析图 2-20～图 2-22 可知，水平径向爆破振动波存在多个波振山峰，在 0.468 s 处取得最大值 0.155 cm/s，波持时 4.7 s。波形 FFT 分析呈现锯齿状，振动频率主要集中在低频段，水平径向振动速度较大值所处频率主要集中在(50 Hz，100 Hz)区间内，在该区间外振动速度很小，其傅里叶谱中 70 Hz 附近的成分分布较多。水平径向振动峰值速度在 75 Hz 处取得。采用加窗 FFT 频谱分析，降低选取长度，可以消除水平径向波形 FFT 频谱中的锯齿，使频谱图平滑化，有利于明确谱峰值位置和范围。

3. 水平切向爆破振动信号 FFT 分析

为便于对水平切向爆破振动波进行 FFT 分析，首先提取水平切向爆破振动波形，如图 2-23 所示。

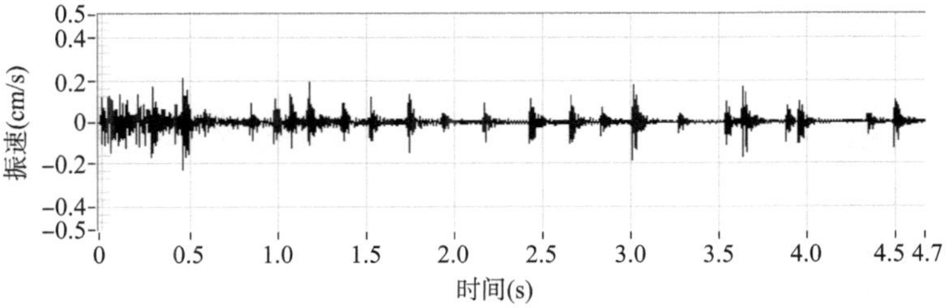

图 2-23 水平切向爆破振动波形

爆破振动波形只能体现出时间与振速的关系，无法体现振动频率的关系。针对爆破振动波形，利用 Blasting vibration analysis 软件进行 FFT 频谱分析，水平切向爆破振动信号 FFT 分析如图 2-24 所示。

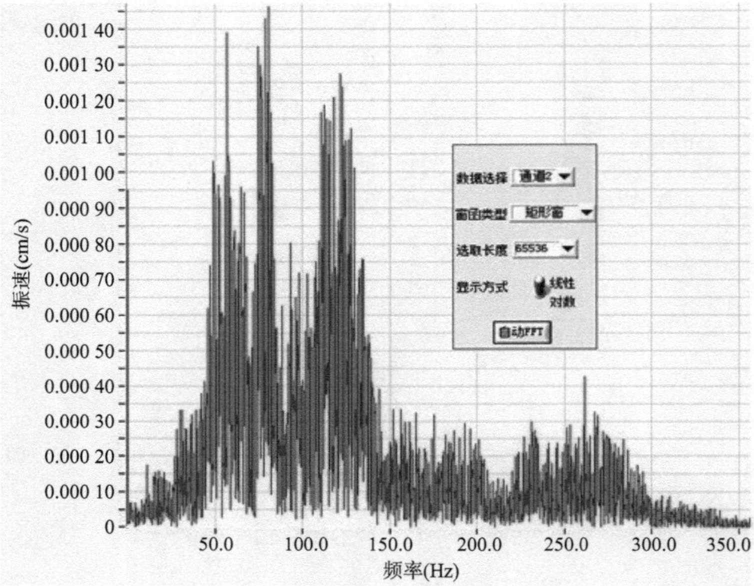

图 2-24　水平切向爆破振动波形 FFT 频谱

采用 FFT 频谱分析得到的频谱图呈现锯齿状，不利于明确谱峰值的准确位置和频谱范围，而且对频谱的分布范围也难以直观显现。对 FFT 频谱加汉宁窗，降低选取长度，得到水平切向波形加窗 FFT 频谱图，如图 2-25 所示。

分析图 2-23～图 2-25 可知，水平切向爆破振动波存在多个波振山峰，在 0.455 s 处取得最大值 0.223 cm/s，波持时 4.7 s。波形 FFT 分析呈现锯齿状，振动频率主要集中在低频段，水平切向振动速度较大值所处频率主要集中在(50 Hz，150 Hz)区间内，在该区间外振动速度很小，其傅里叶谱中 75 Hz 附近的成分分布较多。水平切向振动峰值速度在 80 Hz 处取得。采用加窗 FFT 频谱分析，降低选取长度，可以消除水平切向波形 FFT 频谱中的锯齿，使频谱图平滑化，有利于明确谱峰值位置和范围。

综上所述，爆破振动 3 个方向信号 FFT 频谱分析有以下特征：

(1)爆破振动波存在多个波振山峰，爆破振动波水平径向、水平切向和垂直方向主频主要集中 50～120 Hz 之间，且垂直方向振动主频最大。

(2)爆破振动波水平径向、水平切向和垂直方向速度较大值频率主要集中在区间(50 Hz，150 Hz)内，在该区间外振动速度很小。

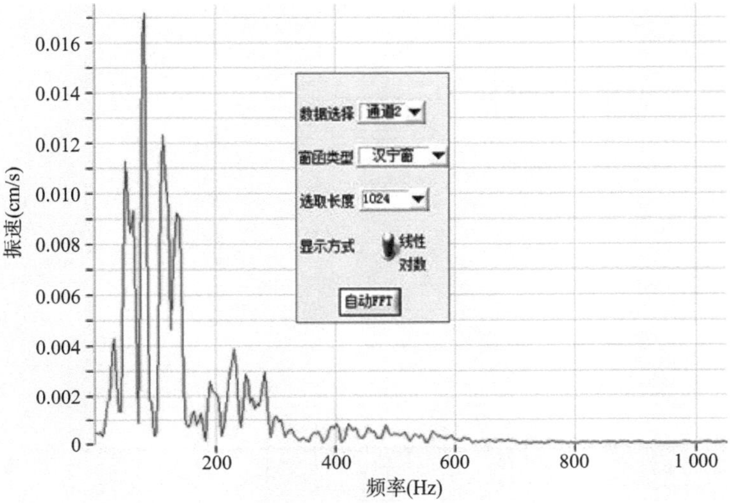

图 2-25　水平切向波形加窗 FFT 频谱

(3)采用加窗 FFT 频谱分析，降低选取长度，可以消除爆破振动波形 FFT 频谱中的锯齿，使频谱图平滑化，有利于明确谱峰值位置和范围。

2.4.3　超振情况下振动信号 FFT 频谱分析

2013 年 5 月 13 日～8 月 13 日，对青岛地铁一期工程 3 号线土建 03 标太延区间隧道下穿如家快捷酒店段，进行了 3 个月的爆破振动监测。按照设计院设计要求和业主控制要求，如家快捷酒店楼振动速度控制标准为不超 1.0 cm/s。在隧道下穿如家快捷酒店段的掘进爆破过程中，测点振动速度多次超过控制标准。目前，对于超振情况下的频谱分析尚不完善，有待进一步完善。统计太延区间隧道下穿如家快捷酒店段爆破振动速度超标的振动数据见表 2-16。

表 2-16　超振振动数据统计

编　号	日　期	方　向	最大振速(cm/s)	主振频率(Hz)
A1	2013.4.30	垂直方向	1.228	166.672
A2	2013.5.2	垂直方向	1.225	160.002
A3	2013.5.15	垂直方向	1.138	133.357

为便于对超振情况下的爆破振动波进行 FFT 分析，首先提取超振情况下的爆破振动速度波形，如图 2-26 所示。

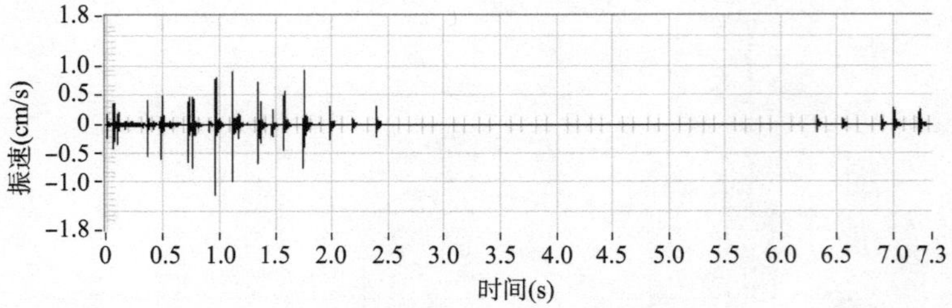

(a)A1 垂直方向振动波形

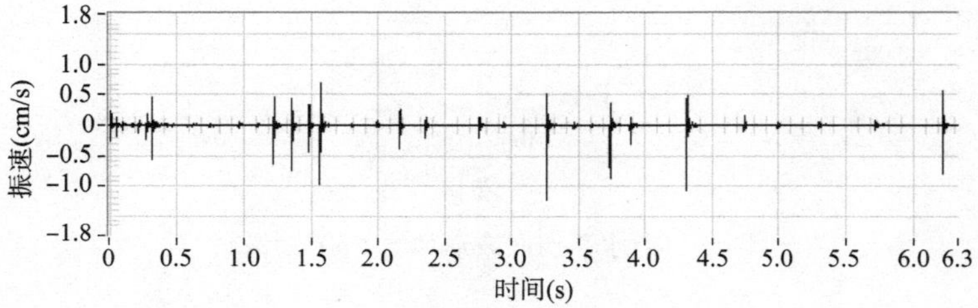

(b)A2 垂直方向振动波形

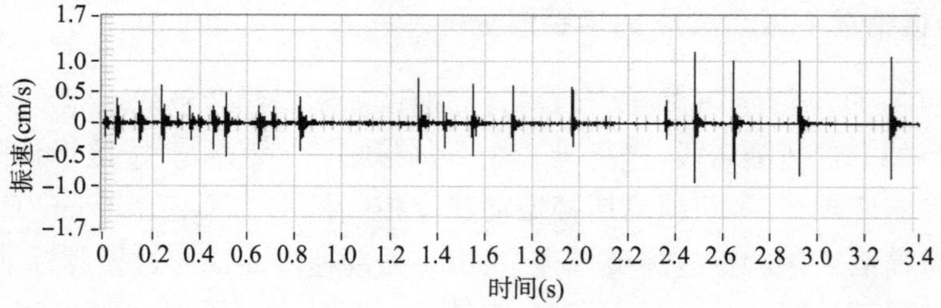

(c)A3 垂直方向振动波形

图 2-26　超振情况下爆破振动速度波形

爆破振动速度波形只能体现出时间与振速的关系，无法体现振动频率的关系。针对爆破振动波形，利用 Blasting vibration analysis 软件进行 FFT 频谱分析，超振爆破振动信号 FFT 分析如图 2-27 所示。

分析表 2-16 和图 2-26、图 2-27 可知，对于统计的数据垂直方向易超振，超振情况下振动主频值在 133.4～166.7 Hz 之内，其傅里叶谱中，100 Hz 附近的成分分布较多。对比 2.4.2 节内容，不超振时振动主频在 50～120 Hz 之内。超振时频谱图的谱峰处曲线不平滑，谱峰比较尖锐。因此，对于超振情况下的爆破振动信号 FFT 分析有以下特征：

(1)垂直方向爆破振动速度易超振,超振情况下的爆破振动主频值大于不超振时的爆破振动主频值。

(2)超振时频谱图的谱峰处曲线不平滑,谱峰比较尖锐。整体上,爆破振动频率分布较为均匀且分散。

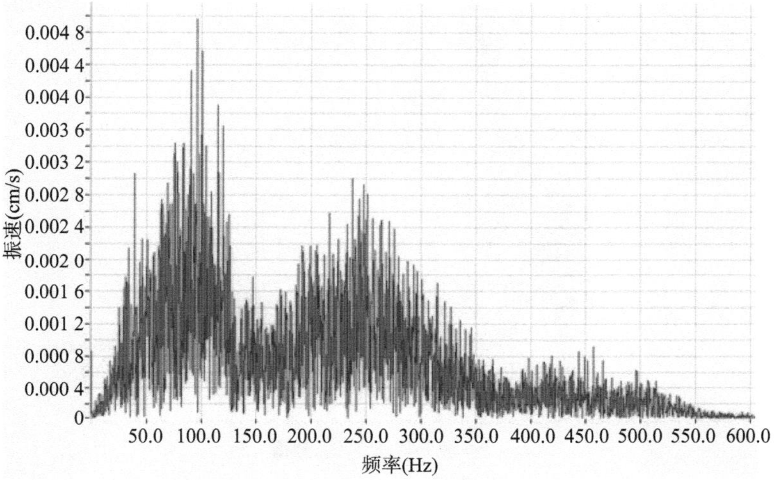

(a)A1 垂直方向振动波形频谱分析

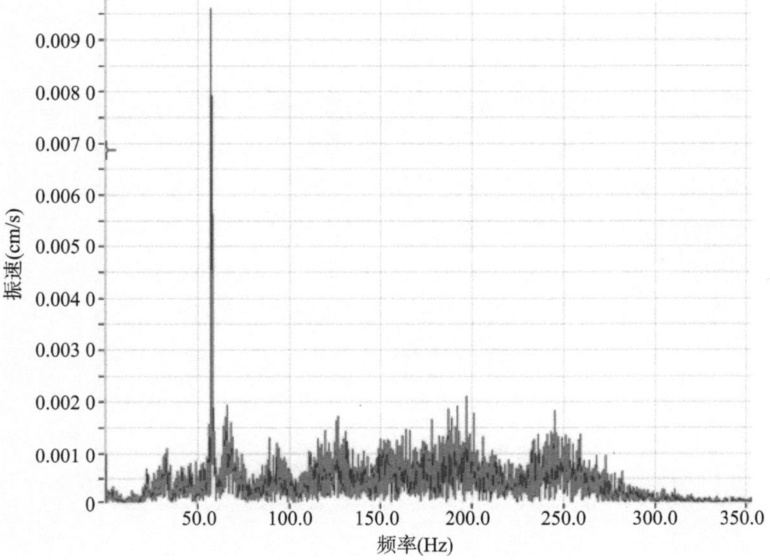

(b)A2 垂直方向振动波形频谱分析

图　2-27

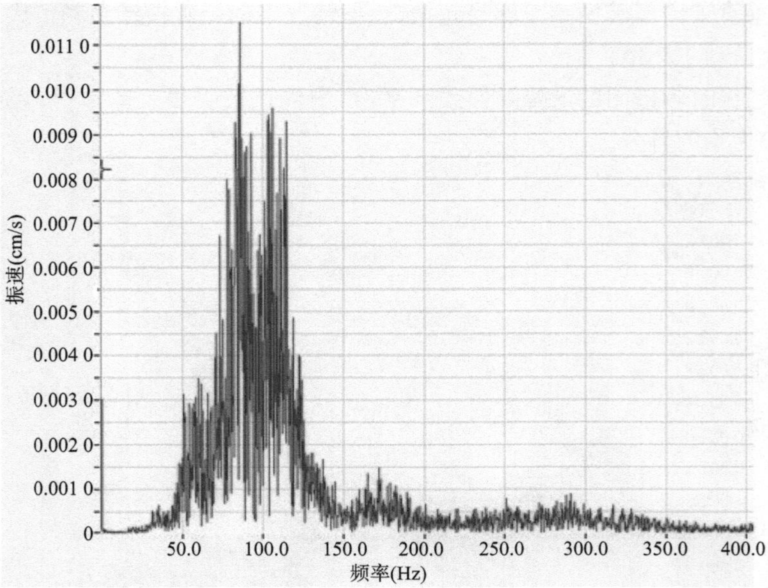

(c)A3 垂直方向振动波形频谱分析

图 2-27 超振情况下爆破振动信号 FFT 频谱分析

2.5 小 结

(1)总体上,振动峰值速度(3 个方向)随楼层的增加振荡减小。垂直振动峰值速度、水平径向振动峰值速度和合振动峰值速度在建筑物顶层出现振速绝对降低现象,水平切向振动峰值速度在建筑物顶层出现振速相对降低现象。

(2)振动峰值速度(3 个方向)随楼层的变化特征不同。爆源在测点前后−0.5~1.65 m 范围内时,垂直振动峰值速度、水平径向振动峰值速度和合振动峰值速度在 0 层出现振速降低,最大值出现在−1 层。爆源在测点后−2.67~−2.17 m 和测点前 2.2~3.8 m,垂直振动峰值速度、水平径向振动峰值速度和合振动峰值速度在0 层出现振速增大,最大值出现在 0 层。爆源在测点前后−2.67~3.8 m 范围内时,水平径向振动峰值速度在−1 层取最大值,在 4 层取最小值。

(3)5 层砌体结构建筑物的爆破振动主频范围是 12.2~130.6 Hz。随楼层的增加,建筑物振动主频呈现振荡减小的趋势。建筑物底层的振动主频值大于顶层的振动主频值。

(4)建筑物的爆破振动速度随着层高的增加,顶层分别呈现绝对降低、相对降低、相对放大和绝对放大四种类型。本章提出以药距比系数来判别建筑物顶层振动响应形式。当药距比系数在 6.135～8.42 之间时，建筑物顶层出现振速放大现象；当药距比系数在 3.39～5.53 之间时，建筑物顶层出现振速降低现象。

(5)从 3 个方向振动峰值速度出现的时间分析，在建筑物下方尚未形成空腔时，垂直方向振动峰值速度出现的时间最早，水平切向振动峰值速度出现的时间最晚。在建筑物下方尚未形成空腔时，垂直方向振动峰值速度出现的时间最早，水平径向振动峰值速度出现的时间最晚。3 个方向中，垂直方向振动峰值速度出现的时间最早。

(6)爆破振动波存在多个波振山峰，爆破振动波水平径向、水平切向和垂直方向主频主要集中 50～120 Hz 之间，且垂直方向振动主频最大。

(7)采用加窗 FFT 频谱分析，降低选取长度，可以消除爆破振动波形 FFT 频谱中的锯齿，使频谱图平滑化，有利于明确谱峰值位置和范围。

(8)合振动速度波形与单一方向振动速度波形相似，合成振速在数值上比单一方向振速存在放大现象，但振动曲线规律与单一方向振动规律相似。

(9)垂直方向爆破振动速度易超振，超振情况下的爆破振动主频值大于不超振时的爆破振动主频值。

(10)超振时频谱图的谱峰处曲线不平滑，谱峰比较尖锐。整体上，爆破振动频率分布较为均匀且分散。

第3章 隧道爆破对多层框架结构的振动影响

炸药爆炸产生的冲击荷载会引发爆区周边建筑产生振动效应，影响建筑物的安全。在爆破振动理论的基本思想中，一般将爆破看作外界激励，将建筑结构当作受振物体。本章针对常见的多层框架结构建筑，运用时程分析法研究其在水平冲击荷载作用下的振动响应，为研究爆破振动对多层框架结构的影响提供参考。

3.1 多层框架结构在冲击荷载下的振动力学响应分析

本章采用时程分析法中的集中冲量法，通过画出框架结构速度、位移时程曲线，求解矩形冲击荷载作用下，多自由度弹性框架结构的响应规律。

集中冲量法又称速度数值积分法，按照时间从零开始分段求解运动微分方程，将时间的尺度划分成多个离散时段，在每段进行计算时，将位移从一个时刻到下一个时刻逐次外推。具体原理如下：

假定动力体系位移随时间的变化关系如图3-1所示，同时假定s时刻的位移$x^{(s)}$和它之前$(s-1)$时刻的位移$x^{(s-1)}$都已预先确定，通过运动方程可确定出s时刻的加速度$\ddot{x}^{(s)}$。利用外插法确定下一时刻的位移$x^{(s+1)}$，易得出式(3-1)。

$$x^{(s+1)}=x^{(s)}+\dot{x}_{\mathrm{av}}\Delta t \tag{3-1}$$

式中　$\dot{x}_{\mathrm{av}}$——s与$(s+1)$时刻间的平均速度。

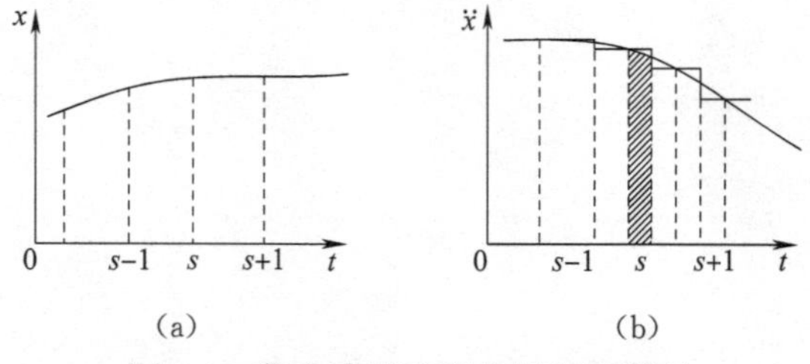

图3-1　集中冲量法积分原理示意图

平均速度可用式(3-2)近似表示。

$$\dot{x}_{\mathrm{av}}=\frac{x^{(s)}-x^{(s-1)}}{\Delta t}+\ddot{x}^{(s)}\Delta t \tag{3-2}$$

式(3-2)中,第一项为($s-1$)与 s 时段内速度的增量,同时设$\ddot{x}^{(s)}$是在上述时间段内的平均加速度。此假设相当于图 3-1(b)中一系列直线去逼近加速度曲线,也可以看作一系列集中于这些时刻的冲量代替这些直线下的面积。则阴影面积即表示作用在 s 时刻的冲量,等于两相邻时段内平均速度的变化值。根据式(3-1)、式(3-2),得出递推公式(3-3)。

$$x^{(s+1)}=2x^{(s)}-x^{(s-1)}+\ddot{x}^{(s)}(\Delta t)^2 \tag{3-3}$$

虽然递推公式(3-3)是近似的,但当 $\Delta t\rightarrow 0$,随着时间步数和计算次数显著增加,则可成为精确解。整个过程可通过计算机编程实现。

第一个时段内需通过特殊方法,因为在零时刻($s=0$)时,式(3-3)中无法利用 $x^{(s-1)}$。在零时刻,体系的速度为零($\dot{x}^{(0)}=0$)时,令加速度呈直线变化,当到达第一个时刻,如图 3-2 所示。

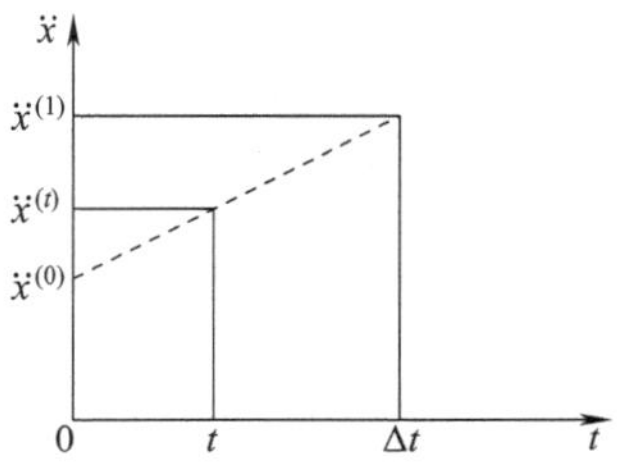

图 3-2　零时刻至 Δt 时刻加速度曲线示意图

可知

$$\frac{\ddot{x}^{(1)}-\ddot{x}^{(0)}}{\Delta t}=\frac{\ddot{x}^{(t)}-\ddot{x}^{(0)}}{t} \tag{3-4}$$

$$\ddot{x}^{(t)}=\frac{[\ddot{x}^{(1)}-\ddot{x}^{(0)}]t}{\Delta t}+\ddot{x}^{(0)} \tag{3-5}$$

$$\dot{x}^{(t)}=\int_0^t \ddot{x}^{(t)}\mathrm{d}t=\frac{t^2}{2\Delta t}[\ddot{x}^{(1)}-\ddot{x}^{(0)}]+\ddot{x}^{(0)}t \tag{3-6}$$

由此可得:

$$x^{(1)}=\int_0^{\Delta t}\dot{x}^{(t)}\mathrm{d}t=\frac{1}{6}[2\ddot{x}^{(0)}+\ddot{x}^{(1)}](\Delta t)^2=\frac{1}{6}\ddot{x}^{(1)}(\Delta t)^2 \tag{3-7}$$

s 时刻的速度近似表达如下:

$$\dot{x}^{(s)}=\frac{x^{(s)}-x^{(s-1)}}{\Delta t}+\ddot{x}^{(s)}\frac{\Delta t}{2}(\text{其中 } s\geqslant 1,\dot{x}^{(0)}=0) \tag{3-8}$$

则第一时刻的速度为

$$\dot{x}^{(1)}=\frac{x^{(1)}-x^{(0)}}{\Delta t}+\ddot{x}^{(1)}\frac{\Delta t}{2}=\frac{x^{(1)}}{\Delta t}+\frac{\ddot{x}^{(1)}\Delta t}{2} \tag{3-9}$$

根据式(3-7)和式(3-9)联立爆破地震作用下多自由度体系运动的微分方程,进行求解,即可得出 $x^{(1)}$、$\dot{x}^{(1)}$、$\ddot{x}^{(1)}$,即结构任一层质点 m_i 的第一时刻的位移、速度和加速度值。

接着依次求解第二时刻起以后时间段内各时刻的状态参量。

当 $s\geqslant 1$ 时,因 s 时刻位移、加速度和($s-1$)时刻的加速度已提前求解得出,则($s+1$)时刻时,各质点的位移 $x^{(s+1)}$ 即可通过式(3-3)得出。

由式(3-8)中，令$(s+1)$替代 s，则

$$\dot{x}^{(s+1)}=\frac{x^{(s+1)}-x^{(s)}}{\Delta t}+\ddot{x}^{(s+1)}\frac{\Delta t}{2} \tag{3-10}$$

根据式(3-10)联立多自由度体系地震作用下的运动微分方程，按照时间顺序依次循环式(3-3)、式(3-10)，即可全部求出 $x^{(s+1)}$、$\dot{x}^{(s+1)}$、$\ddot{x}^{(s+1)}$(其中 $s\geqslant1$)，即质点 m_i 在第二时刻至爆破振动结束期间各时刻的位移、速度和加速度值。

对结构的位移、速度、加速度求解完毕后，可适当再计算一段爆破激励消失后的自由振动响应，最后画出整个爆破地震响应时程曲线。

3.1.1　模型建立

多层框架结构是目前国内建筑常采用的结构形式，主要由框架柱、框架梁和楼板组成。由于框架结构楼面体系板内刚度很大，在研究水平振动时可以假设其为无限大，上下楼板之间通过框架柱连接起来，考虑水平振动时框架结构柱子的变形较大，将刚度较大的楼面体系简化为集中质量，将柱子简化为弹簧元件，将柱和墙的质量集中到楼板处，将多层框架结构简化为集中质量的多自由度体系。

1. 力学模型简化

已知有 N 层框架建筑结构，底层到顶层的质量分别为 $m_1,m_2,\cdots,m_N$，由地面至上部依次将楼层层高定义为 $h_1,h_2,\cdots,h_N$，将模型假设为平面模型，仅考虑单向振动，从底层到顶层各层之间每层柱抗弯刚度 $EI_1,EI_2,\cdots,EI_N$。为了简化计算，将爆破冲击荷载假设为矩形脉冲荷载，荷载强度为 F_0，作用时间为 t_1，荷载仅作用在最底层结构上，具体如图 3-3 所示。简化后的模型可以看成多自由度体系受迫振动的动力学响应问题进行求解。

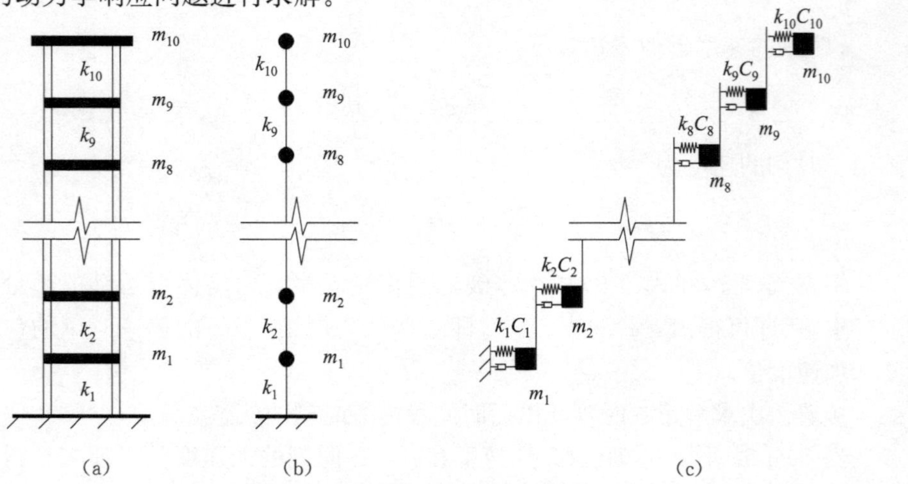

图 3-3　框架结构及其简化模型

2. 多自由度体系动力响应方程

将每一层楼的质量看作集中质量 m_i，柱子简化为弹簧元件，刚度为 k_i，由于楼板的刚度远大于柱子的刚度，得到柱子的侧向刚度为

$$k=\frac{12EI}{h^3} \tag{3-11}$$

可以得到 N 个自由度的多自由度振动系统，多自由度体系受迫振动的动力学二阶微分方程为

$$\boldsymbol{M}_N\ddot{\boldsymbol{X}}_N+\boldsymbol{C}_N\dot{\boldsymbol{X}}_N+\boldsymbol{K}_N\boldsymbol{X}_N=\boldsymbol{F}_N \tag{3-12}$$

式中　$\boldsymbol{M}_N$——系统的质量矩阵，$\boldsymbol{M}_N=\begin{pmatrix} m_1 & 0 & \cdots & 0 \\ 0 & m_2 & \ddots & \vdots \\ \vdots & \ddots & \ddots & 0 \\ 0 & \cdots & 0 & m_N \end{pmatrix}$；

$\boldsymbol{K}_N$——系统的刚度矩阵，$\boldsymbol{K}_N=\begin{pmatrix} 2k & -k & \cdots & 0 \\ -k & 2k & \ddots & \vdots \\ \vdots & \ddots & \ddots & -k \\ 0 & \cdots & -k & 2k \end{pmatrix}$；

$\boldsymbol{C}_N$——系统的阻尼矩阵，$\boldsymbol{C}_N=\begin{pmatrix} c_1 & 0 & \cdots & 0 \\ 0 & c_2 & \ddots & \vdots \\ \vdots & \ddots & \ddots & 0 \\ 0 & \cdots & 0 & c_N \end{pmatrix}$；

$\boldsymbol{F}_N$——外力矩阵，$\boldsymbol{F}_N=\begin{pmatrix} F_1 \\ 0 \\ \vdots \\ 0 \end{pmatrix}$。

多自由度体系自由振动主阵型满足的动力学方程为

$$(\boldsymbol{K}_N-\boldsymbol{M}_N\omega^2)\begin{pmatrix} \phi_1 \\ \vdots \\ \phi_N \end{pmatrix}=0 \tag{3-13}$$

求解一元 N 次实特征根方程：

$$\det\left|\boldsymbol{K}_N-\boldsymbol{M}_N\omega^2\right|=0 \tag{3-14}$$

解得 N 个系统频率 $\omega_1,\cdots,\omega_N$，分别代入模态方程即可求得阵型矩阵：

$$\Phi=\begin{pmatrix} \phi_1^{(1)} & \cdots & \phi_1^{(N)} \\ \vdots & \ddots & \vdots \\ \phi_N^{(1)} & \cdots & \phi_N^{(N)} \end{pmatrix} \tag{3-15}$$

引入稳态特解 $\boldsymbol{X}=\boldsymbol{\Phi X}_{\mathrm{P}}$，代入上述动力学方程中得到：

$$\boldsymbol{M}_{\mathrm{P}}\ddot{\boldsymbol{X}}_{\mathrm{P}}+\boldsymbol{C}_{\mathrm{P}}\dot{\boldsymbol{X}}_{\mathrm{P}}+\boldsymbol{K}_{\mathrm{P}}\boldsymbol{X}_{\mathrm{P}}=\boldsymbol{F}_{\mathrm{P}} \tag{3-16}$$

$\boldsymbol{M}_{\mathrm{P}}$、$\boldsymbol{K}_{\mathrm{P}}$ 分别为系统的主质量矩阵和主刚度矩阵，都是主对角线矩阵。

可以得到 N 个独立的微分方程：

$$m_{\mathrm{P}i}\ddot{x}_{\mathrm{P}i}+c_{\mathrm{P}i}\dot{x}_{\mathrm{P}i}+k_{\mathrm{P}i}x_{\mathrm{P}i}=f_{\mathrm{P}i} \quad (i=1,\cdots,N) \tag{3-17}$$

可以得到每个自由度的响应：

$$x_{\mathrm{P}i}=\frac{F}{k\sqrt{1-\xi^2}}\{\mathrm{e}^{\xi\omega_n(t-t_1)}\cos[\omega_{\mathrm{d}}(t-t_1)-\theta]\mathrm{e}^{\xi\omega_n t}\cos(\omega_{\mathrm{d}}t-\theta)\} \tag{3-18}$$

得到矩阵 $\boldsymbol{X}_{\mathrm{P}}$，进而可以得到多自由度系统的振动响应 $\boldsymbol{X}$。

3.1.2　结果分析

以 15 层框架结构模型为例，运用 MATLAB 软件对多自由度振动响应进行求解，分析其在矩形冲击荷载作用下的振速响应。计算选取的主要参数见表 3-1。

表 3-1　计算用模型参数取值

质量 m_i (kg)	层高 h_i (m)	弹性模量 E (Pa)	惯性矩 I (m^4)	荷载强度 F_0 (N)	作用时间 t_1 (s)	阻尼比 ξ
1.2×10^6	4	2.5×10^{10}	0.007 5	100 000	0.1	0.1

1. 阻尼

首先分析框架结构在水平冲击荷载作用下的响应规律。假设各楼层的质量、刚度都相等，同时冲击荷载作用在框架结构 1 层底部。图 3-4 为阻尼取 0.01、0.1 和 0.3 条件下，框架结构的位移响应时程曲线。图 3-5 为阻尼比取 0.1 和 0.05 条件下，框架结构的振速响应时程曲线。

由图 3-4 可知：框架结构 1 层底部最先受到冲击荷载作用，1 层质点最先振动并产生幅值较大的位移，最大值可达 0.2×10^{-4} m，随后在平衡位置附近做幅值逐渐减小的往复运动；随着冲击荷载向上传播，上部楼层质点依次振动并发生位移，沿楼层增高方向，位移幅值逐渐减小；顶层位移幅值略微增大，在顶层出现相对放大现象。

随着阻尼的增大，框架结构楼层振动位移幅值逐渐减小，沿楼层增高方向，相邻楼层振动位移幅值的差值随阻尼的增大而增大；阻尼越大，顶层相比 1 层的位移幅值放大系数逐渐减小，顶层位移放大效应越不明显。

阻尼对框架结构振动时间有显著影响，阻尼越大，结构质点振动时间越短。随着阻尼的增大，各楼层质点开始发生振动位移的时间差并未出现明显变化。

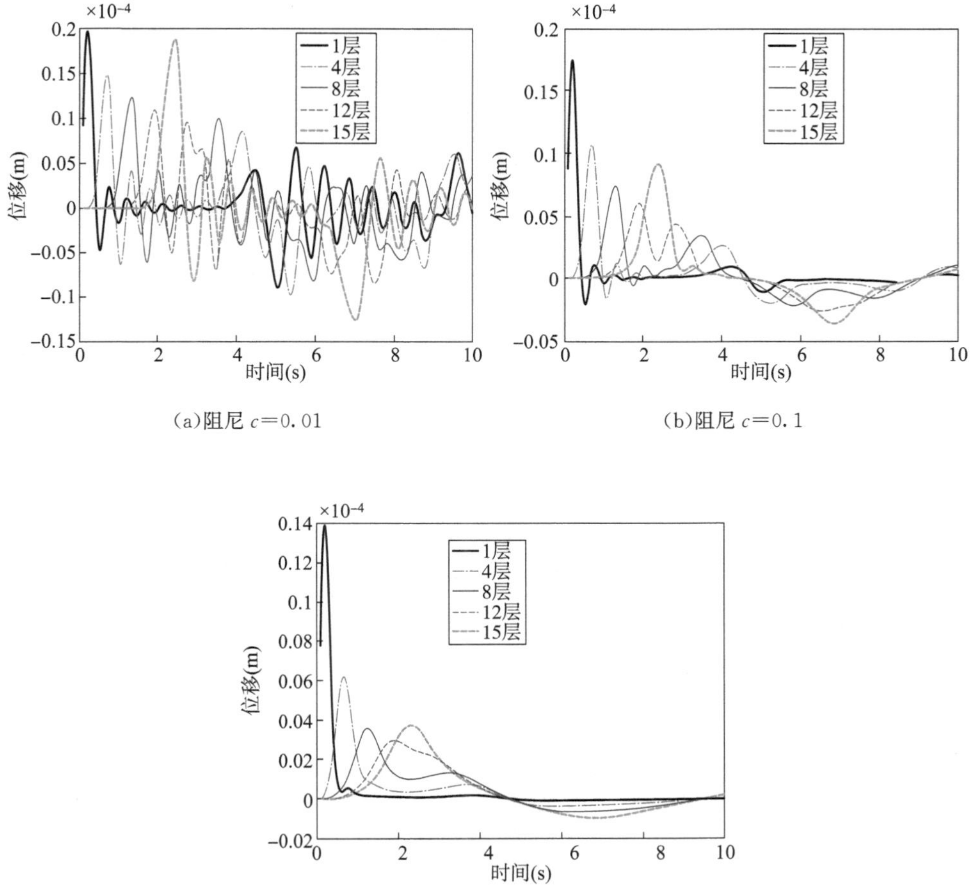

(a)阻尼 $c=0.01$

(b)阻尼 $c=0.1$

(c)阻尼 $c=0.3$

图 3-4　不同阻尼条件下各楼层位移响应

由图 3-5 可知，框架结构 1 层底部由于受到冲击荷载的直接作用，振速较大，最大振速为 0.6 cm/s。上层结构的振动响应比下层相对滞后一个微小时差。与爆破振动时程曲线接近，在结构阻尼比的影响下，爆破地震荷载引起结构的振动响应在到达幅值最大后一般振幅越来越小，至爆破振动荷载消失后再自由振动一个时间段后响应消失。

根据图 3-5 振速时程曲线可知，沿楼层增高方向，框架结构各楼层振速峰值呈现降低趋势，在顶部楼层出现微小放大现象。阻尼比越大，爆破振动衰减的越快，框架结构振动时间越短，各楼层振速峰值相差越小。阻尼比直接影响爆破振动的持续时间及介质质点的振速峰值。

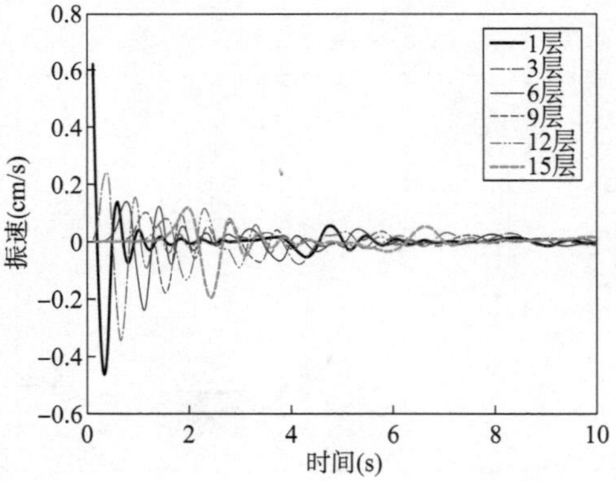

(a)阻尼比 0.05

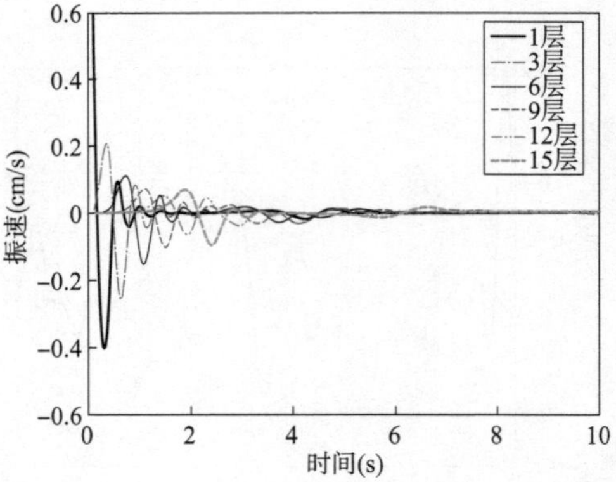

(b)阻尼比 0.1

图 3-5　不同阻尼比条件下各楼层振速响应

2. 楼层刚度

为了分析框架结构底部的嵌固条件对振动响应规律的影响，分别建立了不同的底部刚度条件模型并进行分析，提取位移时程曲线如图 3-6 所示。同时，为了分析不同楼层刚度情况对框架结构振动响应规律的影响，分别建立了楼层刚度随层高逐渐降低、2 层和 13 层出现刚度降低突变的模型进行分析，并提取振速时程曲线，结果如图 3-7 所示。

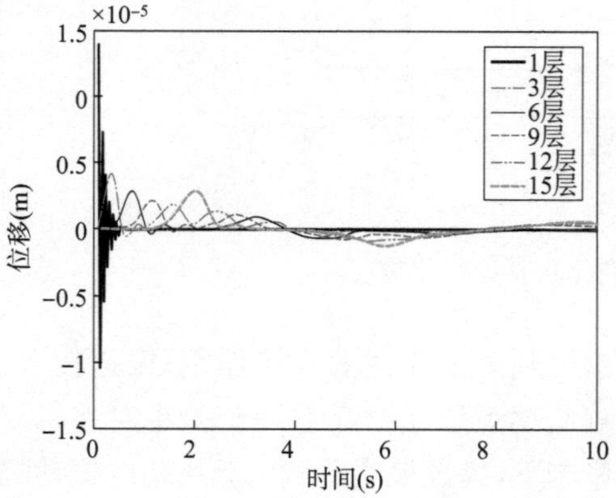

(a)底层嵌固刚度最大

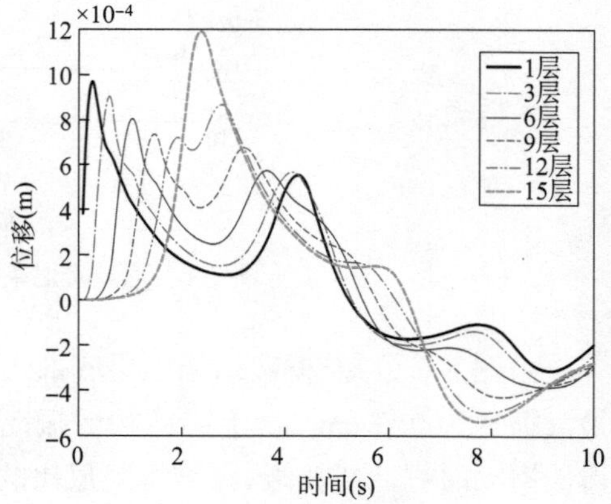

(b)底层嵌固刚度最小

图 3-6　底部嵌固刚度不同时位移响应曲线

从图 3-6 中可以看出，底部的嵌固条件对振动影响影响很大。

(1)当框架结构底部嵌固刚度较大时，由于冲击荷载作用在底部，1 层结构质点最先发生振动并产生位移，幅值较大并达到 1.4×10^{-5} m，且 1 层振动周期较短，在上部楼层逐渐开始产生振动并产生位移时，1 层结构振动位移逐渐减小直至停止。沿楼层增高方向，冲击荷载作用下各楼层的位移幅值逐渐减小，顶层的位移幅值略微增大，出现了相对放大现象。整体来看，框架结构相对稳定。

(2)当底部嵌固刚度最小时，框架结构各楼层振动周期增加，位移幅值也增大。1 层位移幅值为 9×10^{-4} m，沿楼层增高方向，位移幅值逐渐降低，降幅不大，顶层位移幅值突然增加，为 12×10^{-4} m，在顶层出现了绝对放大现象。整体来看，底部嵌固刚度较小时，楼层质点在平衡位置附近做位移幅值较大的往复运动。

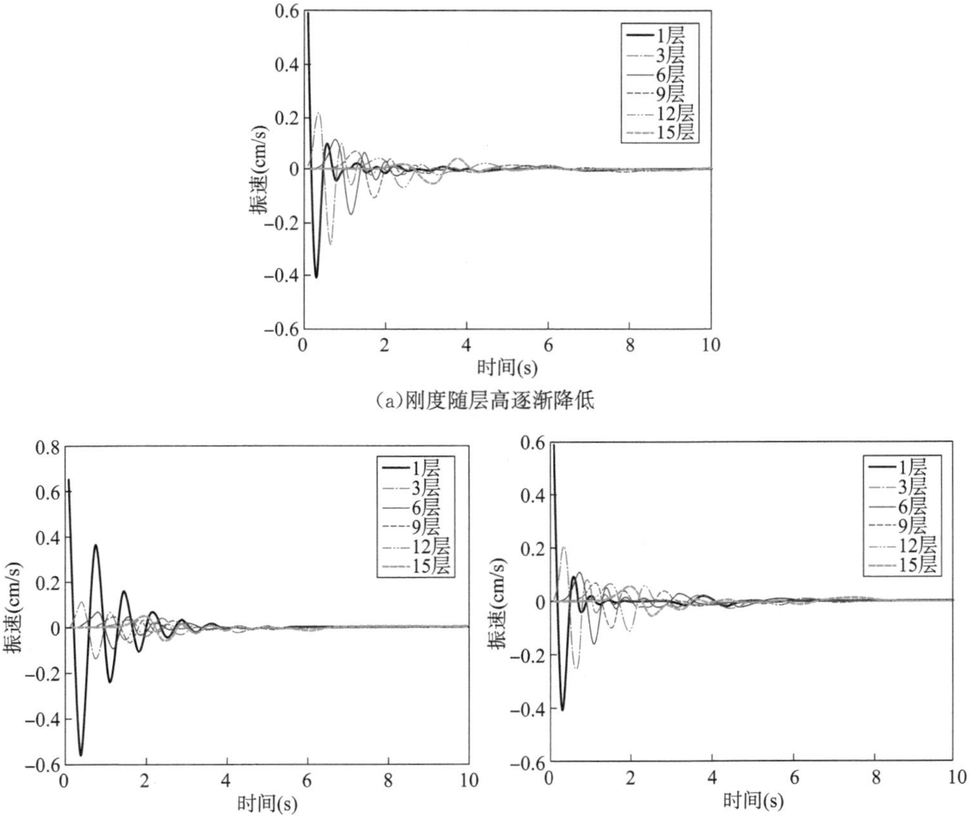

(a)刚度随层高逐渐降低

(b)框架结构 2 层出现刚度降低突变

(c)框架结构 13 层出现刚度降低突变

图 3-7　不同刚度条件下各楼层振速响应曲线

上述结果表明，底部嵌固条件对楼层的稳定性有重要影响。当发生地震、爆破振动或其他形式的冲击荷载时，底部嵌固刚度越大，建筑结构稳定性越好，越不易受影响。实际工程中，为避免爆破施工对建筑物带来的振动、沉降等影响，可对地基进行加固处理。

由图 3-7 可知：

(1)在冲击荷载作用下，当楼层刚度随层高逐渐降低时，楼层越高，振速峰值越小，1 层振速峰值为 0.6 cm/s。相对于均质刚度结构，顶层的振动响应也更滞后。沿楼层增高方向，振速峰值逐渐降低，顶层出现绝对降低现象。

(2)当结构出现局部刚度突变降低时，该处附近会出现局部振速增加的现象，振动周期略微增加，对框架结构整体稳定性的影响不大。

3. 楼层质量

为了分析框架结构各层不同质量条件下的振动响应规律，分别分析建筑结构质量由底层至顶层逐渐降低、逐渐增加两种情况下的响应特性，提取振速时程曲线，具体如图 3-8 所示。

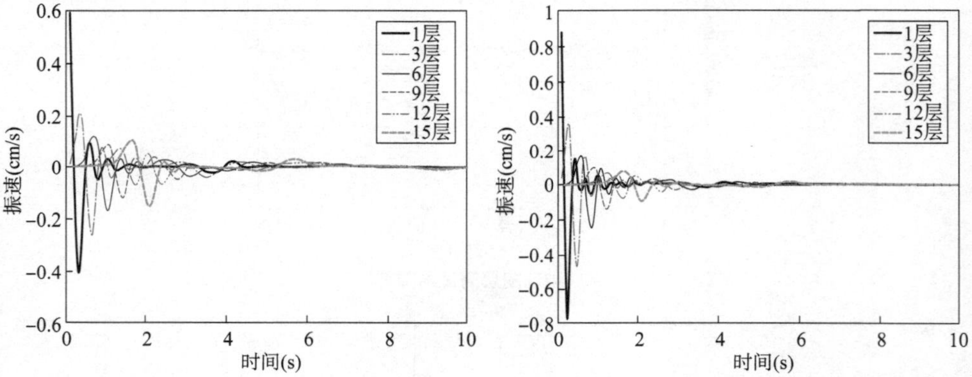

(a)质量由底层到顶层逐渐降低　　(b)质量由底层到顶层逐渐增加

图 3-8　不同楼层质量条件下各层振速响应

图 3-8(a)为楼层质量随高度逐渐降低的情况，当顶层的质量较小时，顶层振速出现相对放大现象，各楼层之间的振速峰值的差值减小；图 3-8(b)为楼层质量由底层到顶层逐渐增加的振速响应，当顶部楼层质量增加后，振速峰值变化不大，顶层振速相对放大系数较小。通过对比可知，楼层质量变化情况对建筑结构振动响应规律的影响较小，顶层相对放大效应不明显，放大系数也相对较小。

3.2　基于 Midas-GTS 的多层框架结构爆破振动数值模拟分析

现场监测是获取爆破振动数据、研究爆破振动特点最直接的方法。然而，大多数工程现场并不具备现场实验的条件，且实测获得的数据是在特定条件下得到的，数量及应用范围有限。数值模拟算法可模拟多种地质情况，对于涉及时间因素的动力问题等能够发挥出较强的优势。为了更全面地分析建筑物爆破振动响应特征，本节以西镇站 A 出入口爆破开挖为依托，采用 Midas-GTS 软件建立三维数值模型，提取多层框架结构的第一主应力、位移和各向振速云图进行分析。同时，研究不同爆破药量条件下，框架结构内部不同位置的振动响应特征，研究结论可供类似工程参考。

3.2.1　软件简介

Midas-GTS 软件是一款可进行岩土工程有限元分析的专业软件，包含多种分析方法，可将静力分析结果与动力分析结果结合。经过国内外大量工程实践和验算，结果准确可靠。其分析求解流程总体上分为三部分，具体如图 3-9 所示。

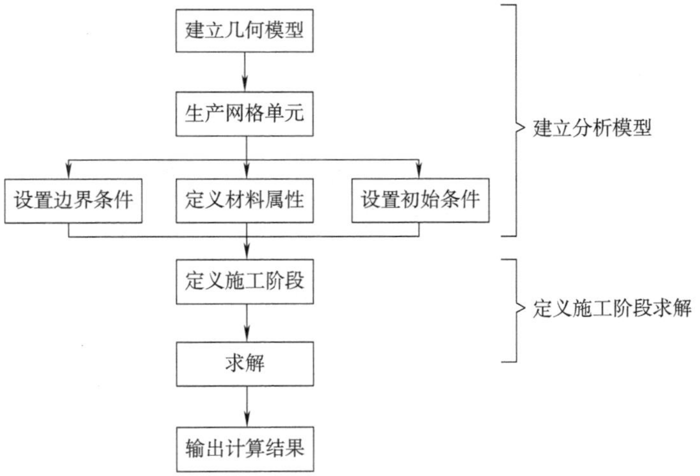

图 3-9　Midas-GTS 软件分析求解过程

1. 本构模型

所谓岩土体本构关系，是指运用部分实验将岩土体的弹塑性应力-应变关系曲线测试出来，借助塑性理论进行推导，并做出必要的假设，将实验得出的结果推广应用到相对复杂的应力状态下，并以数学表达式的形式呈现应力-应变的普遍关系，即岩土体的本构模型。

其中，线弹性模型是 Midas-GTS 中比较简单的模型，适用于研究极限强度范围内的力学行为，如钢材、混凝土等。摩尔-库仑模型对岩土材料的应用范围广泛，其屈服条件表达式为

$$\tau_n = c + \sigma_n \tan\varphi \tag{3-19}$$

式中　τ_n——土体抗剪强度；

c——土体黏聚力；

σ_n——剪切面法向应力；

φ——土体内摩擦角。

2. 特征值分析

特征值分析是爆破动力时程分析的第一步。在得出模型第一、第二特征周期的基础上，分析结构的固有动力特征。Midas-GTS中，计算振型和周期的方程如下：

$$\boldsymbol{K}_1\boldsymbol{\Phi}_n=\omega_n\boldsymbol{M}\boldsymbol{\Phi}_n \tag{3-20}$$

式中　$\boldsymbol{K}_1$——刚度矩阵；

$\boldsymbol{M}$——质量矩阵；

ω_n——第 n 个振型的特征值；

$\boldsymbol{\Phi}_n$——第 n 个振型的特征向量。

3.2.2　数值模型建立

1. 计算模型尺寸

利用 Midas-GTS 建立隧道-围岩-框架结构三维数值模型，爆破断面的形状对爆破振动的影响相对较小，将隧道断面简化为半圆形，半径为 4 m，采用全断面法开挖，模型总体尺寸为 80 m×50 m×70 m。将框架结构占地面积设定为 11 m×10.5 m，双跨。由于西藏路小区实际为 33 层结构，考虑模型尺寸及楼层高度，本模型设置楼层为 15 层，层高 3 m。框架柱和梁的尺寸设置为 0.5 m×0.5 m，楼板厚度设为 0.5 m。设置Ⅳ级围岩厚度为 10 m，Ⅱ级围岩厚度为 40 m，隧道底板与地面的距离为 30 m，框架结构与离隧道中轴线的距离为 15 m。模型具体如图 3-10 所示。

(a)轴测图

图　3-10

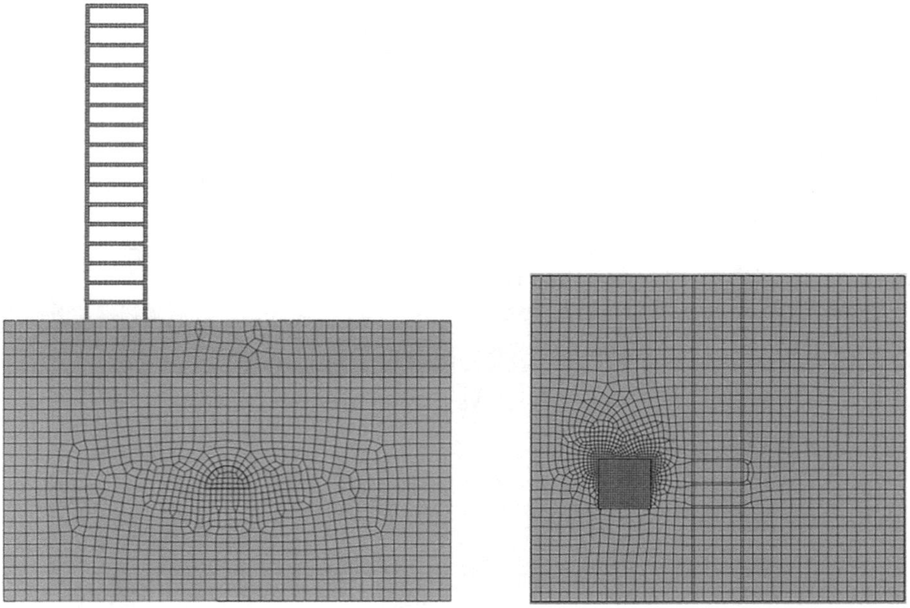

(b)正视图　　(c)俯视图

图 3-10　模型三维视图

2. 材料参数

根据西镇站 A 出入口地质勘探情况，岩土介质类型主要为Ⅳ级和Ⅱ级围岩。由于建立的模型是爆破地震波在岩石和建筑物模型内的传播及其产生的振动影响，因此定义岩土材料的本构模型为摩尔-库仑模型。具体参数见表 3-2。

表 3-2　围岩及建筑材料参数

围岩	弹性模量 E（MPa）	泊松比 ν	黏聚力 c（MPa）	内摩擦角 φ	容重 γ（kN/m^3）	厚度(m)	本构模型
Ⅳ围岩	1 500	0.30	0.7	27°	23	10	摩尔-库仑
Ⅱ围岩	20 000	0.25	1.5	50°	27	30	摩尔-库仑

定义建筑材料为 C30 混凝土，线弹性本构模型。具体参数见表 3-3。

表 3-3　建筑结构材料参数

混凝土材料	弹性模量 E(MPa)	泊松比 ν	容重 γ(kN/m^3)	本构模型
C30	30 000	0.2	25	弹性

3. 动力荷载

目前,许多学者针对工程实际而拟合出爆破经验公式。在隧道爆破振动规律的研究中,确定爆破冲击荷载相关参数的方法和理论多种多样。整体来看,爆破荷载的模型主要有以下三种:

(1)近似抛物线形爆破荷载模型

此类荷载模型的形状近似为抛物线曲线,如图 3-11 所示,爆轰压力在较短时间内(t_r)上升至 P_m,到达峰值之后压力迅速减小,爆轰压力上升和下降的时间很短。利用此类型的荷载进行数值模拟分析时,可根据美国 National Highway Institute(NHI)给定的计算公式,计算 1 kg 炸药发生爆炸时的爆破压力,即

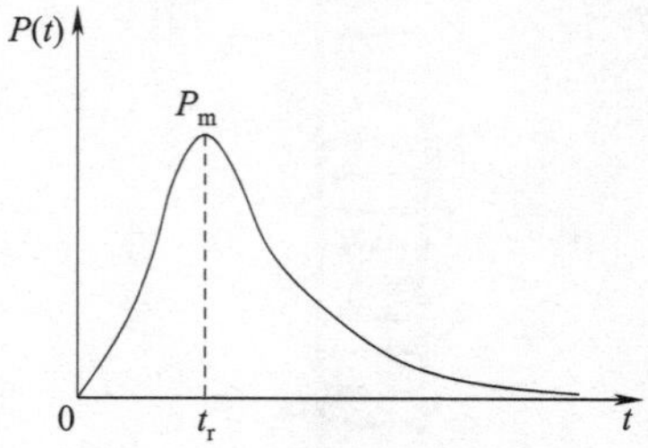

图 3-11 近似抛物形荷载曲线

$$P_{det}=\frac{4.18\times10^{-7}\rho v^2}{1+0.8\rho} \tag{3-21}$$

$$P_B=P_{det}\left(\frac{d_c}{d_b}\right)^3 \tag{3-22}$$

式中 P_{det}——1 kg 炸药发生爆炸时的爆破压力(kPa);

ρ——炸药的密度(g/cm^3);

v——炸药的爆速(cm/s);

P_B——炮孔壁上的压力(kPa);

d_c——药卷直径(mm);

d_b——炮孔直径(mm)。

爆破施工时,作用在炮孔壁上的动压力可计算为

$$P_D(t)=4P_B(e^{-Bt/\sqrt{2}}-e^{-\sqrt{2}Bt}) \tag{3-23}$$

式中 B——荷载常量,取 163.38。

(2)指数形爆破荷载模型(图 3-12)

炸药发生爆炸后,作用在炮孔壁上的爆轰波使孔壁上质点的爆轰压力在短时间 t_r 内上升到峰值 P_m,经过时间段(t_+)的正压力作用之后,孔壁压力从 P_m 衰减到 0,随即进入负压作用时间段(t_-)。此类爆炸荷载模型基本不考虑超压的上升和负压的作用时间。指数形爆破荷载模型曲线定义式为

$$P(t)=P_m e^{-\alpha t} \tag{3-24}$$

式中 α——时间常数(s^{-1})。

实际工程实践中,时间常数 α 的取值可由实验获得。此外,国内外学者在相似理论、量纲分析和大量实验的基础上求出了峰值压力 P_m。

(3)三角形爆破荷载模型(图 3-13)

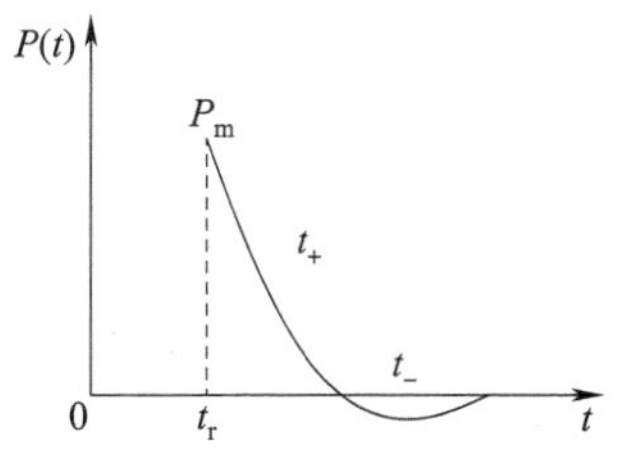

图 3-12　指数形荷载曲线

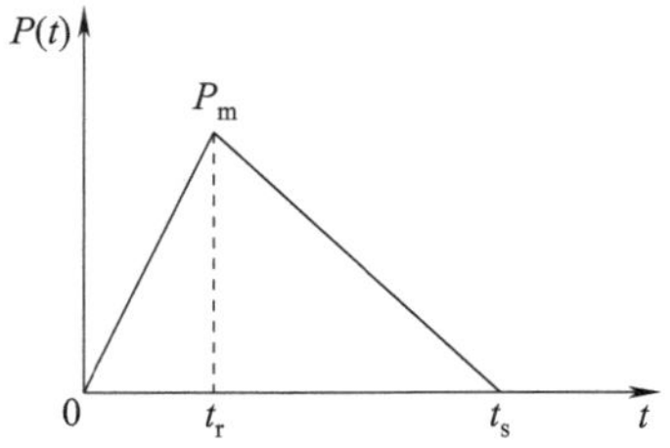

图 3-13　三角形荷载曲线

由于爆破荷载相关参数随时间不断变化，部分学者将随时间变化的荷载参数表示为三角形。结合前人研究，本文采用三角形荷载方式来模拟炸药爆炸时荷载的时程曲线。最大爆压计算公式为

$$P_{\max}=\frac{139.97}{Z}+\frac{844.81}{Z^2}+\frac{2\ 154}{Z^3}-0.803\ 4 \tag{3-25}$$

式中　$P_{\max}$——爆破荷载峰值压力(kPa)；

Z——比例距离，$Z=R_r/Q^{\frac{1}{3}}$；

R_r——爆源中心至荷载作用面的距离(m)；

Q——装药量(kg)。

三角形荷载的时间计算公式为

上升段时间：
$$t_r=\frac{12\sqrt{\bar{r}^{(2-\nu)}}Q^{0.05}}{K} \tag{3-26}$$

总作用时间：
$$t_s=\frac{84\sqrt[3]{\bar{r}^{(2-\nu)}}Q^{0.2}}{K} \tag{3-27}$$

式中　K——岩体的体积压缩模量，$K=E/[3(1-2\nu)]$(bar)；

ν——岩体的泊松比；

$\bar{r}$——对比距离，$\bar{r}=r/r_b$，r 为爆心距，r_b为炮孔半径。

结合西镇站 A 出入口爆破施工方案，模拟计算上台阶爆破开挖条件下框架结构的振动响应。由于三角形荷载卸压段时间是升压段时间的 5 倍左右，此次模拟将总作用时间取为 0.1 s，冲击波加载时间段、卸载段时间段分别为 0.01 s 和 0.09 s，模拟所采用的爆破荷载时程曲线如图 3-14 所示。

假设所建立的荷载均匀地施加在开挖轮廓面上，垂直于隧道轮廓壁，具体如图 3-15 所示。忽略空洞效应的影响，将炮孔之间的爆破药量通过集中药量的形式共同作用在开挖轮廓壁面上。

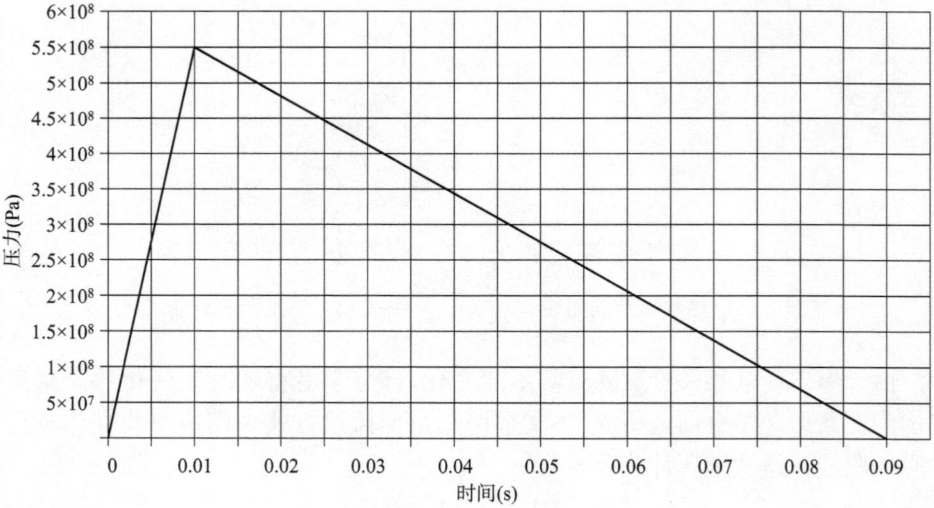

图 3-14　爆破荷载曲线示意

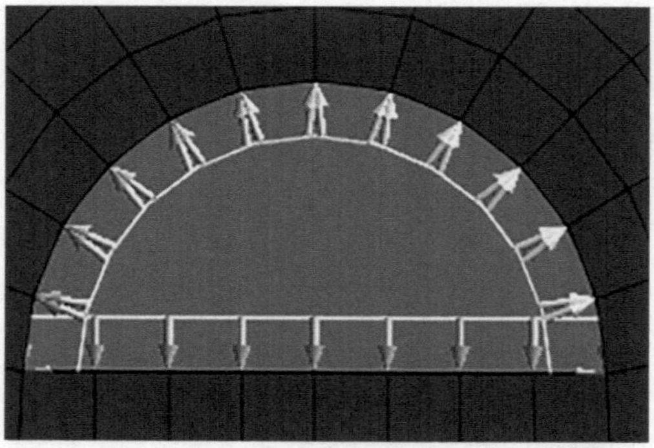

图 3-15　作用在隧道轮廓面上的爆破荷载

4. 边界条件及自重

在岩土体进行时程分析时，需要设置模型的边界条件。Lysmer 和 Wass 于 1972 年提出黏性边界，通过设置边界阻尼器，保证了爆破地震波在岩土内部传播不受边界条件的影响，使得计算结果更加准确。在 Midas-GTS 中，通过建立地面曲面弹簧，生成阻尼边界单元的方法如下：

分别计算纵波和横波的阻尼系数 C_P、C_S：

$$C_P=\rho A\sqrt{\frac{\lambda+2G}{\rho}}=WA\sqrt{\frac{\lambda+2G}{9.81W}}=c_PA \tag{3-28}$$

$$C_S=\rho A\sqrt{\frac{G}{\rho}}=WA\sqrt{\frac{G}{9.81W}}=c_S A \tag{3-29}$$

$$\lambda=\frac{\nu E}{(1+\nu)(1-2\nu)},G=\frac{E}{2(1+\nu)} \tag{3-30}$$

式中　λ——体积模量；

G——剪切模量；

E——弹性模量；

c_P，c_S——P 波与 S 波在介质中的传播速度；

ν——泊松比；

A——弹簧负担的面积。

通过定义地面曲面弹簧，选择阻尼常数，在围岩边界设置添加黏性边界，程序会自动计算出作用在围岩上的阻尼。同时在围岩底部设置固定约束，考虑自重，定义 Z 轴的负方向为重力荷载方向，程序根据定义的材料和属性计算出自重。

3.2.3　框架结构振动分析

由于西镇站 A 出入口上台阶爆破时，采用数码电子雷管起爆，设置中空孔夹斜眼掏槽，掏槽孔单孔药量 0.3 kg，总药量 1.2 kg，辅助孔单孔装药量 0.3 kg。因此，爆破荷载以掏槽孔总装药量作为计算基础，由式(3-25)计算出最大爆炸压力 P_m=550.509 6 kPa。通过提取模型振动数据，分析建筑物振动响应规律，定义地面为 0 层。

1. 模型与实测数据对比

选取监测序号 G1 实测数据为例，现场监测时，A 出入口爆破掌子面与框架结构的相对位置关系如图 3-16 所示。模型中选取背爆侧 0 层节点 105381、1 层节点 114499，如图 3-17 所示，验证模型可靠性。

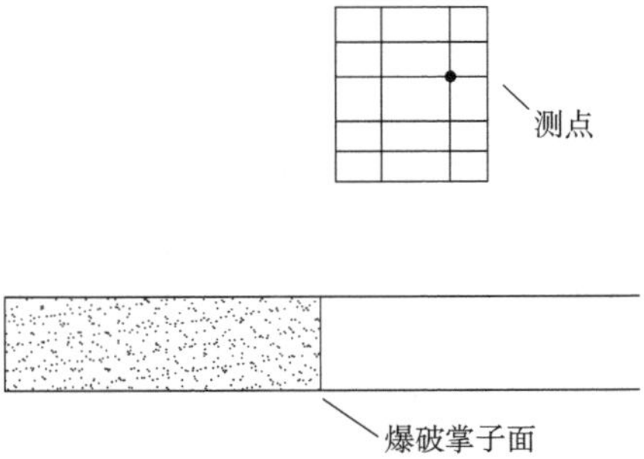

图 3-16　实测数据 G1 爆破掌子面与监测点位置关系

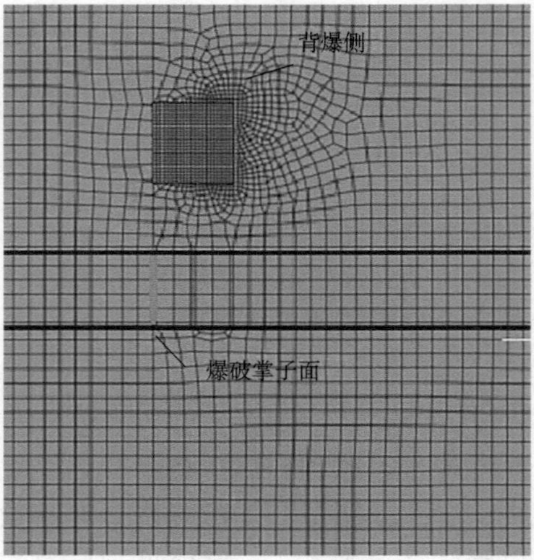

图 3-17　模型中背爆侧示意图

提取监测序号 G1 中 0 层、1 层测点监测数据的波形图，如图 3-18 所示；相应提取模型中背爆侧 0 层节点 105381、1 层节点 114499 的时程曲线。

通过观察合振速波形图，合振速最大值并未出现在掏槽孔的爆破。根据现场爆破方案，辅助孔与掏槽孔单孔用药量相同，因此合振速最大值可能出现在辅助孔的爆破。

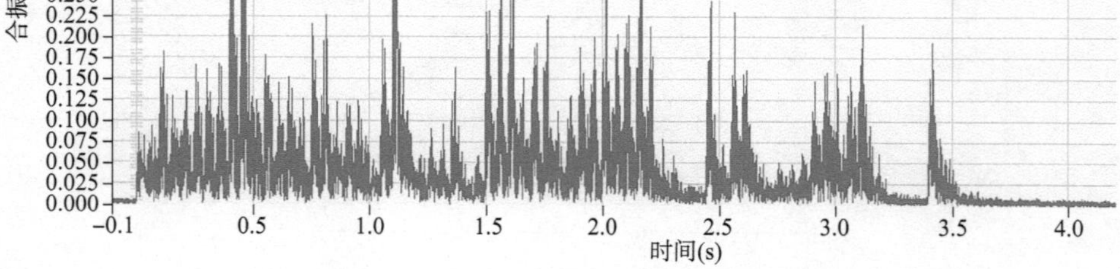

(a)G1 监测序号 0 层测点合振速

图　3-18

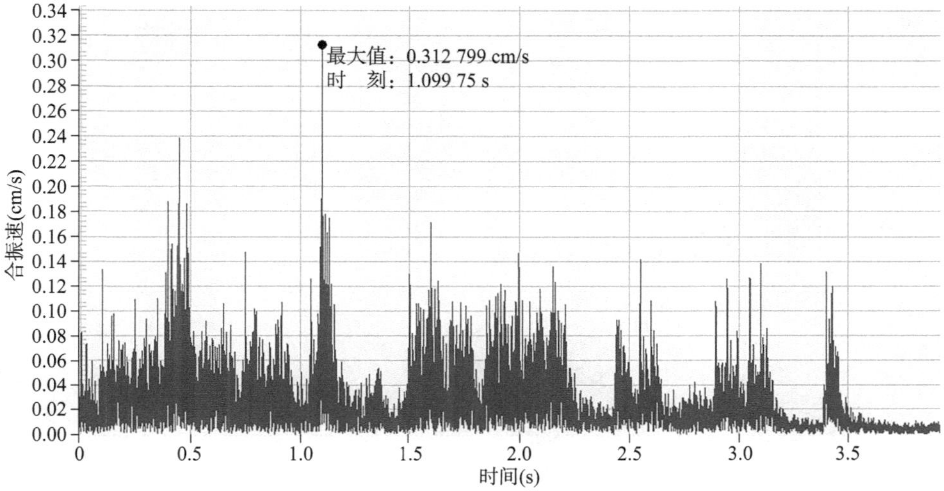

(b)G1 监测序号 1 层测点合振速

图 3-18　G1 监测序号 0 层、1 层合振速波形图

提取实测数据中最大振速加载段与卸载段的合振速波形图，并与模型中 0 层节点 105381、1 层节点 114499 合振速时程曲线对比，具体如图 3-19 所示。提取模型 0 层节点 105381、1 层节点 114499 的三向振动数据并与 G1 监测序号数据对比，见表 3-4。

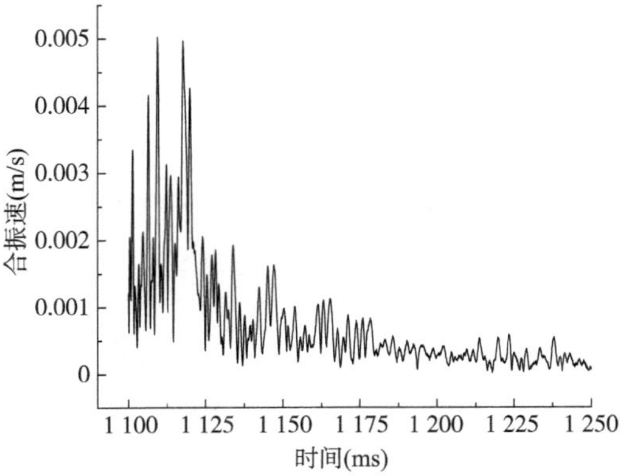

(a)G1 监测序号 0 层加载段合振速

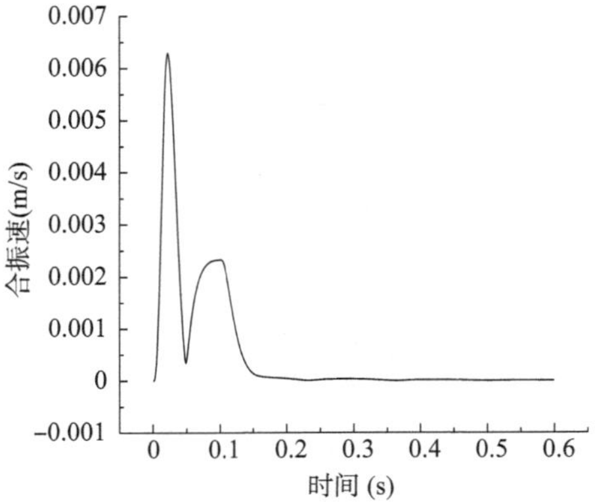

(b)0 层 105381 节点合振速

图　3-19

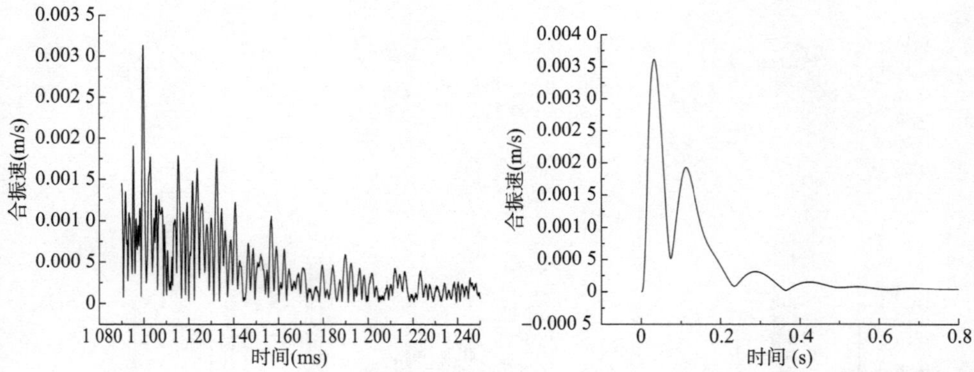

(c)G1 监测序号 1 层加载段合振速　　(d)1 层 114499 节点合振速

图 3-19　实测数据与数值模拟波形对比

表 3-4　实测数据与模拟数据对比

振　速		实测(cm/s)	模拟(cm/s)	误　差
0 层	v_h	0.502	0.641	21.68%
	v_r	0.159	0.472	66.31%
	v_t	0.237	0.245	3.27%
	v_c	0.496	0.357	38.94%
1 层	v_h	0.313	0.392	20.15%
	v_r	0.093	0.258	63.95%
	v_t	0.097	0.122	20.49%
	v_c	0.313	0.267	17.23%

由图 3-19 及表 3-4 可知:实测爆破振动波形图在峰值振速出现前后均有不同幅度的振动。分析可知,主要与现场实际爆破施工时辅助孔的爆破顺序有关。数值模拟中的节点在到达峰值振速后,振速波动下降,数值模拟所得峰值振速维持的时间段在 0.6 s 左右。

整体来看,数值模拟结果与实测质点振速峰值差别不大,数值模拟结果略大于现场监测数值。合振速峰值误差在 20%左右。水平径向 v_r(X 向)振速峰值误差相对较大,最大误差为 66.31%,垂直方向 v_c(Z 向)误差相对较小,分别为 17.23% 和 38.94%,水平切向 v_t(Y 向)振速峰值误差最小,误差为 3.27%。分析原因可知,现场实际爆破施工时,爆破网路复杂,炸药位于炮孔内部,岩石夹制作用大,沿药卷直径方向传播的爆轰波先用以破碎掌子面附近的岩石,爆出更多自由面,当转化成地震波并传播至介质质点时,引起的径向振速相对较小。而数值模拟采用集中荷载的方式施加在开挖轮廓壁面上，沿径向传播并引起介质质点振动，因此引起的径向振速相对较大。即水平径向振速误差相对较大，主要与爆破荷载的生成方式有关。

由于地铁隧道爆破施工时，爆破地震波在众多岩石介质中反射、折射和叠加等，其传播非常复杂。而数值模拟将岩体介质简化为各向同性材料，忽略了岩体介质的节理、裂隙等特殊构造。实际工程中，建筑物地基的存在加大了底部嵌固刚度，使建筑物更具有稳定性，数值模拟中将框架结构与地面设置成节点耦合。数值模拟数据稍大，可为建筑物爆破振动安全分析留有一定的安全系数。综合考虑，通过分析波形图与振速数值，认为数值模拟具备一定的可靠性和指导性。

2. 应力分布特征

首先分析框架结构应力变化情况，本节主要选取框架结构的第一主应力进行分析。提取应力云图，具体如图 3-20 所示。

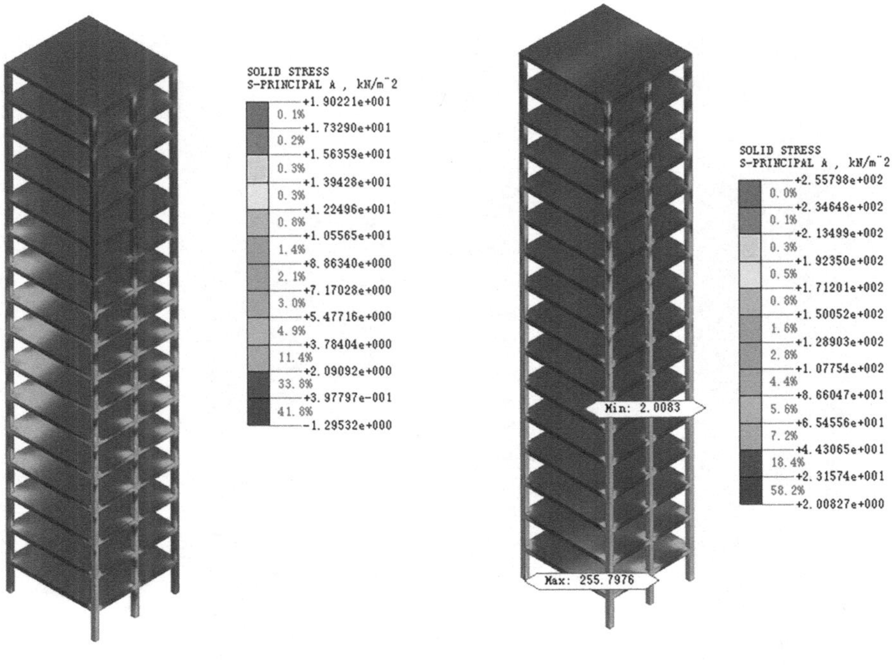

(a)框架结构某时刻第一主应力云图　　(b)框架结构第一主应力峰值云图

图 3-20　框架结构第一主应力云图

通过分析，认为框架结构迎爆侧框架柱、梁最先受力，随后传递至板单元。多步骤应力云图显示，同一时刻同一楼层框架柱、梁的受力情况大于板单元，迎爆侧受力大于背爆侧。在框架柱与楼板交接处，容易形成应力集中。近地层所受应力值大于远地层。

在爆炸荷载作用的整个过程中，应力最大位置出现在框架柱单元中，节点编号为102866，位于地面0层处，最大值为260.120 2 kN/m^2。应力最小值位于板单元129696节点处，最小值为2.011 4 kN/m^2。板单元所受应力最大值集中在20～60 kN/m^2，框架柱所受应力最大值集中在100～200 kN/m^2。从而也印证了框架结构柱、梁是建筑物的主要受力单元。结构所受最大应力值远小于混凝土抗压标准值，可以判定框架结构处于安全状态。实际工程中，由于爆破地震波在建筑内部的传播受楼层、层高的影响，因此应综合考虑建筑物受力状况。

3. 位移变化特征

提取框架结构合位移云图，如图3-21所示。通过分析可知，爆破荷载作用下，最大合位移发生在迎爆侧0层框架柱节点102850处，最大值为0.03 cm，最小合位移发生在背爆侧3层框架柱节点116163处。框架结构背爆侧位移整体小于迎爆侧。结构0～3层、13～15层位移变化相对较大，约为0.023 cm，中间楼层位移变化相对较小。实际工程中，由于建筑物底部地基的嵌固作用，底部楼层位移相对较小，而顶部楼层位移相对较大，应引起重视。

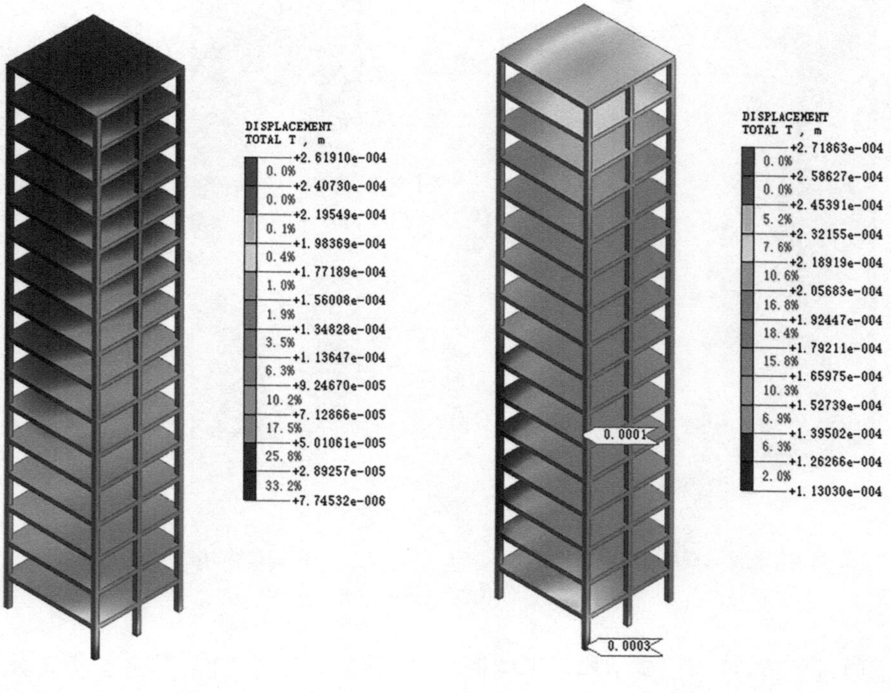

(a)某时刻合位移　　　　(b)最大合位移

图3-21　框架结构最大合位移云图

4. 速度变化分析

(1)振速云图分析

通过分析计算,提取框架结构水平径向 v_r(X 向)、水平切向 v_t(Y 向)、垂直方向 v_c(Z 向)及合振速最大振速云图进行分析,具体如图 3-22 所示。

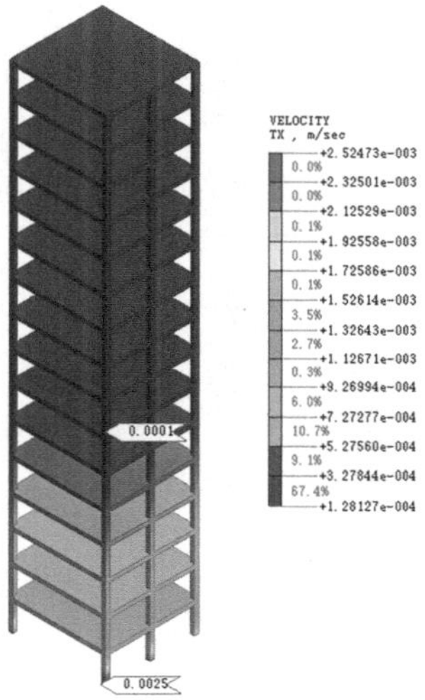

(a)水平径向最大振速

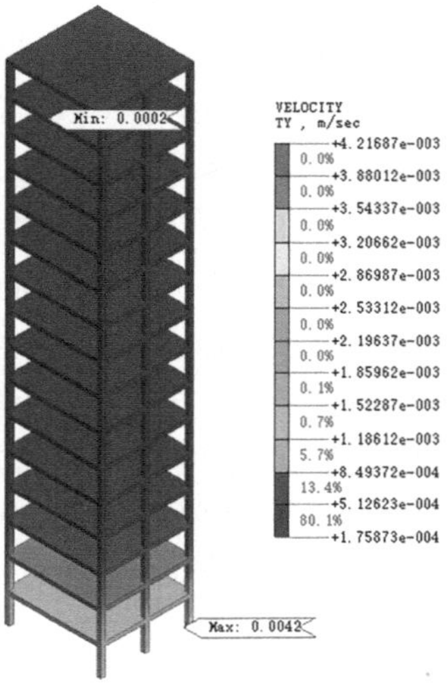

(b)水平切向最大振速

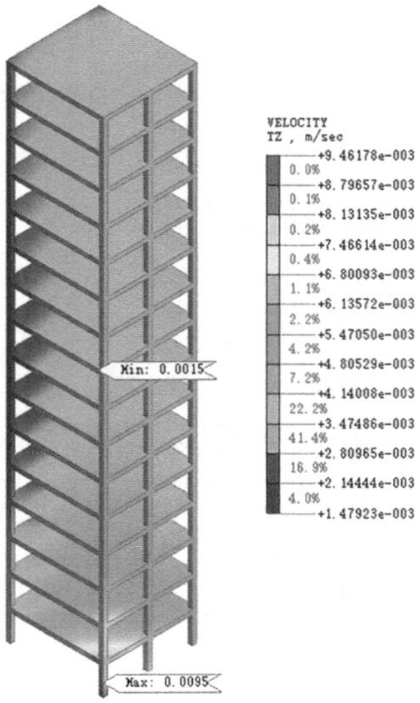

(c)垂向最大振速

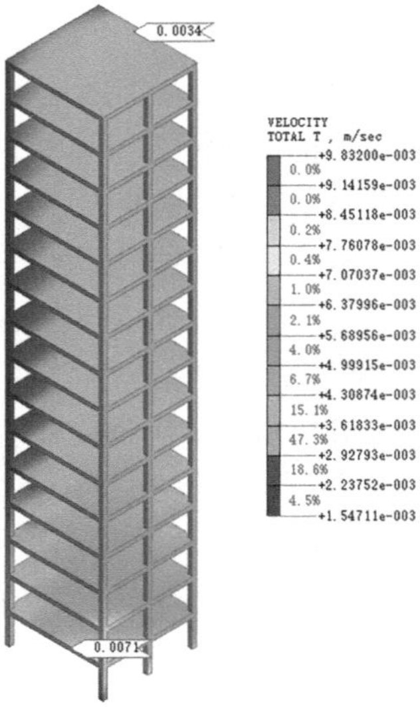

(d)最大合振速

图 3-22　框架结构各向爆破振速云图

通过分析水平径向振速云图[图 3-22(a)]可知，框架结构水平径向最大振速出现在 0 层柱节点 102851 中，最大值为 0.25 cm/s，振速最小值出现在 7 层板单元节点 113466 中，最小振速为 0.01 cm/s。观察水平径向振速多步骤云图发现，随着时间推移，水平径向振速在框架结构内部楼层循环流动式增长。200～380 ms 内，框架结构底部和顶部楼层振速相对较大，中间楼层振速相对较小；380～600 ms 内，沿楼层增高方向振速逐渐减小；380～600 ms，顶部楼层水平径向振速最大；800 ms 左右，底部楼层振速最小。

通过分析水平切向振速云图[图 3-22(b)]可知，框架结构水平切向最大振速出现在 0 层柱节点 129763 中，最大值为 0.42 cm/s，振速最小值出现在 15 层柱单元节点 113466 中，最小振速为 0.02 cm/s。通过分析水平径向振速多步骤云图发现，近地面楼层受水平切向爆破荷载的冲击作用较大。

通过分析垂直方向振速云图[图 3-22(c)]可知，框架结构垂向最大振速出现在迎爆侧 0 层柱节点 102870 中，最大值为 0.95 cm/s，振速最小值出现在 9 层板单元与柱单元交接处 113145 节点处，最小值为 0.15 cm/s。多步骤振速云图显示，垂直方向振速最大值出现的位置由底层向顶层逐渐过渡，部分时刻最大振速出现在了板单元节点中。

通过分析计算合振速云图[图 3-22(d)]可知，框架结构最大振速出现在 1 层板单元节点 113600 处，合振速最大值为 0.71 cm/s，振速最小值出现在顶层板单元节点 124512 处，最小值为 0.341 cm/s。爆破荷载作用过程中，合振速与垂直方向振速变化规律基本相同。

整体而言，爆破荷载作用过程中，各向振速变化情况基本为近地面楼层振速较大，中间楼层振速趋于平缓，顶部楼层振速略微放大，爆破荷载对近地面楼层冲击较大。同一楼层，迎爆侧振速大于背爆侧，靠近框架柱节点位置、楼板与框架柱交接处振速相对较大。垂向振速大于水平方向振速，且垂向振速云图变化规律与合振速云图接近。基本符合爆破地震波在框架结构内部的传播规律。

(2)三向振速分析

为了全面分析框架结构爆破振速随楼层高度的变化规律，本节将框架结构的迎爆侧分为 A、B 区域，背爆侧分为 M、N 区域，具体如图 3-23 所示。分别提取结构迎爆侧板单元节点 A_x、B_x(x 为楼层序号)的三向振速峰值分析。

将迎爆侧 A_x、B_x 楼层序号、节点的编号、三向振速数值进行汇总，具体见表 3-5、表 3-6。

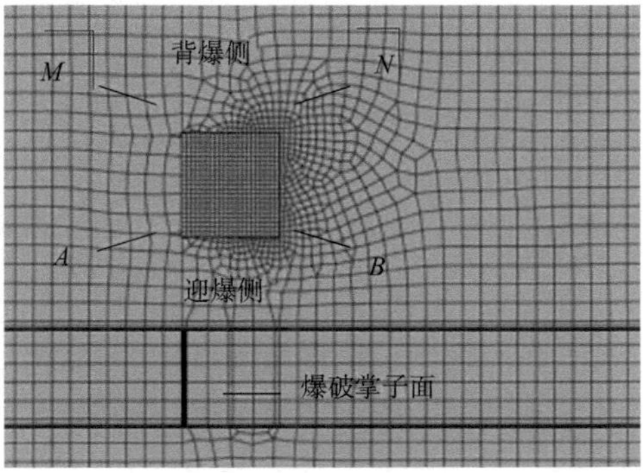

图 3-23　迎爆侧、背爆侧节点示意图

表 3-5　框架结构楼层迎爆侧 A_x 节点峰值振速汇总

楼层	节点编号	峰值振速(cm/s)			
		v_h	v_r	v_t	v_c
0	106092	0.917 6	0.252 40	0.165 20	0.866 6
1	113995	0.776 2	0.134 70	0.097 81	0.758 2
2	124731	0.654 6	0.091 32	0.073 27	0.644 1
3	130567	0.578 2	0.065 33	0.059 59	0.571 4
4	130925	0.522 5	0.051 41	0.049 95	0.517 6
5	123001	0.477 1	0.043 63	0.043 79	0.473 0
6	126525	0.439 3	0.030 44	0.038 40	0.436 5
7	123979	0.409 8	0.014 23	0.034 61	0.408 1
8	121281	0.352 1	0.018 64	0.022 32	0.350 9
9	123811	0.376 1	0.021 24	0.036 26	0.373 7
10	128546	0.368 0	0.022 55	0.033 73	0.365 8
11	128156	0.353 9	0.020 59	0.026 44	0.352 3
12	121274	0.362 2	0.017 69	0.021 87	0.361 1
13	129061	0.362 6	0.015 98	0.021 15	0.361 7
14	118959	0.362 8	0.014 99	0.020 76	0.361 9
15	118807	0.363 8	0.020 10	0.026 65	0.362 3
顶层	125616	0.355 8	0.025 52	0.033 88	0.353 2

表 3-6　框架结构楼层迎爆侧 B_x 节点峰值振速汇总

楼层	节点编号	峰值振速(cm/s)			
		v_h	v_r	v_t	v_c
0	105525	0.767 2	0.187 8	0.389 50	0.633 8
1	115200	0.519 3	0.123 5	0.108 30	0.492 7
2	114794	0.456 3	0.088 69	0.076 88	0.440 9
3	130368	0.403 3	0.067 41	0.058 62	0.393 3
4	130753	0.372 1	0.055 58	0.047 35	0.364 9
5	122829	0.348 8	0.047 44	0.040 99	0.343 1
6	126692	0.330 2	0.033 85	0.036 46	0.326 5
7	124325	0.317 2	0.017 20	0.032 85	0.315 0
8	124157	0.310 7	0.017 67	0.033 23	0.308 4
9	123650	0.308 5	0.021 83	0.036 07	0.305 6
10	128731	0.227 2	0.022 75	0.029 51	0.224 1
11	128301	0.309 3	0.020 56	0.026 78	0.307 4
12	121449	0.311 5	0.020 01	0.022 68	0.310 1
13	129212	0.314 2	0.018 27	0.021 55	0.312 9
14	119297	0.314 9	0.017 65	0.020 34	0.313 8
15	119137	0.316 8	0.023 06	0.025 89	0.314 9
顶层	124882	0.313 0	0.028 43	0.033 20	0.309 9

根据表 3-5、表 3-6 中的数据分别绘制迎爆侧沿楼层增高方向 A_x、B_x 节点的三向振速峰值变化规律图，如图 3-24、图 3-25 所示。

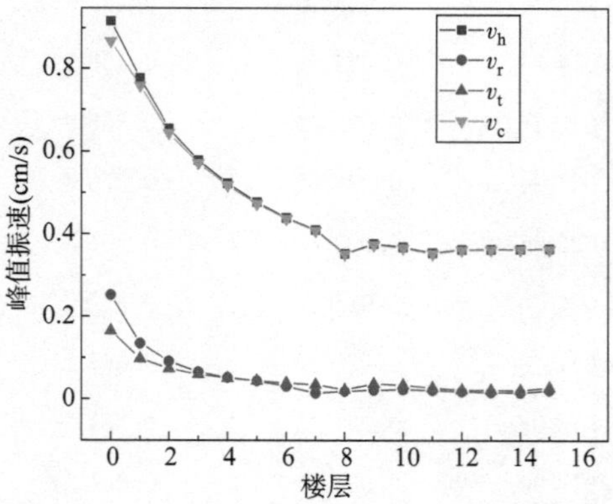

图 3-24　迎爆侧 A_x 节点峰值振速沿楼层高度方向变化规律

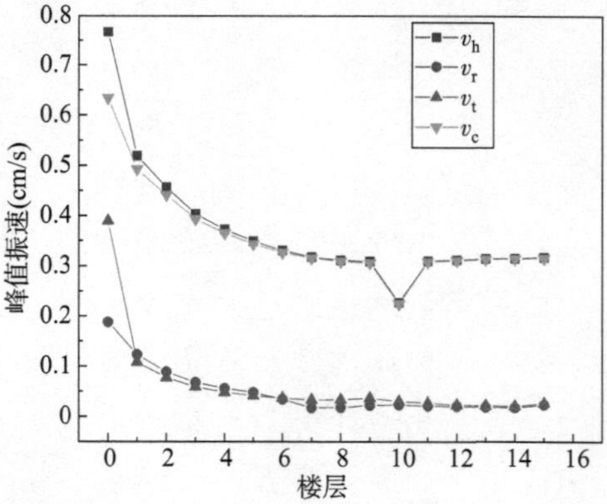

图 3-25　迎爆侧 B_x 节点峰值振速沿楼层高度方向变化规律

通过分析表 3-5、表 3-6 的数据和图 3-24、图 3-25 可知：整体来看，迎爆侧 A_x、

B_x节点三向振速及合振速峰值基本呈现出随楼层增高而逐渐降低的规律。有文献指出，爆破地震波对建筑结构的影响实质上是能量的传递与转化。基于地震学的相关理论中，由爆破地震效应引起介质质点峰值振速的平方与爆破地震波总能量近似为正比关系。因此，节点振速峰值的变化可代表爆破地震波所携带的能量在建筑物内部的传播情况。

数值模拟将楼板与框架柱和梁设置成节点耦合，当振动波从柱截面传递至板单元截面时，由于截面面积发生突变，波会在交接处发生反射和透射，造成部分能量损失。因而，随着楼层增高，节点与爆源的距离逐渐加大，框架结构节点的振速表现为逐渐降低。

三向振速峰值中，垂向振速大于水平方向振速，并且最接近合振速，表明垂向振速对建筑结构的影响占主导地位，与实测得到的规律相符合。近地面楼层中，水平径向、水平切向振速峰值的差值相对较大，垂向与合振速峰值差异性也相对较大。以迎爆侧 B 节点峰值振速为例，地面 0 层时，$v_t > v_r$，前者是后者的 2.1 倍；$v_h > v_c$，前者为后者的 1.2 倍。随着楼层逐渐增高，v_r、v_t振速差值越来越小，v_c更加接近 v_h。此外，近地面楼层振速整体大于中间楼层和顶部楼层，近地面楼层受爆炸冲击荷载的作用较强，爆破地震波能量在近地面楼层衰减较快，此后随着楼层增高，衰减趋于缓慢。

三向振速沿楼层增高方向变化规律不同。以迎爆侧 A 节点峰值振速为例，v_r在 10 层出现相对放大现象，11～15 层振速缓慢增大，顶层出现相对放大现象。v_t在 9 层出现相对放大现象，10～14 层振速逐渐降低，顶层出现相对放大效应。但由于 v_r、v_t振速数值较小，振速的突变和放大效应均不明显，表明爆破地震波在水平方向能量相对较小，衰减较快，v_c在 8 层出现突变降低。

节点 A_8和节点 B_{10}的合振速峰值及垂向振速峰值小于相邻楼层，且小于地面基准点的峰值振速，出现了振速的绝对降低现象。与地面振速相比，A_8合振速峰值、垂向振速峰值降低比例分别为 0.38 和 0.4，B_{10}合振速、垂向振速峰值降低比例分别为 0.3 和 0.35。

同为迎爆侧，同一楼层中 A 节点振速峰值整体大于 B 节点，但 A、B 节点振速变化规律基本相同。表明框架结构迎爆侧振速变化规律基本一致。

(3)迎爆侧背爆侧振速分析

根据振速云图分析可知，垂向振速变化规律与合振速接近，且实际爆破振速监测过程中，质点垂向爆破振速最大，对建筑结构的安全影响较大。因此，为了分析建筑结构内部不同位置振速变化规律，提取框架结构内部迎爆侧板单元节点 A_x、B_x背爆侧板单元节点 M_x、N_x的垂向振速，分析沿楼层高度方向振速的变化规律。由于迎爆侧节点垂向峰值振速已在表 3-5 和表 3-6 中列举出，因此将背爆侧节点

M_x、N_x的垂向峰值振速汇总，见表 3-7。绘制成曲线后如图 3-26 所示。

表 3-7　背爆侧 M_x、N_x 节点垂向振速 v_c 汇总

楼层	M_x		N_x	
	节点编号	v_c(cm/s)	节点编号	v_c(cm/s)
0	105283	0.465 7	105701	0.430 0
1	113861	0.331 4	115086	0.288 3
2	124597	0.312 1	114682	0.243 8
3	130433	0.285 0	130256	0.239 7
4	130791	0.260 6	130641	0.227 9
5	122867	0.241 7	122717	0.217 5
6	126391	0.229 1	126580	0.212 6
7	123845	0.223 0	124213	0.214 2
8	127147	0.223 3	124045	0.221 2
9	123677	0.229 0	123538	0.231 6
10	128412	0.237 9	128601	0.243 7
11	128016	0.248 1	128189	0.255 7
12	121140	0.257 9	121337	0.266 7
13	128927	0.266 8	129100	0.276 7
14	118825	0.274 3	119185	0.285 9
15	118673	0.279 5	119025	0.290 8
顶层	125482	0.286 6	124770	0.303 9

由表 3-7 和图 3-26 可知，整体而言，框架结构垂向振速峰值 v_c 在近地面楼层相对较大。0～4 层衰减幅度较大，中间楼层缓慢衰减，背爆侧节点在顶部楼层出现了较为明显的相对放大现象，放大系数为 0.48～0.72，迎爆侧节点振速相对放大效应不明显。可根据垂向振速变化规律，沿高度方向将楼层划分为振速衰减区和振速放大区，综合表 3-7 数值，振速衰减区为 1～7 层，放大区为 8～15 层。

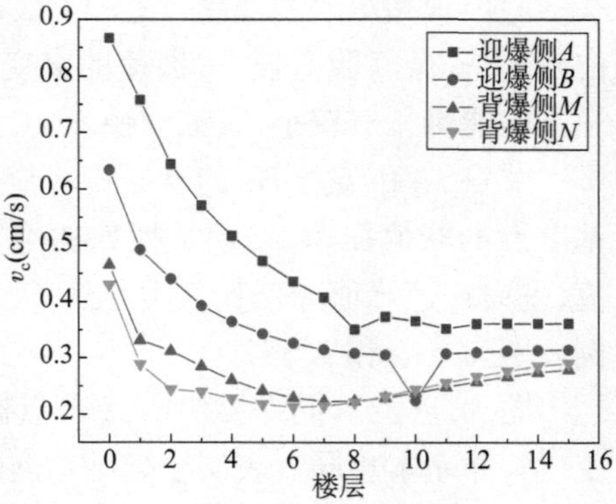

图 3-26　迎爆侧与背爆侧节点垂向峰值振速随楼层高度变化

同一起爆药量条件下，框架结构内部不同位置振速数值不同，但整体随楼层高度的变化规律基本一致。迎爆侧振速大于背爆侧，沿楼层增高方向，二者差异逐渐缩小，迎爆侧振速峰值是背爆侧振速峰值的 1.9～2.6 倍。

3.2.4　药距比系数对建筑结构振动影响的分析

1. 药距比系数

根据萨道夫斯基公式可知，影响爆破振动的最主要因素为爆心距 R、爆破药量 Q 和地质因素。为了研究药距比系数 β 与框架结构响应特征的关系，本节从爆破药量的角度出发，控制单一变量原则，分别建立爆破药量 Q＝0.5 kg、0.6 kg、0.8 kg、1.6 kg 和 2 kg 的模型，首先计算对应爆破药量条件下的最大爆炸压力 P_m 和药距比系数 β，具体见表 3-8。

表 3-8　最大爆压 P_m 及药距比系数 β

药量(kg)	0.5	0.6	0.8	1.2	1.6	2
P_m(kPa)	135.25	153.191	187.224	250.51	309.82	366.542
β ($kg^{1/3}/m$)	2.64	2.81	3.09	3.54	3.90	4.20

在上述不同爆破药量条件下，分别提取迎爆侧 A_x 和背爆侧 N_x 节点的垂向振速 v_c，具体见表 3-9、表 3-10。

表 3-9　不同爆破药量下框架结构迎爆侧节点垂向振速 v_c　(单位：cm/s)

迎爆侧 A_x	节点编号	药量(kg)				
		0.5	0.6	0.8	1.6	2
0	106092	0.467 9	0.529 9	0.647 7	1.072 0	1.268 0
1	113995	0.409 3	0.463 6	0.566 6	0.937 7	1.109 0
2	124731	0.347 7	0.393 9	0.481 4	0.796 6	0.942 4
3	130567	0.308 5	0.349 4	0.427 0	0.706 6	0.836 0
4	130925	0.279 5	0.316 5	0.386 8	0.640 2	0.757 4
5	123001	0.255 4	0.289 3	0.353 5	0.585	0.692 2
6	126525	0.235 7	0.266 9	0.326 2	0.539 9	0.638 7
7	123979	0.220 3	0.249 6	0.305 0	0.504 7	0.597 1
8	121281	0.189 5	0.214 6	0.262 3	0.434	0.513 5
9	123811	0.201 8	0.228 5	0.279 3	0.462 2	0.546 8
10	128546	0.197 5	0.223 7	0.273 4	0.452 4	0.535 2
11	128156	0.190 2	0.215 4	0.263 3	0.435 7	0.515 5
12	121274	0.194 9	0.220 8	0.269 8	0.446 5	0.528 3
13	129061	0.195 3	0.221 2	0.270 3	0.447 3	0.529 2
14	118959	0.195 4	0.221 3	0.270 4	0.447 5	0.529 5
15	118807	0.195 6	0.221 6	0.270 8	0.448 1	0.530 1
顶	125616	0.190 7	0.216 0	0.264 0	0.439 6	0.516 9

表 3-10 不同爆破药量下框架结构背爆侧节点垂向振速 v_c (单位:cm/s)

背爆侧 N_x	节点编号	药量(kg)				
		0.5	0.6	0.8	1.6	2
0	105283	0.251 4	0.284 8	0.348	0.575 9	0.681 4
1	115086	0.155 7	0.176 3	0.215 5	0.356 6	0.421 9
2	114682	0.131 6	0.149 1	0.182 2	0.301 6	0.356 8
3	130256	0.129 4	0.146 6	0.179 1	0.296 4	0.350 7
4	130641	0.123 0	0.139 4	0.170 3	0.281 9	0.333 5
5	122717	0.117 4	0.133 0	0.162 5	0.268 9	0.318 2
6	126580	0.114 8	0.130 0	0.158 9	0.263 0	0.311 1
7	124213	0.115 6	0.131 0	0.160 1	0.264 9	0.313 4
8	124045	0.119 4	0.135 2	0.165 3	0.237 5	0.323 6
9	123538	0.125 1	0.141 7	0.173 1	0.285 6	0.338 9
10	128601	0.131 6	0.149	0.182 1	0.301 4	0.356 5
11	128189	0.138	0.156 3	0.191 1	0.316 2	0.374 1
12	121337	0.144 0	0.163 1	0.199 3	0.329 8	0.390 2
13	129100	0.149 4	0.169 2	0.206 8	0.342 2	0.404 8
14	119185	0.154 3	0.174 8	0.213 7	0.353 6	0.418 3
15	119025	0.157 0	0.177 9	0.217 4	0.359 7	0.425 6
顶	124770	0.164 1	0.185 8	0.227 1	0.375 9	0.444 7

将表 3-9 中的迎爆侧 A_x 节点垂向峰值振速沿楼层高度方向的变化数据绘制成曲线,如图 3-27 所示。为了研究框架结构振速与药距比系数的关系,根据药距比系数表 3-8,以迎爆侧 A_x 节点垂向振速为例,作垂向振速与药距比系数关系图,具体如图 3-28 所示。

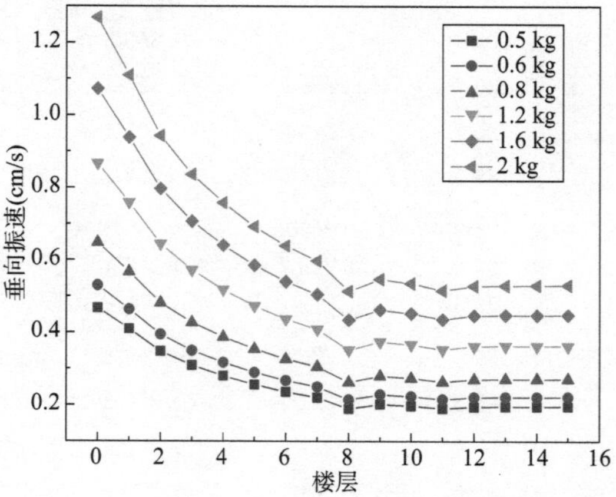

图 3-27 迎爆侧 A_x 节点垂向峰值振速随楼层高度变化

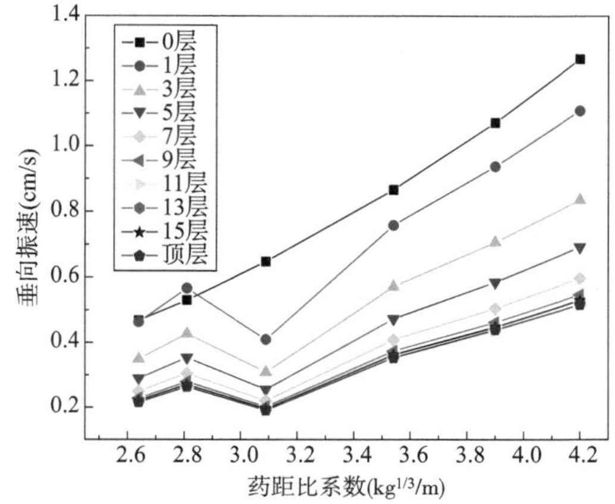

图 3-28　药距比系数对垂向爆破振动的影响

整体来看，同一爆破药量条件下，框架结构迎爆侧垂向振速峰值大于背爆侧，迎爆侧受冲击荷载作用较强。对于迎爆侧节点 A_x，沿楼层增高方向，垂向振速峰值波动下降，10 层及以上，垂向振速差值较小且基本维持在 0.001 cm/s 左右；对于背爆侧节点 N_x，垂向振速峰值在近地面楼层衰减幅度较大，在 10 层及以上表现出较为明显的放大现象，顶层放大系数基本为 0.65。

实际工程中，随着隧道开挖进度不断变化，受振物体与爆源的相对位置关系也在发生改变。建筑结构迎爆侧、背爆侧的位置与爆破掌子面有着密切关系，这也决定了现场监测得到的实测数据的规律。

通过观察图 3-28 可知，同一楼层垂向爆破振速峰值随药距比系数的增加而增加。当 $2.2<\beta<2.6$ 时，垂向振速峰值波动变化受药距比系数影响较小，主要由于此范围内爆破药量相对较小。当 $\beta>2.6$ 时，垂向振速呈增加趋势。各楼层垂向爆破振速峰值随药距比系数增加而增大的规律相似，仅振速数值不同，说明药距比系数直接影响了结构的振动规律。

2. 高程放大效应

根据振速变化分析及表 3-9 中的数据可知，建筑结构迎爆侧、背爆侧振动响应存在差异，迎爆侧振速衰减趋势更加明显。因此，以 1.2 kg 药量为例，取迎爆侧 A_x 节点的垂向振速，将高程考虑在内，由萨道夫斯基公式拟合出多层框架结构的振动衰减公式：

萨道夫斯基公式

$$v=K\left(\frac{\sqrt[3]{Q}}{R}\right)^{\alpha} \tag{3-31}$$

拟合后的公式

$$v=13.5653\left(\frac{\sqrt[3]{Q}}{L}\right)^{0.95296} \tag{3-32}$$

式中 v——被保护对象的峰值振速(cm/s)；

Q——爆破药量(kg)；

R——爆心距(m)；

L——将高程考虑在内的爆心距，$L=(R^2+H^2)^{1/2}$；

H——质点距地面的距离(m)；

K,α——爆破场地有关的系数和衰减指数。

3.3 隧道爆破对多层框架结构振动影响的现场监测实验

为了研究爆破地震波传播及衰减的过程，准确掌握建筑物在爆破开挖条件下的动力响应特征，从而防止和减少爆破振动对建筑物的破坏，需要开展爆破振动现场实验。本节以青岛地铁1号线西镇站A出入口爆破施工为依托，通过在西藏路小区2号楼内部布置测点，采用TC-4850测振仪及配套的传感器，获取隧道爆破施工条件下框架结构各楼层内的振动速度和频率数值；分析各向振速峰值和频率沿楼层增高方向的变化规律，通过进行快速傅里叶变换(FFT)得到框架结构的频谱特征，进而得出框架结构爆破振动响应规律。

3.3.1 工程概况

西镇站的主体结构位于费县路，是青岛地铁1号线第14座车站，设计结构为地下两层，以暗挖施工为主，具体如图3-29所示。车站总长190.1 m，有效站台中心里程(右线)K32＋492.000。拱顶距离地面15.72～23.6 m，上覆岩层厚度为10.72～23.1 m。

车站共设置4个出入口，含2个预留出入口。A出入口位于费县路北侧，西藏路小区南侧，为明暗挖结合施工出入口，明挖段位于费县路与范县路交叉口处绿地内，暗挖段位于费县路北侧。明挖段长20 m，浅埋暗挖段长5.55 m，暗挖段长58 m。1号竖井、风道、主体结构及A出入口人防段已全部开挖完成。在众多建筑群中，选取西藏路小区2号楼作为受振物体，研究A出入口爆破开挖时的振动响应，二者相对位置关系如图3-30所示。

西藏路小区位于青岛市市南区西藏路2号，小区内部均为高层住宅楼，主要为钢筋混凝土框架结构，筏板基础。其中，2号楼共两个单元，－1层为地下室，－2层为地下车库，楼层层高3 m，整体外观如图3-31所示。

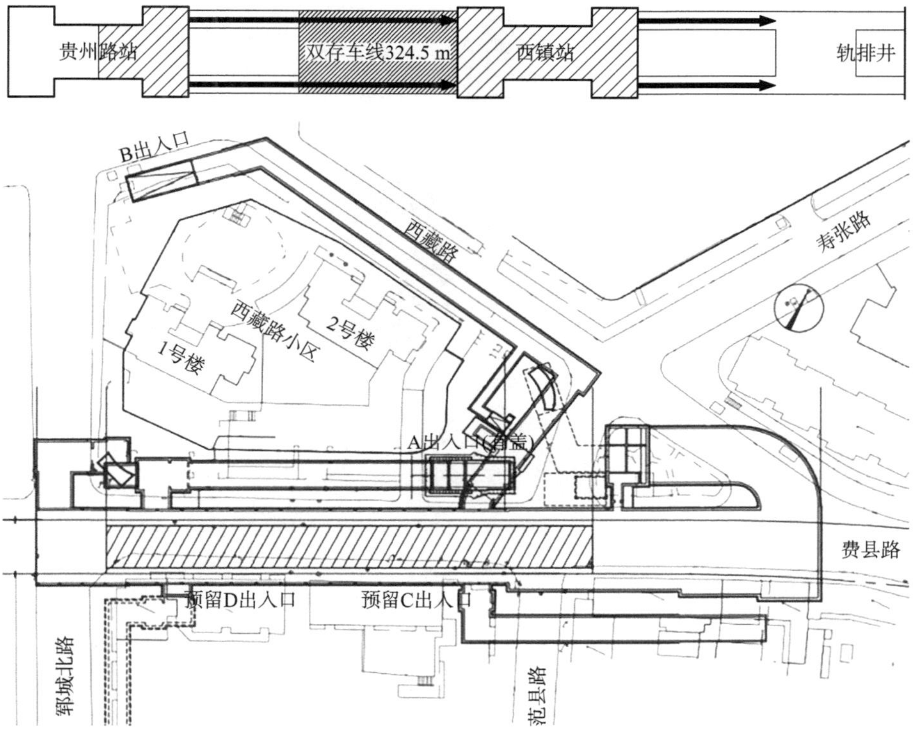

图 3-29　青岛地铁 1 号线西镇站平面图

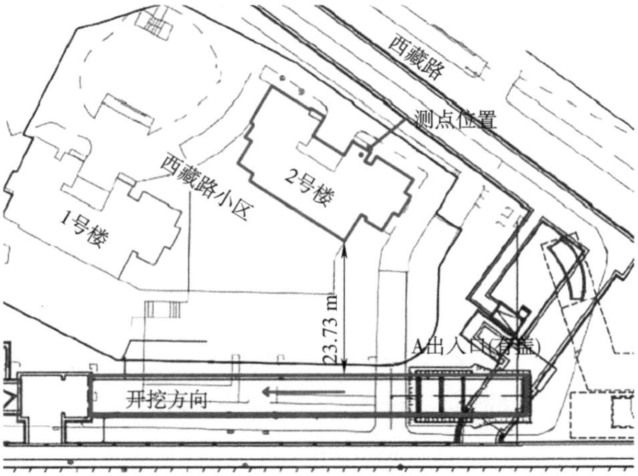

图 3-30　西镇站 A 出入口与西藏路小区平面位置

图 3-31　西藏路小区 2 号楼整体外观

3.3.2　爆破振动监测

1. 施工方案

A 出入口主要施工方法为暗挖，暗挖段长约 58 m，开挖断面宽 7.2～7.7 m，高 8.95～9.66 m，埋深 2.5～25 m，主要地质类型为强、微风化花岗岩，围岩等级为Ⅱ级和Ⅳ级。西藏路小区 2 号楼地下车库基坑为放坡锚喷支护，基坑肥槽回填杂填土，主要为风化砂夹黏性土，基坑底部存在积水。A 出入口暗挖段侧穿地下车库，控制爆破振动是工程重点。

监测组进行爆破振动监测期间，A 出入口暗挖段开挖至Ⅱ级围岩处，拱顶埋深 17.7～24.8 m。采用钻爆法施工，开挖后及时支护封闭成环，支护结构距开挖面保持在 10 m 内，分上、下台阶开挖。现场火工品为 2 号岩石乳化炸药，药卷直径为 38 mm。钻孔设备为 YT-28 型手持式风动凿岩机，钻凿炮孔孔径为 42 mm。使用数码电子雷管进行起爆，施工现场控制爆破振速[v]=1 cm/s，A 出入口施工现场如图 3-32 所示。

由于上台阶爆破产生的振动强度较大，因此前期主要针对上台阶爆破进行监测。上台阶孔深 0.6 m，控制循环进尺 0.5 m。掏槽孔主要是大直径中空孔，周围设置斜眼掏槽孔，中空孔位于掌子面中间，直径 100 mm，与掌子面夹角为 70°；斜眼掏槽单孔装药量 0.3 kg，共计 4 个炮孔；辅助眼单孔装药量 0.3 kg，共计 53 个炮孔；周边眼单孔装药量 0.1 kg，共计 13 个炮孔。经统计，上台阶装药炮孔个数共计 70 个，总装药量为 18.4 kg。

图 3-32　西镇站 A 出入口施工现场

在靠近保护对象一侧钻凿适当数量的减振孔，以降低爆破振速。现场采用不耦合装药，孔口填塞适当长度的炮泥。各部分炮孔起爆顺序：掏槽眼→辅助眼→周边眼，由掏槽眼至周边眼逐层向外起爆。下台阶孔深 1.2 m，控制循环进尺 1 m。不设掏槽孔，单孔装药量 0.4 kg，共设置 30 个炮孔。由自由面向下依次成排起爆。A 出入口爆破炮孔布置如图 3-33 所示，爆破参数见表 3-11。

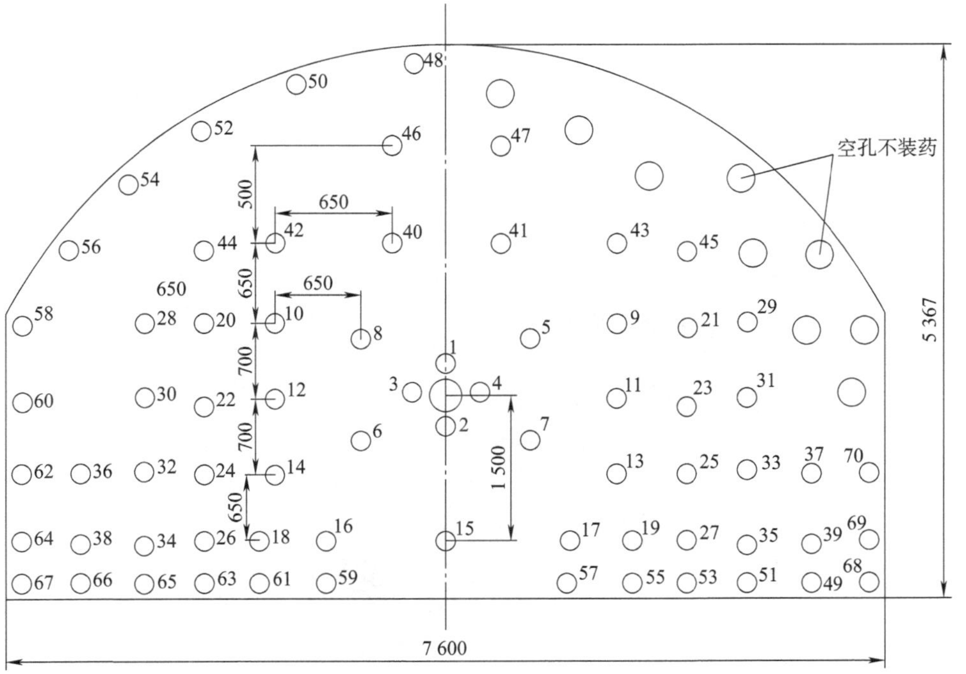

(a)上台阶

图　3-33

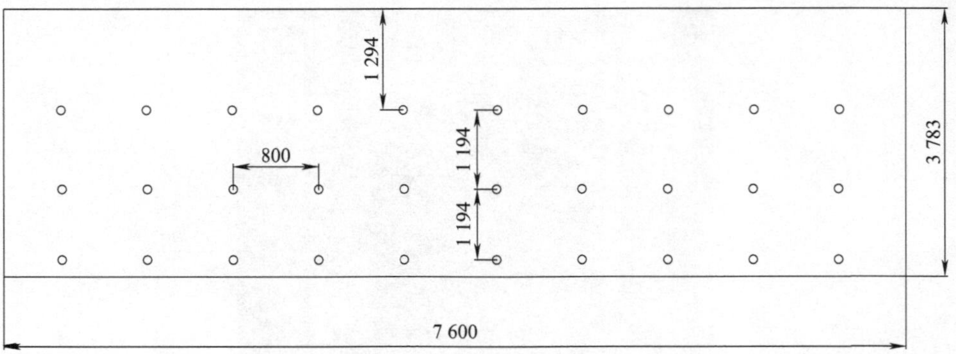

(b)下台阶

图 3-33　西镇站 A 出入口炮孔布置(单位:mm)

表 3-11　西镇站 A 出入口爆破参数

部　位	炮孔名称	孔深(m)	眼数(个)	单孔装药量(kg)	单段装药量(kg)	装药量(kg)
上台阶	掏槽眼	0.6	4	0.3	0.3	1.2
	辅助眼	0.6	53	0.3	0.3	15.9
	周边眼	0.6	13	0.1	0.1	1.3
	合计		70			18.4
下台阶	辅助眼	1.2	30	0.4	0.4	12

各起爆网路孔内全部采用数码电子雷管,孔外使用纯铜母线连接,通过并联方式连接孔内数码电子雷管,再使用终端设备进行现场延时,延时时间设置为 50 ms,单孔单响。使用数码电子雷管连接的爆破网路图如图 3-34 所示。

(a)

图　3-34

(b)

图 3-34　数码电子雷管连接爆破网路

2. 监测系统与监测方案

本次框架结构振动监测主要采用 TC-4850 型测振仪，仪器外观如图 3-35 所示。

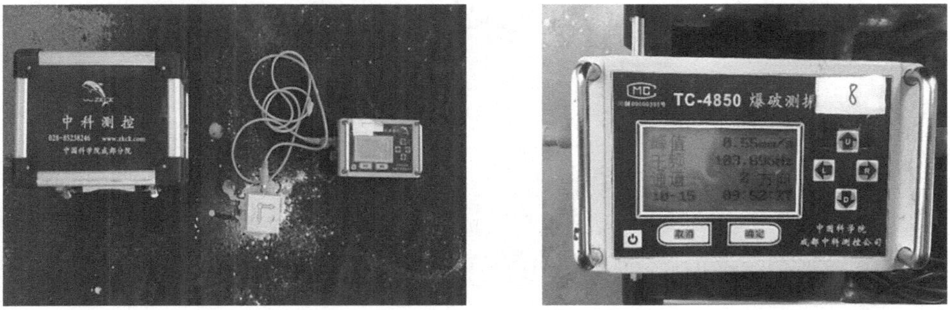

图 3-35　TC-4850 型测振仪

该仪器主要由速度传感器、数据采集系统及分析软件三部分组成。通过设置采集参数，能够对爆破振动过程中速度、位移和压力进行实时的监测、记录、分析等。其配套的监测系统如图 3-36 所示。

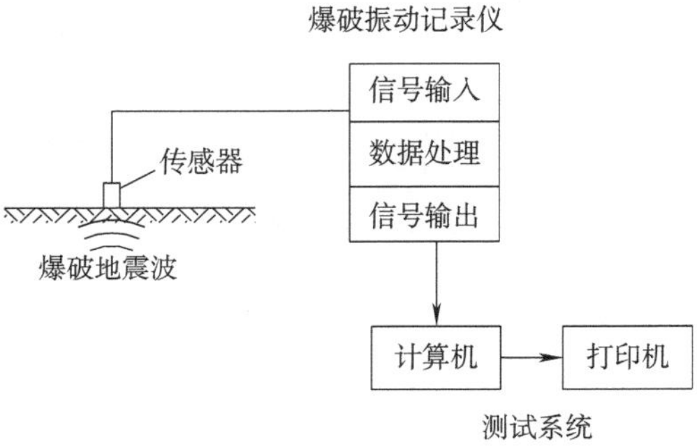

图 3-36　爆破振动监测系统

由于监测仪器数量有限，依据爆破施工进度和楼层振速响应规律，及时调整测点所在楼层，以便及时有效地获取框架结构各楼层的爆破振速。监测点布置示意图如图 3-37 所示。

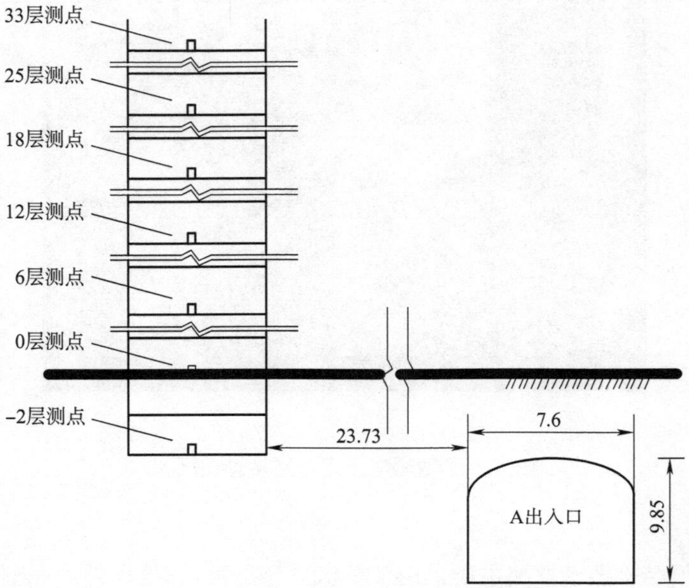

图 3-37　监测点布置示意图(单位:m)

3.3.3　振动监测结果

监测组现场监测日期为 2020 年 9 月 26 日~11 月 5 日,在前期试爆并不断调整测点所在的楼层基础上,共获取 13 组监测数据,其中包含 9 组上台阶爆破数据和 4 组下台阶爆破数据。采用 Blasting Vibration Analysis 软件提取三矢量振速峰值及频率进行分析。

文献指出,可用"相对放大、相对降低、绝对放大和绝对降低"描述振速随楼层的变化特征。将其应用到楼层振速的描述,可表述为:以地面 0 层振速为爆破振动参量基准点,绝对放大是指所监测楼层的振速大于地面 0 层和相邻楼层振速;绝对降低是指所监测楼层振速小于 0 层和相邻楼层振速;相对放大是指所监测楼层振速小于 0 层但大于相邻楼层振速;相对降低是指所监测楼层振速大于 0 层但小于相邻楼层振速。

1. 框架结构振速分析

(1)上台阶爆破振动监测分析

由图 3-38 整体来看,各楼层合振速峰值 v_h 均符合本工程制定的安全标准 $[v]=1$ cm/s。地下−2 层合振速峰值最大,在−1 层与地面 0 层交界处,合振速峰值出现波动，之后合振速峰值随楼层增高总体呈降低趋势，并在顶层出现相对放大现象。根据 A 出入口爆破开挖进度，同一楼层合振速峰值 v_h 符合随距离的增加而衰减的规律，进一步证明监测结果的可靠性。

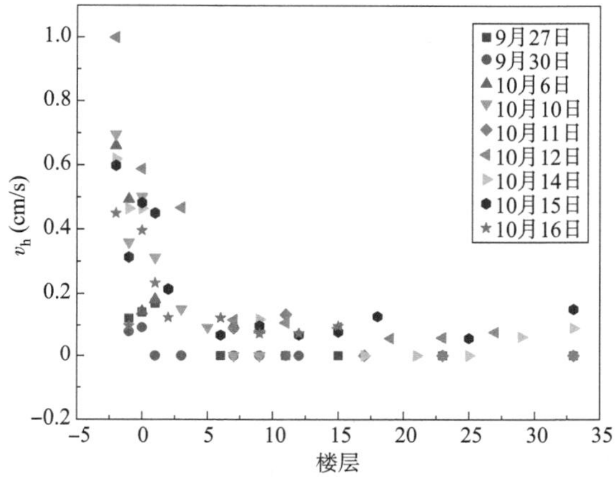

图 3-38　西藏路小区 2 号楼测振数据汇总

在 9 月 27 日、9 月 30 日、10 月 10 日监测序号中，楼层振速出现绝对降低现象，合振速峰值在中间楼层衰减至 0，这与已有研究结果出现不同。

为了研究框架结构爆破振动响应速度出现的绝对降低现象，提取 10 月 10 日（记为监测序号 G1）、10 月 15 日（记为监测序号 G2）的监测数据进行分析，并将各楼层测点三矢量振速峰值进行统计，具体见表 3-12。

表 3-12　框架结构各楼层测点三矢量振速峰值统计

监测序号	楼层	监测点振速峰值				垂向与水平向振速峰值比	
		v_h (cm/s)	v_r (cm/s)	v_t (cm/s)	v_c (cm/s)	v_c/v_r	v_c/v_t
10 月 10 日 G1	−2	0.695	0.695	0.316	0.115	0.165	0.364
	−1	0.359	0.133	0.297	0.329	2.474	1.108
	0	0.502	0.159	0.237	0.496	3.120	2.093
	1	0.313	0.093	0.097	0.313	3.366	3.227
	3	0.152	0.071	0.099	0.150	2.113	1.515
	5	0.093	0.062	0.062	0.083	1.339	1.339
	7	0	0	0	0	—	—
	9	0	0	0	0	—	—

续上表

监测序号	楼层	监测点振速峰值				垂向与水平向振速峰值比	
		v_h (cm/s)	v_r (cm/s)	v_t (cm/s)	v_c (cm/s)	v_c/v_r	v_c/v_t
10月15日 G2	−2	0.598	0.449	0.309	0.399	0.889	1.291
	−1	0.313	0.250	0.285	0.310	1.240	1.088
	0	0.482	0.136	0.300	0.477	3.507	1.590
	1	0.450	0.079	0.076	0.449	5.684	5.908
	2	0.214	0.089	0.083	0.212	2.382	2.554
	6	0.067	0.061	0.034	0.033	0.541	0.971
	9	0.098	0.070	0.070	0.007	0.100	0.100
	12	0.067	0.044	0.033	0.067	1.523	2.030
	15	0.077	0.035	0.041	0.076	2.171	1.854
	18	0.128	0.063	0.055	0.126	2.000	2.291
	25	0.056	0.029	0.032	0.055	1.897	1.719
	33	0.152	0.047	0.044	0.149	3.170	3.386

根据表 3-12,将同一监测序号下监测点的水平径向 v_r、水平切向 v_t、垂向 v_c 及合振速 v_h 峰值随楼层高度的变化曲线绘制如图 3-39 和图 3-40 所示。其中,振速"0"表示仪器状态正常,电平值为 0.03 cm/s 条件下,未采集到数据。

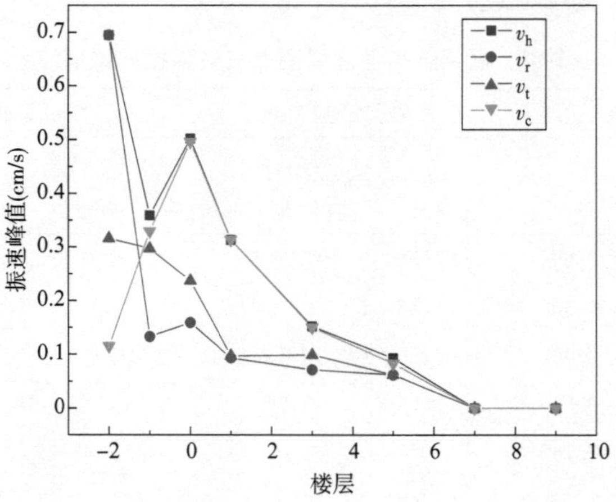

图 3-39 监测序号 G1 各向峰值振速沿楼层的变化

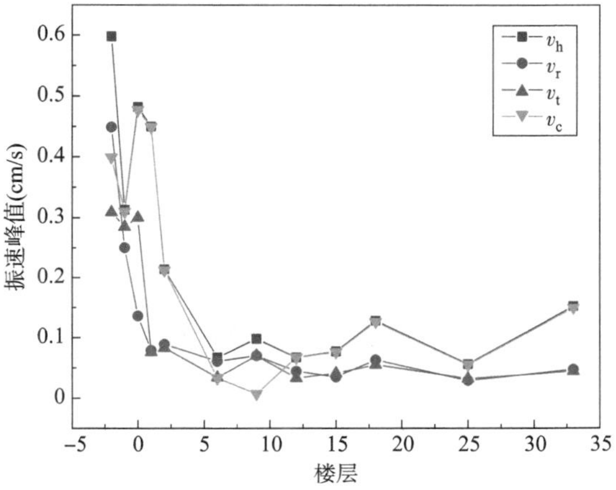

图 3-40　监测序号 G2 各向峰值振速沿楼层的变化

需要指出，在爆破振动监测中，某时刻监测质点水平径向（X 向）、水平切向（Y 向）和垂直方向（Z 向）均达到最大振速时，合振速即式(3-33)：

$$v_h=\sqrt{v_r^2+v_c^2+v_t^2} \tag{3-33}$$

现场实际监测结果表明，多数情况下三矢量振速的最大值并不是在同一时刻出现。因此，此处的合振速是通过与仪器配套的 Blasting Vibration Analysis 计算机软件三矢量合成分析得到的，合振速绝对值并不遵循式(3-33)。

由表 3-12、图 3-39、图 3-40 可知：整体来看，三矢量振速随楼层高度变化规律不同。以 G1 监测数据为例，在地面 0 层以下，垂向振速 v_c 随楼层增高而增加，而水平径向 v_r、水平切向 v_t 振速震荡衰减。地面 0 层以上，垂向振速 v_c 大于水平径向 v_r 和 v_t，垂向是水平向振速峰值的 1.3～3.1 倍，表明框架结构垂向振动响应较大。在研究爆破地震波作用下建筑结构的抗震特点时，要注意垂直方向的减振。

爆破地震波在框架结构内部的传播呈现出不同的规律。以 G2 监测数据为例，地面以下，爆破地震波由地下－2 层传播至地下－1 层时，框架结构峰值振速衰减剧烈，由－1 层传播至地面 0 层时，框架结构峰值振速出现不同程度的增大。地面以上，0 层至 9 层，框架结构三矢量峰值振速急剧衰减，衰减率达 98%，12 层至 25 层，三矢量振速峰值平稳降低；25 层至 33 层，框架结构振速峰值出现小幅度增加，产生了相对放大现象，放大系数为 1.4～2.7。分析原因，顶层产生的放大现象是由于结构顶层质量和刚度较小，部分学者称之为“鞭梢效应”。

根据表 3-12，将 G1、G2 两组监测数据合振速及三向振速峰值绘制于同一图中，具体如图 3-41 所示。

由图 3-41 可知，G1 监测数据表明，框架结构振动响应未出现高程放大效应，各向振速峰值并未随着楼层的增高而增大，而是出现了绝对降低现象，各向振速峰值在 7 层楼衰减至 0。考虑到施工现场爆破药量 Q 的微小差别，认为爆心距 R 的不同是导致框架结构振动响应规律出现差异的主要原因。

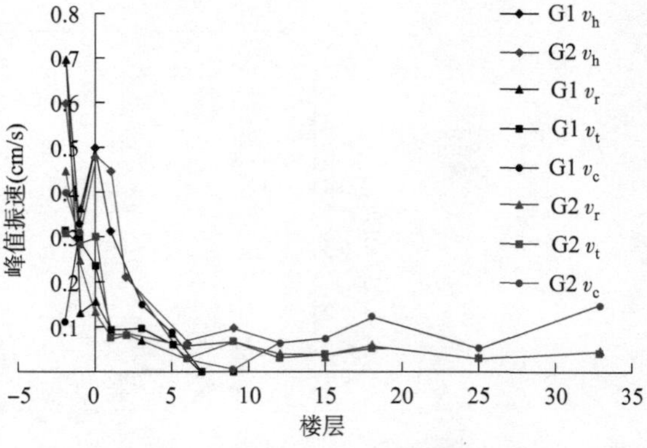

图 3-41　监测序号 G1、G2 振速峰值对比

根据萨道夫斯基公式和文献，将决定爆破振动规律的两个主要因素爆破药量 Q、爆心距 R 联系起来，认为药距比系数 β 对多层框架结构振动响应规律起重要作用，可用来对爆破振动响应规律进行分类。β 的计算式如下，单位为 $kg^{1/3}/m$。

$$\beta=\frac{100Q^{\frac{1}{3}}}{R} \tag{3-34}$$

将同一监测序号下，框架结构垂向峰值振速与水平向峰值振速之比沿楼层高度方向的规律绘制成曲线，如图 3-42 和图 3-43 所示。

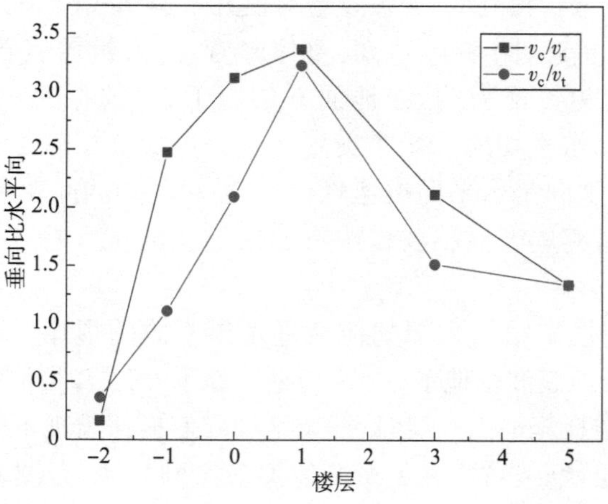

图 3-42　G1 垂向与水平向峰值振速之比沿楼层的变化

爆破地震波作用下，框架结构垂向振速峰值 v_c 大于水平向(包括水平径向 v_r 和水平切向 v_t)。对于监测序号 G1，12 对有效信号中有 10 对(占 83.3%)垂向与水平向振速之比大于 1，垂向与水平径向振速峰值之比的均值高达 2.09。对于监

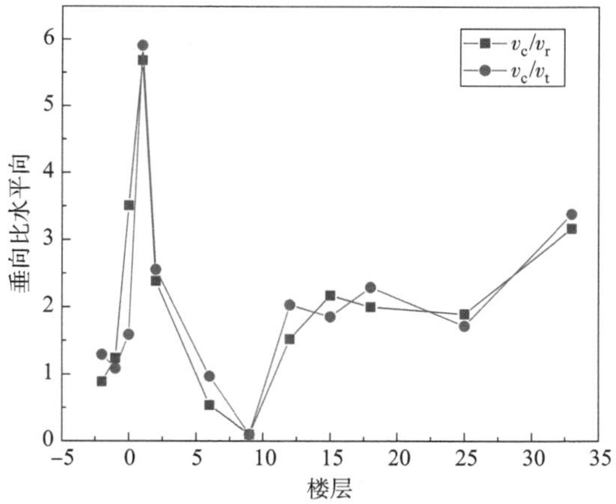

图 3-43　G2 垂向与水平向峰值振速之比沿楼层的变化

测序号 G2，24 对信号中有 19 对（占 79.2%）垂直方向与水平方向振速之比大于 1，垂向与水平切向振速峰值之比的均值为 2.07。

分析原因，相比较而言，建筑结构垂直构件刚度大，因而垂向自振频率相对较大，水平方向构件的刚度和自振频率相对较小。建筑结构的垂向自振频率大于水平向自振频率，爆破地震发生时更接近爆破地震波的主振频率。因此，框架结构的在垂直方向产生的响应速度高于水平方向。

同一监测序号，垂向与水平径向振速之比、垂向与水平切向振速之比随楼层高度的变化规律基本一致。地面以下，垂向与水平向振速比值随楼层增高而增大；地面以上，随着楼层高度的增加，垂向与水平向峰值振速的比值先降低后增加，说明沿着楼层增高方向，垂直方向与水平方向的振速峰值的差值越来越大。

（2）下台阶爆破振动监测分析

提取下台阶爆破时框架结构各楼层的合振速峰值 v_h，具体见表 3-13。其中，振速"0"表示仪器状态正常，电平值为 0.03 cm/s 条件下，未采集到数据。"—"表示未布置仪器。将楼层合振速峰值绘制成曲线，如图 3-44 所示。

表 3-13　下台阶爆破时框架结构合振速峰值 v_h 统计

楼　层	10 月 24 日	10 月 30 日	11 月 2 日	11 月 5 日
−2	0.213	0.394	0.503	0.672
−1	0.104	0.333	0.487	0.498
0	0.108	0.379	0.500	0.606
1	0.082	0.298	0.388	0.450
2	0.080	0.207	0.403	0.214

续上表

楼　层	10 月 24 日	10 月 30 日	11 月 2 日	11 月 5 日
6	0.024	0.089	0.273	0.067
9	0.017	0.066	0.147	0.098
12	0.008	0.038	0.172	0.067
15	0.000	0.011	0.155	0.000
18	—	0.017	0.139	—
25	—	0.000	—	—

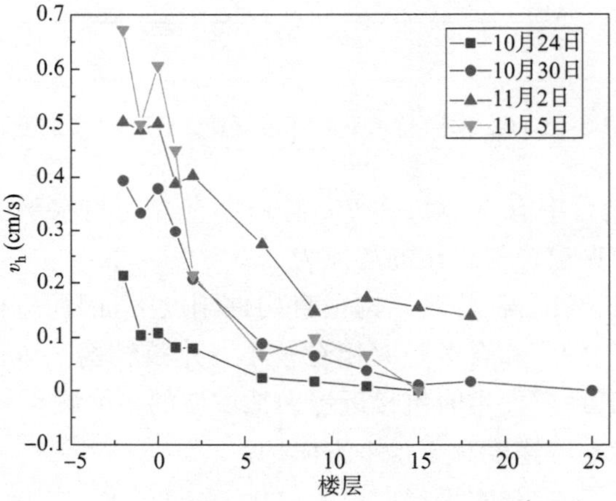

图 3-44　下台阶爆破时合振速峰值 v_h 随楼层的变化

由表 3-13 和图 3-44 可知，下台阶爆破时，框架结构楼层的合振速峰值符合随爆心距增加而衰减的规律，证明监测结果准确可靠。楼层爆破振速未超过现场制定的安全振速标准。

与上台阶爆破时建筑物振动响应规律相似，下台阶爆破时，框架结构合振速峰值 v_h 在地面 0 层以下波动变化，在地面以上波动降低，但总体呈现降低趋势。10 月 30 日、11 月 5 日监测序号中，合振速峰值在 25 层、15 层衰减至零；11 月 2 日监测序号中合振速出现绝对降低现象。

以 10 月 24 日监测数据为例，爆破地震波由 −2 层传播至 −1 层时，合振速峰值降低，衰减率为 48.83%，−1 层至 0 层，合振速峰值增加。地面以上，随着楼层增加，框架结构合振速峰值波动降低，在 15 层时衰减至 0，出现绝对降低现象。

分析原因，与上台阶相比，下台阶爆破药量相对较少，产生的爆破地震波能量相对较小，同时下台阶自由面数量相对较多，能量耗散快。当爆破地震波传递至中间楼层时，能量相对较弱，无法引起框架结构质点产生振动，振速衰减至零。

2. 框架结构振动波形及频率特征

(1)爆破地震波波形变化规律

为了研究爆破地震波随楼层高度变化的传播规律,以监测序号 G2 为例,提取各楼层爆破振动三矢量合成曲线,如图 3-45 所示。同时,绘制一2 层、0 层、2 层、6 层、15 层、18 层和 33 层垂直方向振速时程曲线,如图 3-46 所示。

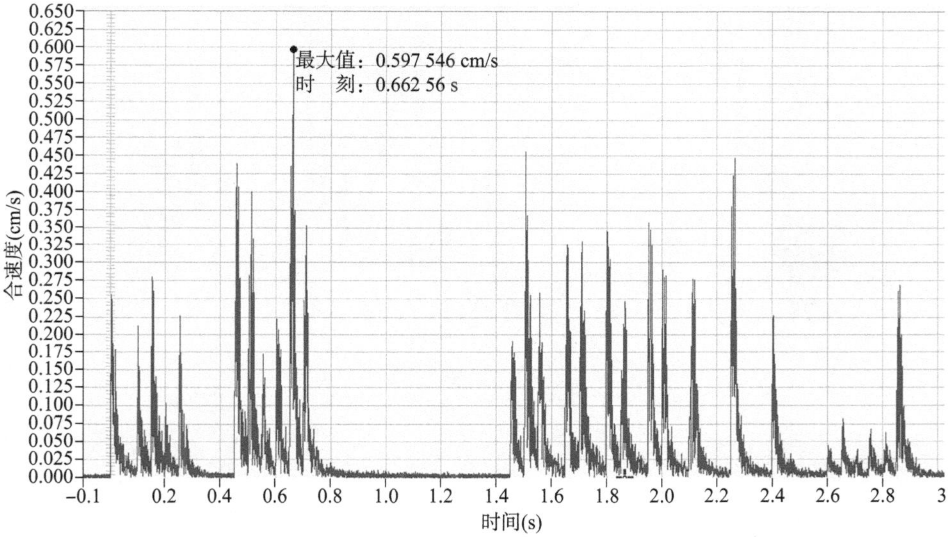

(a)一2 层

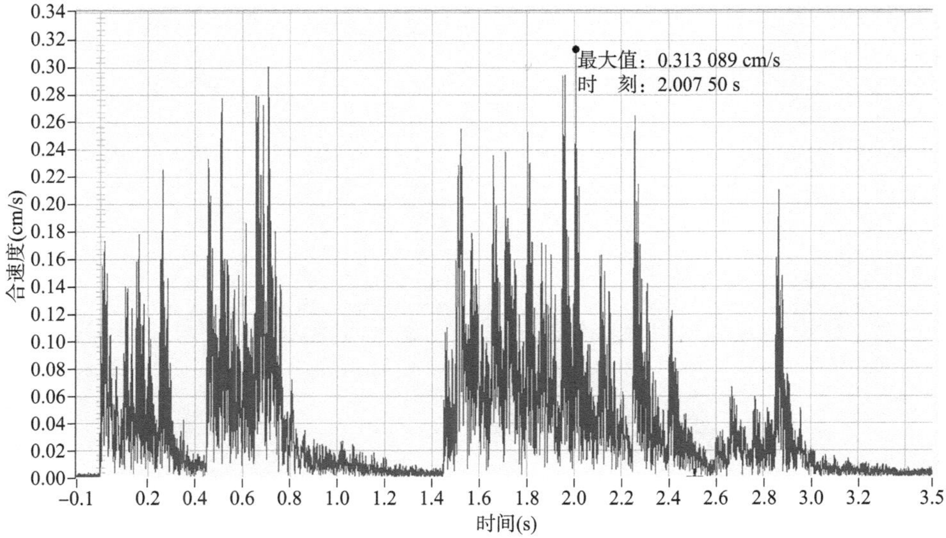

(b)一1 层

图　3-45

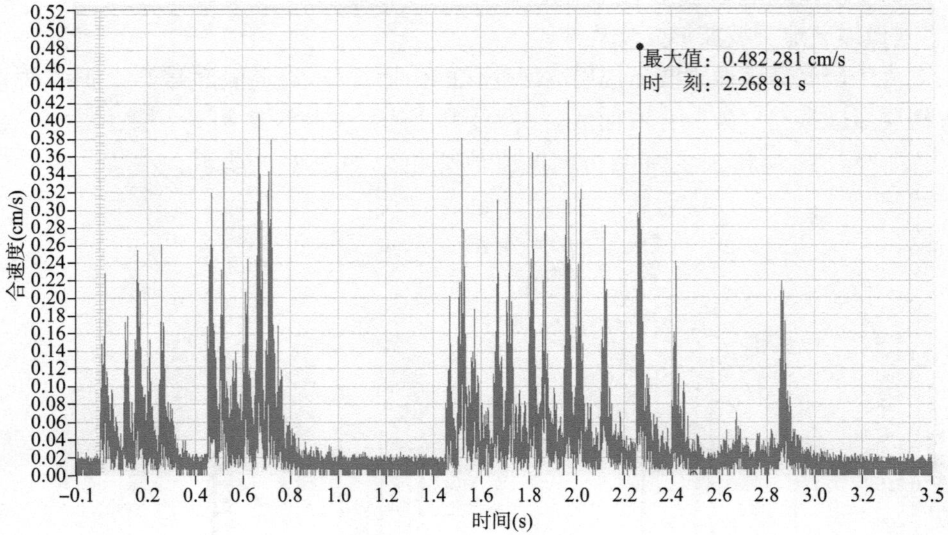
最大值：0.482 281 cm/s
时　刻：2.268 81 s
合速度(cm/s)
时间(s)

(c)0 层

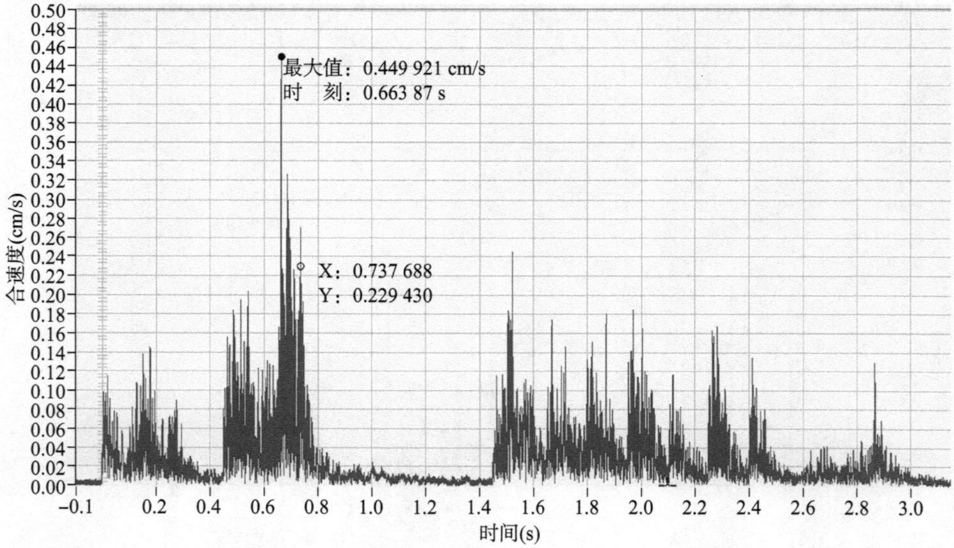
最大值：0.449 921 cm/s
时　刻：0.663 87 s
X：0.737 688
Y：0.229 430
合速度(cm/s)
时间(s)

(d)1 层

图　3-45

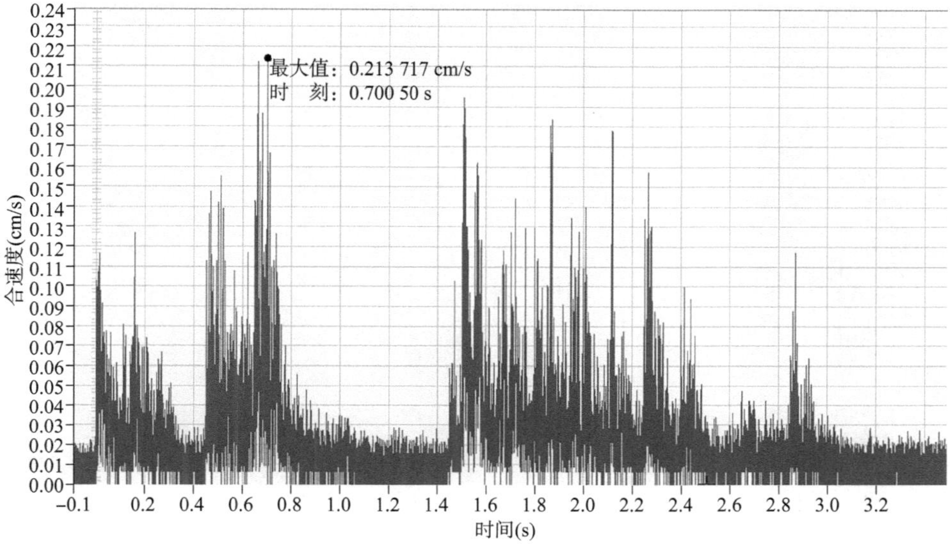
最大值：0.213 717 cm/s
时　刻：0.700 50 s
合速度(cm/s)
时间(s)

(e)2 层

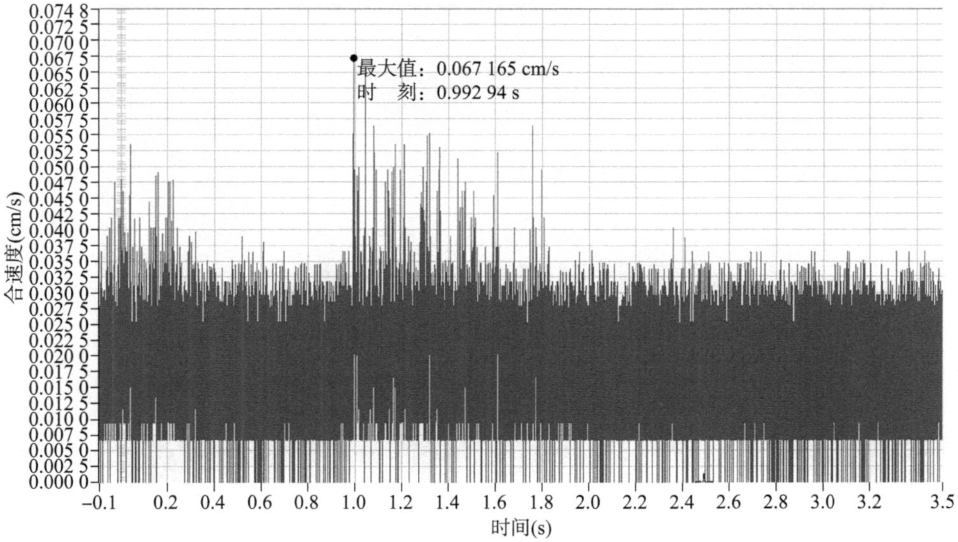
最大值：0.067 165 cm/s
时　刻：0.992 94 s
合速度(cm/s)
时间(s)

(f)6 层

图　3-45

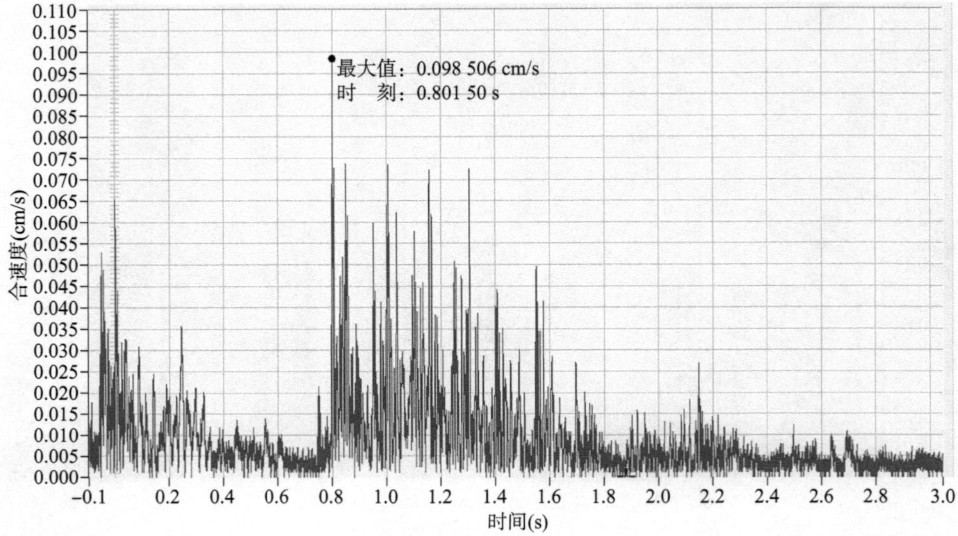

(g)9 层

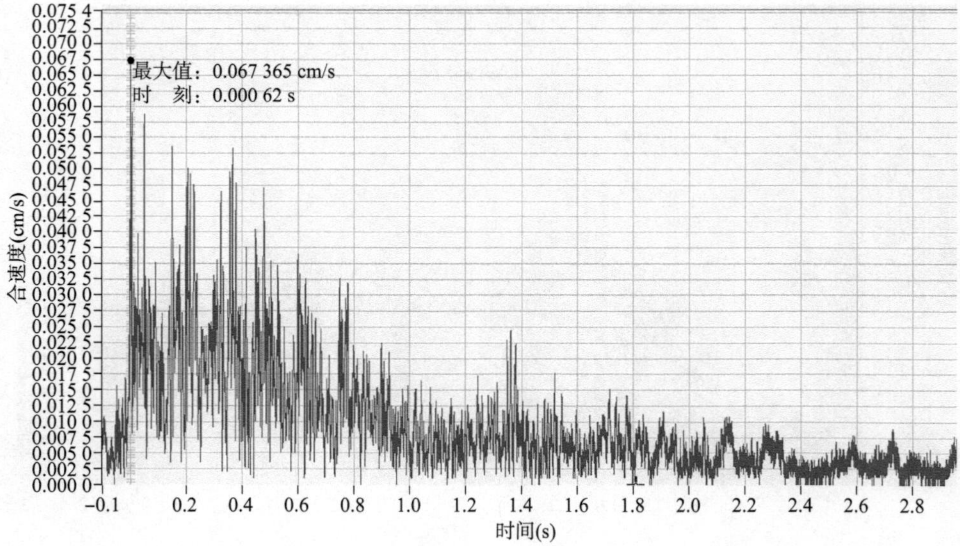

(h)12 层

图　3-45

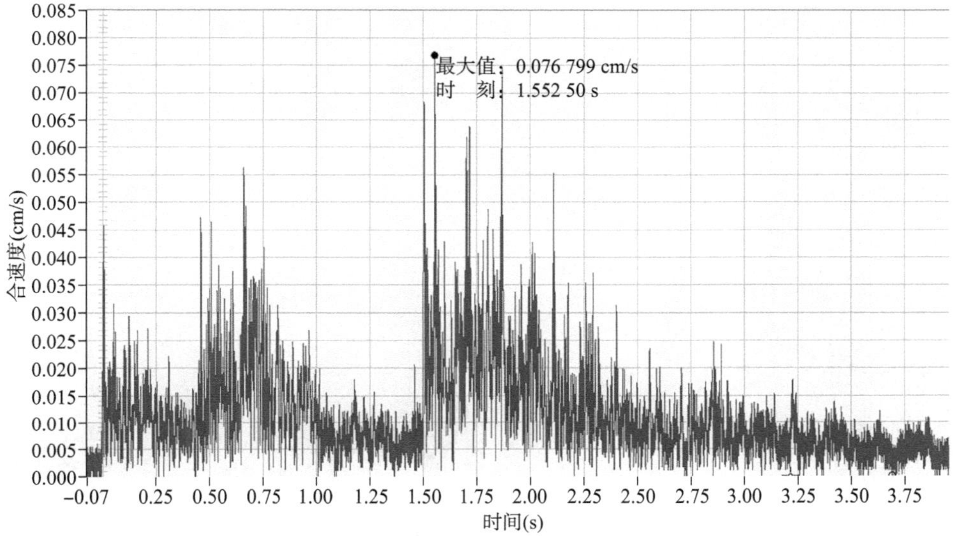

(i)15 层

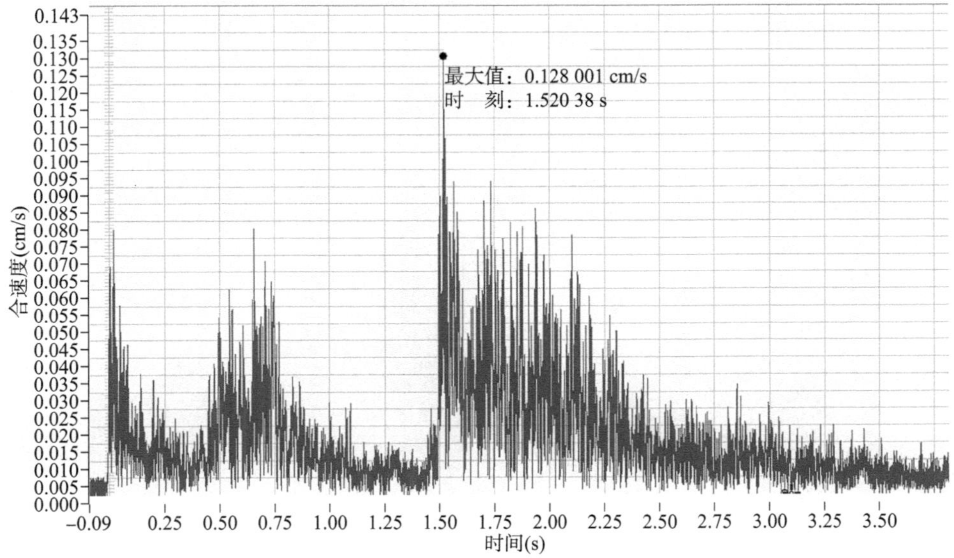

(j)18 层

图　3-45

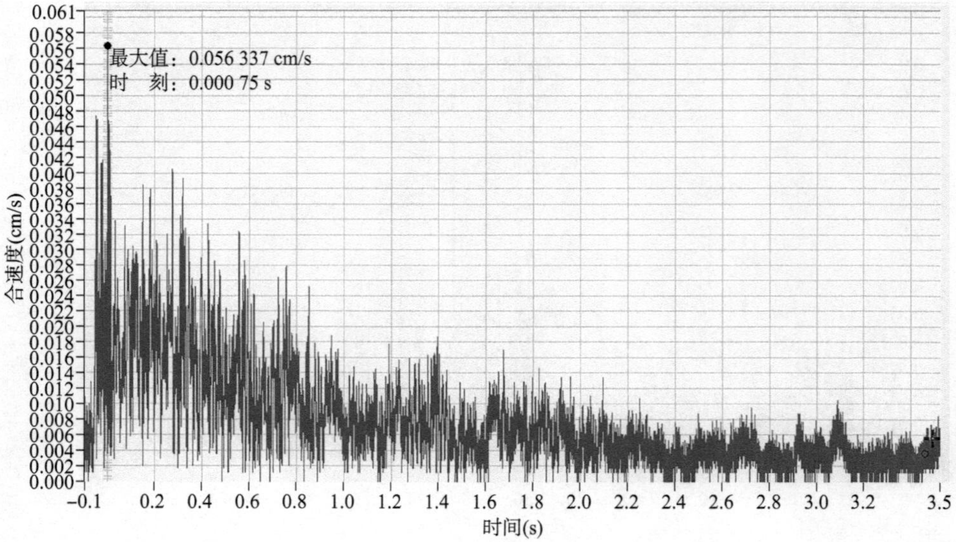

(k)25 层

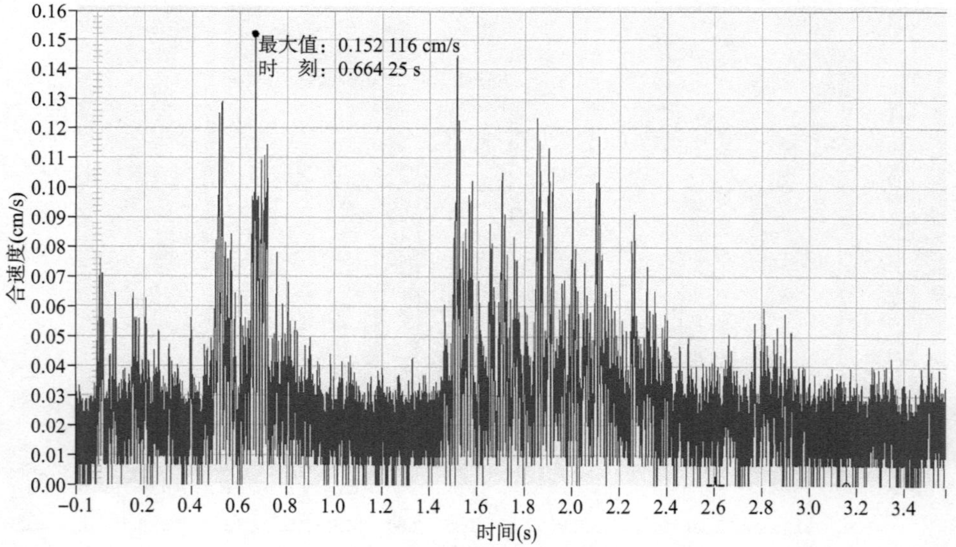

(l)33 层

图 3-45　监测序号 G2 爆破振动三矢量合成曲线

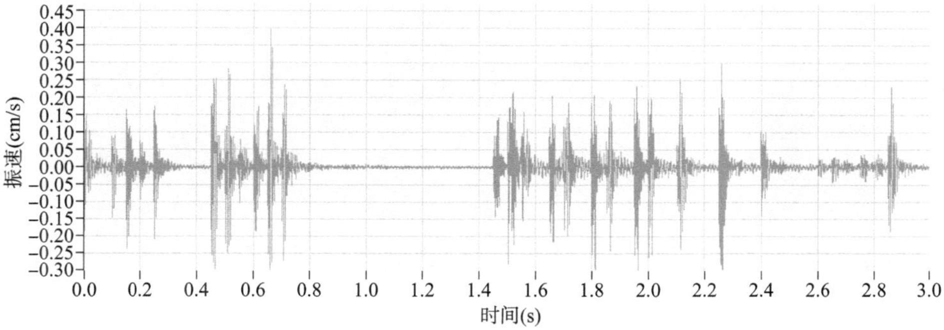

(a)−2 层

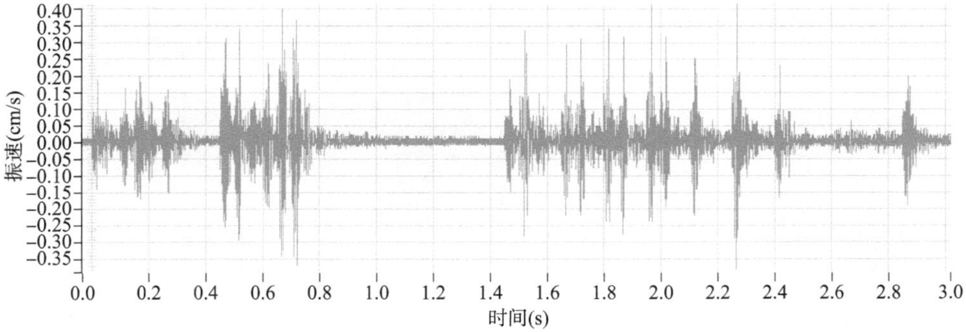

(b)0 层

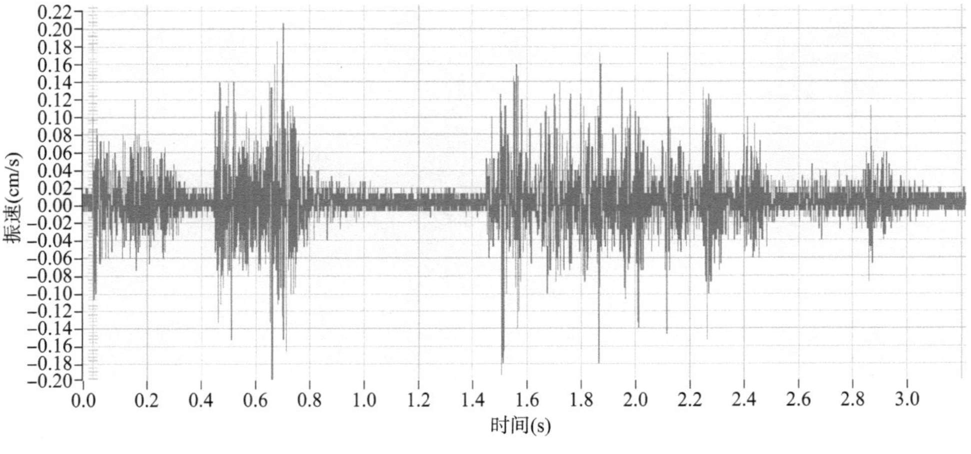

(c)2 层

图　3-46

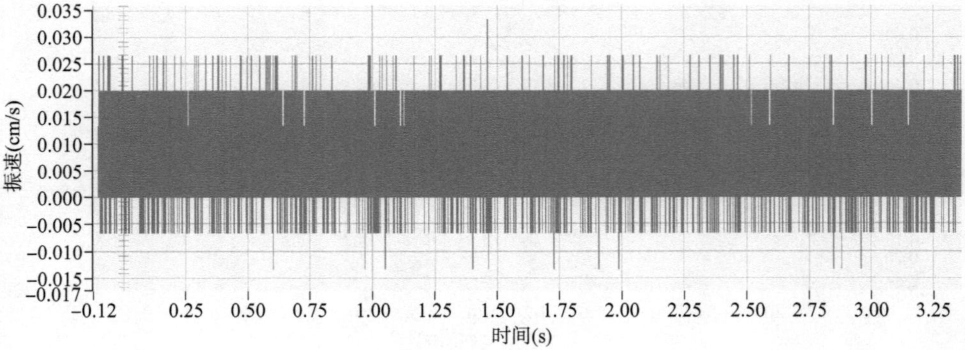

(d)6 层

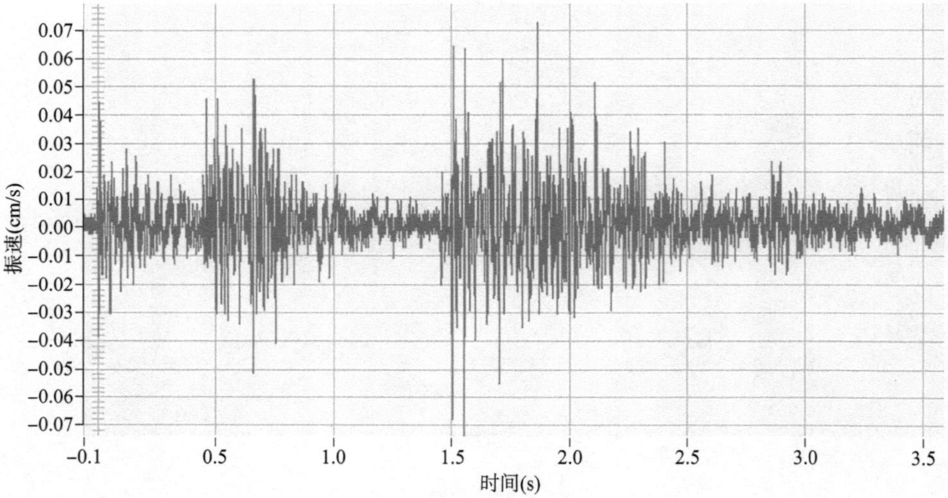

(e)15 层

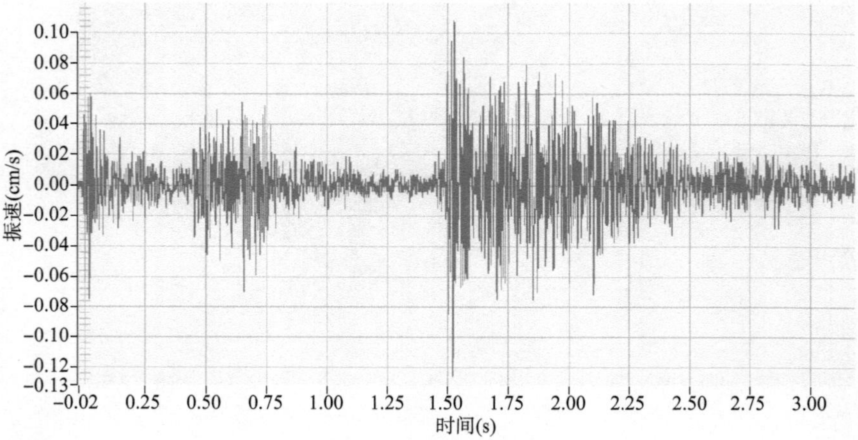

(f)18 层

图 3-46

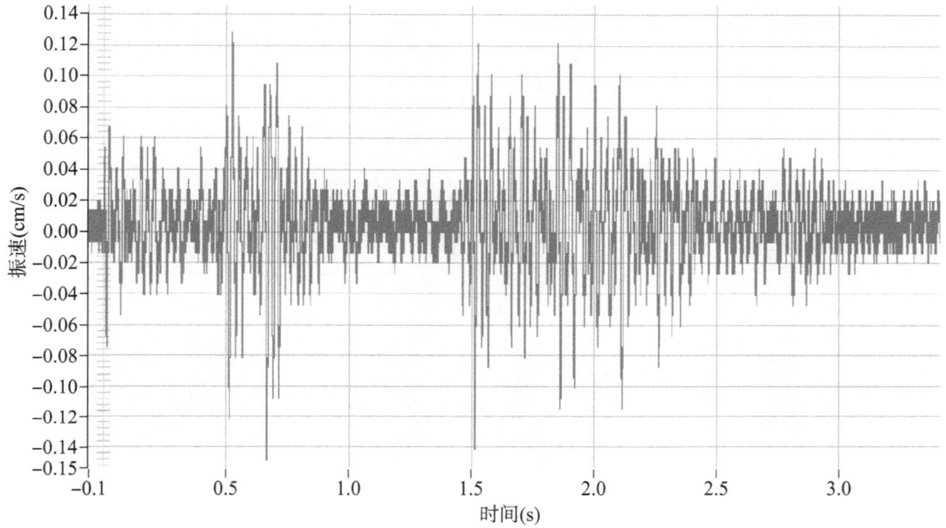

(g)33 层

图 3-46　监测序号 G2 各楼层垂向爆破振速时程曲线

由图 3-45、图 3-46 整体来看，三矢量合振速、垂向振速时程曲线中各峰值振速区域明显且相互独立，表明孔间延期时间设置合理，采用数码电子雷管能有效控制孔间爆破微差延时精度。监测点最大爆破振速并不都是发生在掏槽孔爆破，由掌子面爆破方案可知，辅助孔爆破总药量大于掏槽孔爆破总药量，可见爆破药量是影响爆破振动的重要因素。

通过分析图 3-45 合振速波形可知，随着爆破地震波在建筑物内部的传播，由−2 层至 9 层、15 层至 18 层，爆破振动三矢量合成曲线分区明显；12 层、25 层的爆破振动曲线较为连续，各峰值振速分区不明显，波形出现叠加；当传播至 33 层时，三矢量合成曲线分区明显。由图 3-46 垂向爆破振速波形可知，峰值振速出现的时间分别对应 0.2 s、0.6 s、1.5 s，第二段至第三段峰值之间无地震波的传播。随着楼层增高，爆破地震波形出现叠加。

监测序号 G2 中，6 层振动信号异常，分析原因可能是受到人员走动等干扰，但并不影响合振速和主频的数值大小。

(2)爆破振动频率变化规律

提取 10 月 10 日(G1)、10 月 15 日(G2)监测信号的爆破振动主频，将各楼层水平径向 v_r、水平切向 v_t 和垂直方向 v_c 的爆破振动主频进行统计，见表 3-14。

表 3-14 监测序号 G1、G2 各向爆破振动主频统计

监测序号	楼 层	监测点振动主频(Hz)		
		水平径向 v_r	水平切向 v_t	垂直方向 v_c
10 月 10 日 G1	−2	242.43	163.27	470.58
	−1	307.70	235.29	266.66
	0	258.06	421.03	228.57
	1	173.92	800.13	190.48
	3	89.89	200.00	88.89
	5	80.81	89.89	83.33
	7	0	0	0
	9	0	0	0
10 月 15 日 G2	−2	205.13	266.66	125.00
	−1	190.48	500.04	173.91
	0	108.11	533.36	205.12
	1	153.85	96.39	195.13
	2	235.29	81.63	173.92
	6	88.89	533.29	1 142.86
	9	84.21	80.00	108.11
	12	58.82	60.61	71.43
	15	33.20	33.76	84.21
	18	77.67	36.36	101.27
	25	24.10	19.05	103.90
	33	400.03	177.78	42.33

为了研究爆破振动信号的时频特征，获取爆破振动信号频谱随楼层高度的变化规律，选取 G1 监测序号各楼层水平径向爆破振动信号，通过快速傅里叶变换(FFT)获取频谱曲线，具体如图 3-47 所示。

傅里叶变换主要是将信号的时域转换成频域，分析信号频率的相关信息。连续傅里叶变换可表述为

$$A(\omega)=\int_{-\infty}^{\infty}a(t)\mathrm{e}^{-\mathrm{j}\omega t}\,\mathrm{d}t \tag{3-35}$$

由于爆破振动为离散信号，而离散信号的傅里叶变换需对等时间间隔的信号进行积分，离散傅里叶变换(DFT)的积分见式(3-36)：

$$A(k)=\sum_{i=0}^{N-1}x_i\mathrm{e}^{-\mathrm{j}\frac{2\pi ki}{N}};k=0,1,\cdots,N-1 \tag{3-36}$$

逆变换公式为

$$x_i = \frac{1}{N}\sum_{k=0}^{N-1} X_k \mathrm{e}^{\mathrm{j}\frac{2\pi ki}{N}};i = 0,1,\cdots,N-1 \tag{3-37}$$

由图 3-47 可知，地面以下由 −2 层至 0 层，频谱曲线表现为多峰值结构，爆破振动主频位于高频带内，优势频带相对较宽。地面以上，0 层至 1 层，频谱曲线由多峰值结构转变为单峰值结构，此后随着楼层高度增加，频谱曲线均为单峰值结构，爆破振动主频向低频带过渡，优势频带变窄。分析认为，框架结构对爆破地震波的高频成分有较强的过滤作用。同时，爆破地震波的能量幅值随楼层高度的增加而逐渐减小。

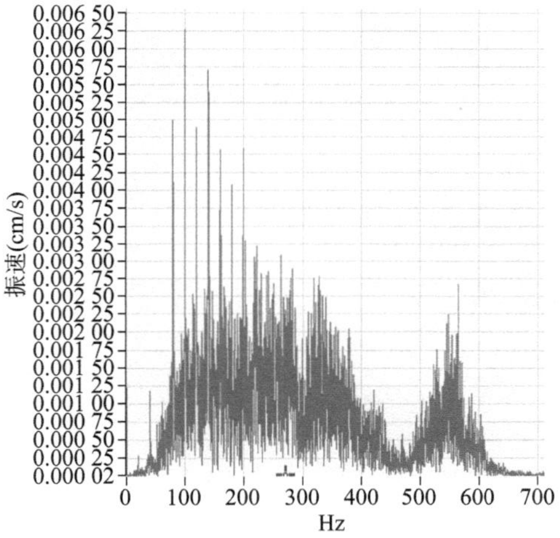

(a)−2 层

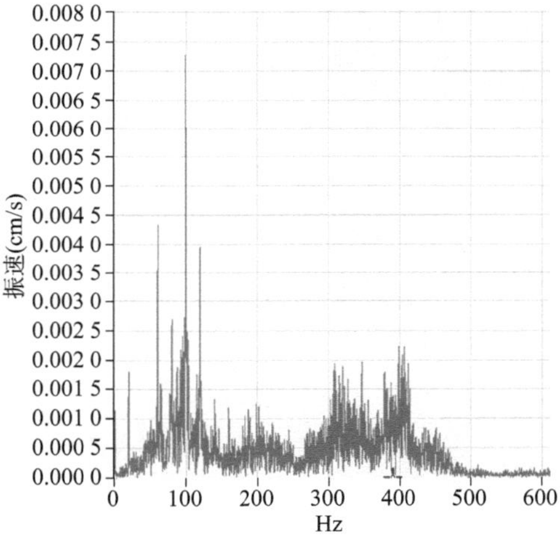

(b)−1 层

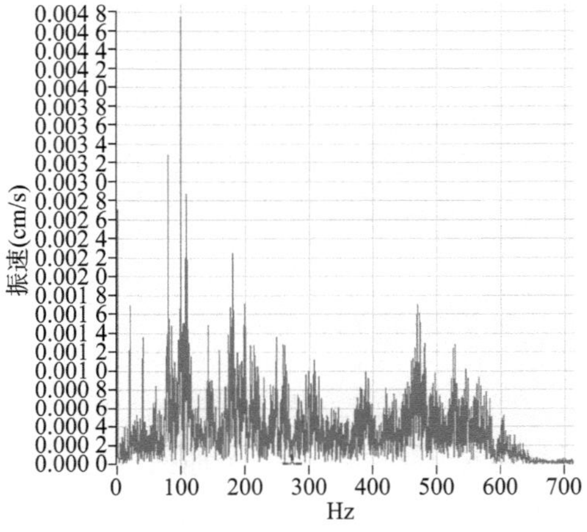

(c)0 层

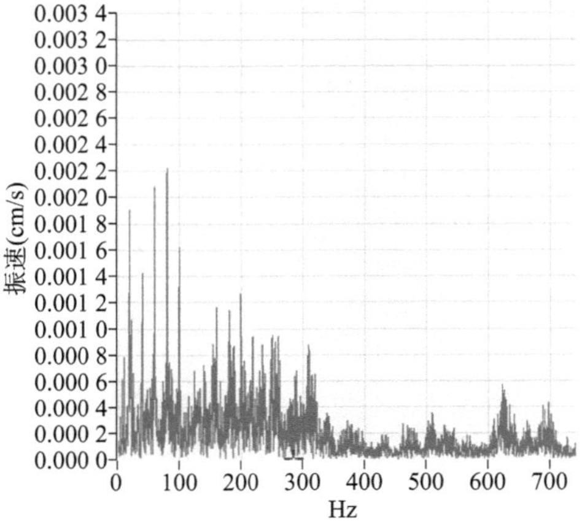

(d)1 层

图　3-47

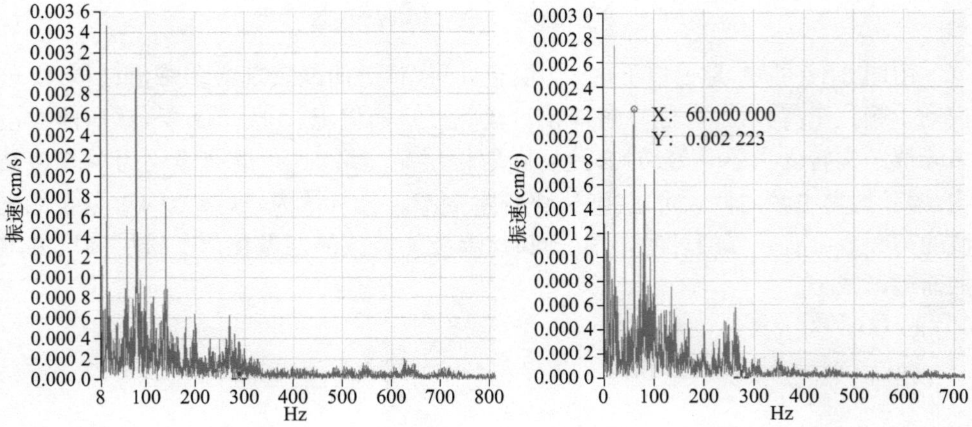

(e)3 层　　　　(f)5 层

图 3-47　监测序号 G1 各楼层爆破振动频谱曲线

根据表 3-14 数据，绘制监测序号 G1、G2 各向爆破振动主频随楼层高度的变化曲线，如图 3-48、图 3-49 所示。

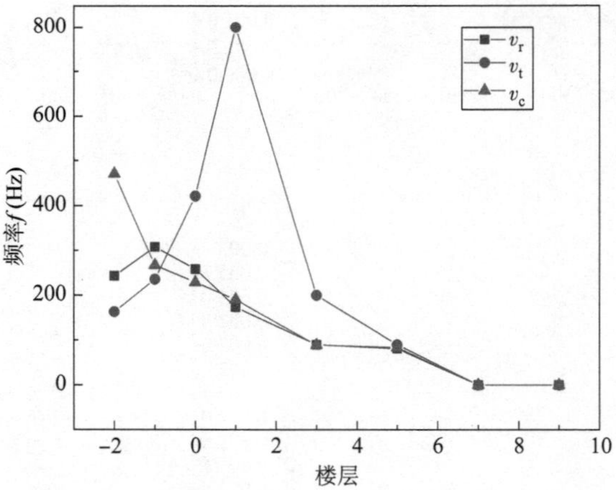

图 3-48　监测序号 G1 三向爆破振动主频沿楼层变化规律

由图 3-48、图 3-49 可知，爆破振动信号三向主振频率随楼层高度的变化规律出现差异。以监测序号 G1 为例，爆破地震波由地下－2 层传播至地面 5 层，垂向振动信号主频单调降低，而水平径向、水平切向信号振动主频先增大后减小。其中，水平径向爆破振动主频最大值出现在 1 层，是其他楼层的 1.9～8.9 倍。

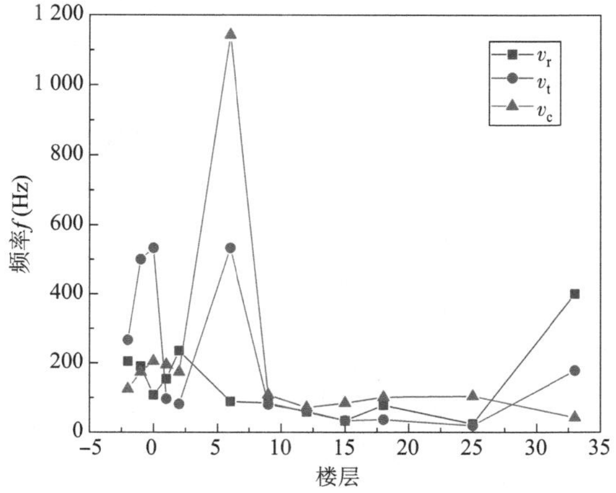

图 3-49　监测序号 G2 三向爆破振动主频沿楼层变化规律

地面以下，三向振动主频震荡变化。对于监测序号 G1，−2 层至地面 0 层，水平径向主振频率先增后减；水平切向主振频率逐渐增大；而垂直方向主振频率沿楼层增高方向逐渐降低。说明框架结构地下部分放大了水平切向振动主频。

地面以上，随着楼层增加，框架结构振动响应频率逐渐降低。对于监测序号 G2，第 6 层主振频率数值异常，通过分析振速数值和波形图，发现仪器存在误触发现象，在采集监测数据时，受到了人员走动干扰。水平径向、水平切向主振频率在顶层出现相对放大现象，放大系数为 9.3～16.6，垂直方向主振频率在顶层出现微小降低。

3.4　小　　结

为了控制爆破施工对周边建筑的影响，降低对居民的生命及财产安全的威胁，需要准确掌握建筑物爆破振动响应规律。本章以青岛地铁 1 号线西镇站 A 出入口爆破施工为背景，以多层框架结构为主要研究对象，采用爆破振动现场监测、建立数值模型和理论模型等方法，从多方面分析爆破振动对建筑物的影响。得到了框架结构的振动响应特征，对于指导地铁隧道安全爆破施工具有借鉴意义。

通过分析探讨，得出一些结论，具体如下：

(1)通过运用集中冲量法，分析楼层位移、振速时程曲线，得出以下结论：

1)冲击荷载作用下，1 层质点最先振动并产生幅值较大的位移，在平衡位置附近做幅值逐渐减小的往复运动；沿楼层增高方向，振动幅值逐渐减小。荷载消失后，楼层自振一个时段后逐渐趋于稳定。

2)阻尼比对爆破振动持续时间、振速峰值产生直接影响。阻尼越大,楼层质点振动位移幅值逐渐减小,相邻楼层振动位移幅值的差值变大;顶层放大效应逐渐减弱,框架结构振动时间变短,各楼层振速峰值相差越小。

3)底部嵌固条件对楼层的稳定性有重要影响。沿楼层增高方向,底部嵌固刚度越大,楼层稳定性越好;当底部嵌固刚度变小,楼层质点在平衡位置附近做位移幅值较大的往复运动,顶层出现绝对放大效应。

4)结构的局部刚度突变时,突变附近会出现局部振速增大现象,对楼层整体稳定性影响较小;楼层质量变化对结构影响较小。

(2)通过建立隧道-岩石-框架结构三维数值模型,得出以下结论:

1)将数值模拟和实测数据对比,振速误差相对较小,最大振速加载段与卸载段波形接近,认为模型具有一定的可靠性和指导性。

2)通过观察第一主应力多步骤云图,爆破荷载作用下,框架结构的梁、柱最先受力,在楼板与柱单元交接处易形成应力集中。位移云图表明,顶层位移相对较大。

3)近地面楼层受冲击荷载作用较强,应力、位移及振速峰值均较上部楼层相对较大。三向振速基本表现为近地面楼层衰减较快,中间楼层趋于平缓,顶部楼层略微放大。迎爆侧振速大于背爆侧,背爆侧振速放大效应更为明显。

4)药距比系数直接影响结构的振动响应特征。将高程考虑在内,拟合出振速衰减公式,可供类似工程参考。

5)结合现场爆破施工条件,框架结构产生相对放大、绝对降低等响应规律主要与药距比系数β相关,可用药距比系数β对建筑物爆破振动响应规律进行分类;下台阶爆破条件下,框架结构爆破振速出现绝对降低现象。实测结果证明框架结构在爆破振动作用下,振速峰值出现绝对降低现象。

6)沿楼层增高方向,三向振速峰值表现为先减小后增大。建立多个爆破药量的数值模型并提取垂向振速分析,框架结构背爆侧相比迎爆侧楼层振速的放大效应更为明显,迎爆侧振速大于背爆侧。

(3)通过对西藏路小区2号楼33层框架结构的爆破振动现场监测得到:

1)爆破地震波作用下,框架结构垂向振速v_c大于水平径向v_r和水平切向v_t,建筑结构垂向振速是水平向振速的1.3～3.1倍。框架结构垂向构件刚度较大,在垂直方向产生的振速较大,因此应注意垂直方向的减振。

2)监测结果表明,框架结构振速峰值出现绝对降低、相对放大等主要与药距比系数β相关。在药量相对较低、自由面数量较多的下台阶爆破时,出现了绝对降低现象。

3)随着爆破地震波在框架结构内部的传播,爆破振动频谱曲线逐渐由多峰值转变为单峰值结构,优势频带逐渐变窄,主频向低频带过渡。爆破振动三向主振频率的传播具有方向性。

4)框架结构最大振速出现在了辅助孔的爆破。沿楼层增高方向,爆破振动频谱曲线逐渐由多峰值转变为单峰值结构。框架结构主振频率的传播具有方向性。

5)爆破地震波形中各峰值振速区域明显且相互独立,表明孔间延期时间设置合理,数码电子雷管能有效控制孔间爆破微差延时精度。最大爆破振速并不都是发生在掏槽孔的爆破,而可能出现在辅助孔的爆破。

第 4 章　TBM 导洞先行条件下隧道爆破对砌体结构的影响

4.1　大断面隧道 TBM 导洞先行爆破扩挖振动控制技术

本章结合与中铁二十二局轨道集团合作“TBM 导洞先行大断面隧道下穿复杂建筑群的爆破振动控制技术”科研课题，主要介绍贵—西区间四线大断面隧道的施工特点，提出合理的大断面隧道爆破开挖方法以及电子雷管和导爆管雷管爆破方案，从而有效减少爆破振动有害效应，保障既有建筑物的安全。

4.1.1　工程背景

青岛市过海地铁 1 号线贵州路站至西镇站区间全长 546.9 m。由于地铁运营需要在西镇站站前设置长 344.5 m 的双存车线，形成四线大断面隧道，最大开挖跨度 22.4 m，隧道拱顶埋深 16.9～28.7 m，最大开挖断面尺寸 21.2 m×12.53 m（宽×高），开挖最大面积 217.3 m^2。四线大断面隧道先采用 TBM 机械掘进，然后钻爆法扩挖施工，贵—西区间四线大断面隧道如图 4-1 所示。

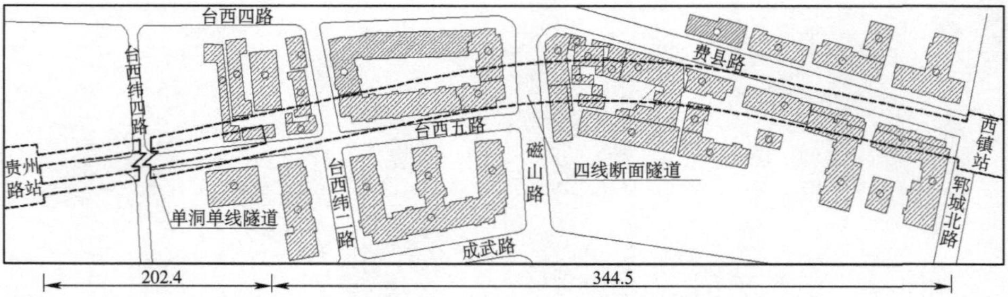

图 4-1　贵—西区间隧道平面图（单位：m）

四线大断面隧道周边环境复杂，隧道下穿和侧穿大量老式居民楼，其中下穿 16 栋，楼房多为 6～8 层，主要为砖混结构。其中，有 3 栋 Csu（限制使用）级建筑，爆破安全允许振速 v 不超过 0.5 cm/s。其余建筑安全性评级为 Bsu（基本完好）级，爆破安全允许振速 v 不超过 1.0 cm/s。施工现场周围受到爆破影响的还有学校、养老院以及各种地下管线。

四线大断面隧道多为微风化花岗岩，局部为微风化花岗斑岩。四线大断面隧道主要围岩等级为Ⅱ、Ⅳ级，隧道围岩分布见表 4-1。

表 4-1　四线大断面隧道围岩分布

部位	围岩等级	里程	隧道长度(m)	占比
四线大断面段	Ⅱ	YK32＋155～YK32＋391.5	236.5	68.7%
	Ⅳ	YK32＋075～YK32＋155、YK32＋391.5～YK32＋419.5	108	31.3%

由表 4-1 可知，Ⅱ级围岩段 YK32＋155～YK32＋391.5，采用单层衬砌结构；Ⅳ级围岩段 YK32＋075～YK32＋155、YK32＋391.5～YK32＋419.5，采用复合式衬砌结构。监测区域多为 IV 级围岩，岩石较破碎，节理较发育，透水性较弱。

四线大断面隧道周边既有建筑物对爆破振动极为敏感，国内外尚无在类似地质、水文、周边复杂敏感环境下大断面暗挖隧道施工的成功案例。按目前常规施工方法，既有建筑物需分类采取加固、拆除措施，甚至必要的人员搬迁，造成巨额的费用支出、工期延误以及安全风险和社会影响。四线大断面隧道岩石坚硬、开挖断面大、埋深浅、地表复杂建筑物多、居民多，因此如何减少爆破振动是本工程的重点和难点。基于此，开展了大断面扩挖隧道的爆破振动控制技术研究。

4.1.2　四线大断面隧道开挖方案

在对贵西区间四线大断面隧道的爆破施工中，为了创造减振自由面，降低振动有害效应，四线大断面隧道选择采用振动较小的 TBM 开挖方式进行掘进。

首先选用 2 台直径为 6.3 m 的双护盾 TBM 平行向前掘进，后在 TBM 导洞的基础上采用钻爆法进行爆破扩挖。2 台 TBM 分别从瓦贵区间 TBM 陆域段掘进至贵州路站接收，空推过站到始发洞，在左、右线始发洞先后始发，掘进至西镇站接收空推过站，然后 2 台 TBM 二次始发，掘进至轨排井后拆解吊出转场。施工平面图、掘进过站示意图如图 4-2、图 4-3 所示。

在 TBM 导洞基础上采用钻爆法爆破扩挖，台阶法开挖步序如图 4-4 所示（Ⅰ—右线上台阶，Ⅱ—右线下台阶，Ⅲ—左线上台阶，Ⅳ—左线下台阶）。贵西区间四线大断面隧道是在 TBM 超前掘进形成的两个导洞的基础上进行扩挖的隧道。TBM 掘进后隧道现场断面如图 4-5 所示。

图 4-2　区间施工线路

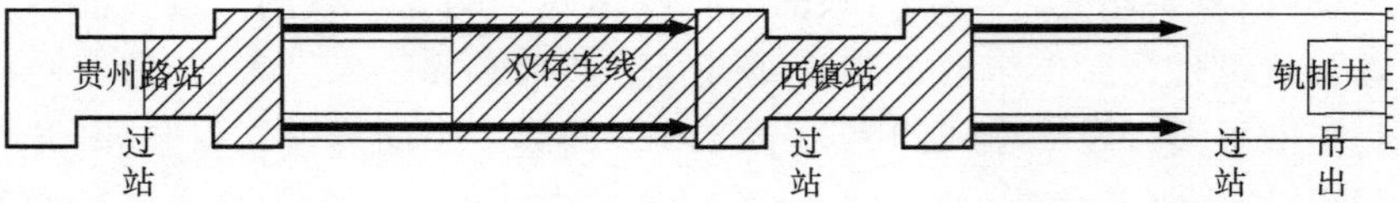

图 4-3　区间 TBM 掘进过站示意图

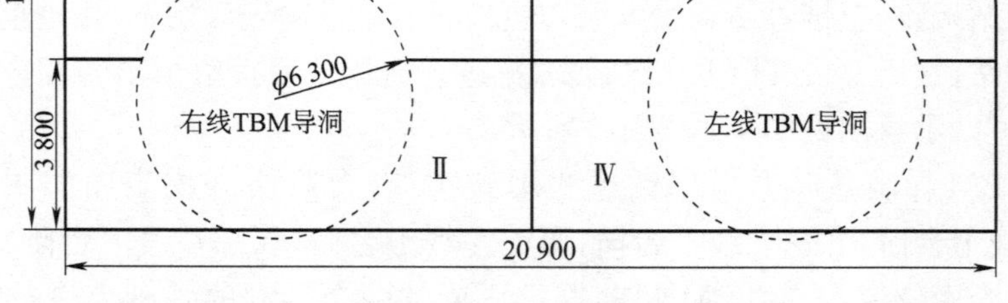

图 4-4　台阶法开挖步序(单位:mm)

图 4-5　四线大断面隧道

4.1.3　导爆管雷管爆破方案

2019 年 4 月 8 日～5 月 26 日，在贵西区间四线大断面右线上台阶进行试爆实验，后根据试爆情况修改爆破参数，对导爆管雷管网路方案进行优化。

1. 爆破实验方案

贵西区间四线大断面爆破实验采用的导爆管雷管起爆网路如图 4-6 所示。采

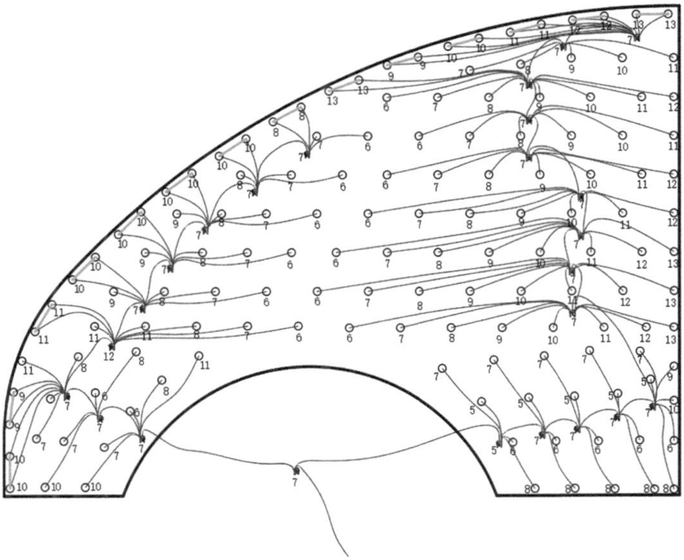

图 4-6　导爆管起爆网路

用 6～13 段雷管，孔外 7 段雷管进行传爆，起爆信号同时向工作面左、右两端进行传爆。辅助眼单孔装药量 600 g，单孔单响；周边眼单孔装药量 200 g，两孔一响。孔深 1.5 m。为了增加光爆效果，提高炸药爆炸可靠性，同段别周边眼之间采用导爆索进行连接。

由于四线大断面隧道周边环境复杂、工程工期紧张，在对四线大断面右导洞上台阶的爆破施工过程中出现许多亟待解决的问题。

(1)盲炮率高

对 16 次爆破过程的盲炮情况进行统计分析，有 13 次爆破过程出现盲炮，盲炮发生概率为 81%。上台阶单次起爆炮孔数量 121 个，单次爆破盲炮数量最多 75 个，盲炮数量占全部起爆炮孔数量的 62%。盲炮的处理时间为 20～30 min，严重影响了工程施工进度，增加施工成本。若不能及时处理盲炮或在处理过程中方法不当，很可能造成人员伤亡和财产损失。因此在爆破施工过程中对盲炮事故的预防显得尤为重要，而且必须对高盲炮率的爆破方案进行修改优化。

(2)爆破振动速度大

控制爆破振动是四线大断面隧道爆破施工的重难点，爆破施工面临巨大的经济纠纷风险和严重的不良社会影响。为研究隧道爆破网路的可行性，在爆破现场进行了 16 次爆破振动监测，获得的爆破合速度振动数据见表 4-2。测振位置在爆源正上方。根据所得的爆破振动数据，其中 7 组振动数据超过 1.0 cm/s，超过爆破安全允许振速，单段最大药量为 1.2 kg 和 1.5 kg。振动速度小于 0.5 cm/s 的数据共 2 组，单段最大药量分别为 0.3 kg 和 0.4 kg。由表 4-2 分析可知，在距离一定的前提下，爆破振动速度随着单段最大药量的增大而增大。但是，爆破网路中采用的单段最大药量过小，会影响掘进进尺和爆破效果。因此，需要确定一个合适的单段最大药量，并且提出爆破优化方案以满足施工进度和施工效益的要求。

表 4-2　爆破振动数据

序号	单段最大药量(kg)	振速(cm/s)	序号	单段最大药量(kg)	振速(cm/s)
1	0.4	0.475	9	1.2	0.825
2	0.3	0.222	10	1.5	0.978
3	0.6	0.567	11	1.5	1.671
4	0.6	0.906	12	1.5	1.479
5	0.6	0.824	13	0.6	1.299
6	0.9	1.348	14	0.9	0.512
7	1.2	1.011	15	1.2	1.058
8	1.2	1.207	16	1.5	0.752

2. 爆破方案优化

针对现场爆破施工出现的盲炮率高、振速过大等问题，提出右线上台阶爆破施工的优化方案，确定爆破参数、装药结构和连接网路，爆破参数见表 4-3。TBM 掘进的先行导洞给爆破开挖创造很好的临空面，因此不设计掏槽眼。辅助眼单孔单响，单段最大药量 0.45 kg；周边眼两孔一响，单段最大药量 0.6 kg。装药结构采用不耦合、反向连续装药。装药结构如图 4-7 所示。

表 4-3　四线大断面隧道右线上台阶爆破参数

部位	炮孔名称	段别	炮孔数（个）	孔深(m)	单孔装药量(kg)	装药量(kg)	单段最大药量(kg)
上台阶	辅助眼	7～17	93	1.5	0.45	41.85	0.45
	周边眼	19	28	1.5	0.3	8.4	0.6
总计	—	—	121	—	—	50.25	—

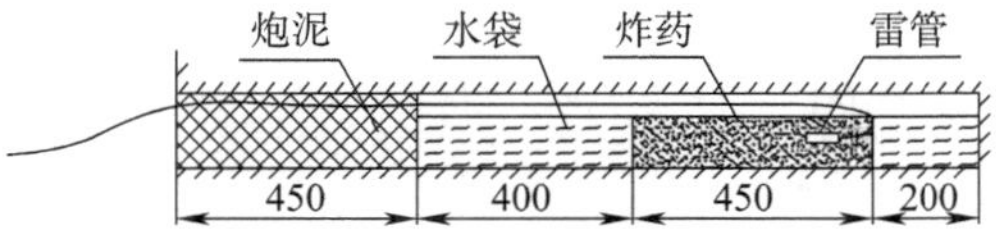

(a)辅助眼

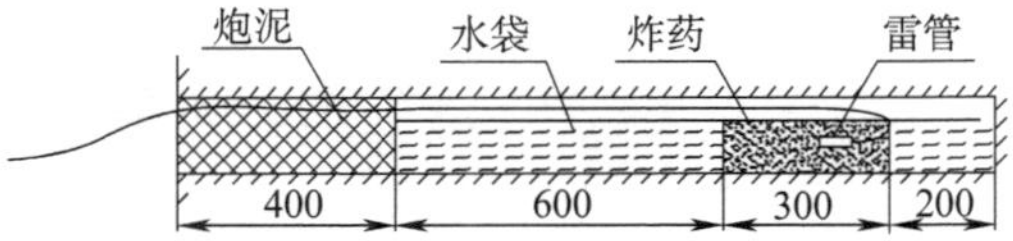

(b)周边眼

图 4-7　辅助眼和周边眼装药结构(单位:mm)

起爆网路如图 4-8 所示。采用导爆管“孔内大段别、孔外小段别”簇并联连接方法的起爆网路。由靠近自由面一侧，辅助眼依次使用 7～17 段雷管，周边眼使用 19 段雷管；孔外采用 7 段双雷管进行传爆，提高可靠性。传爆顺序为自左下至右上。

本次爆破振动监测实验采用 6 台 TC-4850 爆破振动测试仪。根据爆破工程周围环境，在磁山路和台西五路交叉口公交站牌附近布置 3 个测点，每个测点 2 台仪器，传感器位置固定不变。

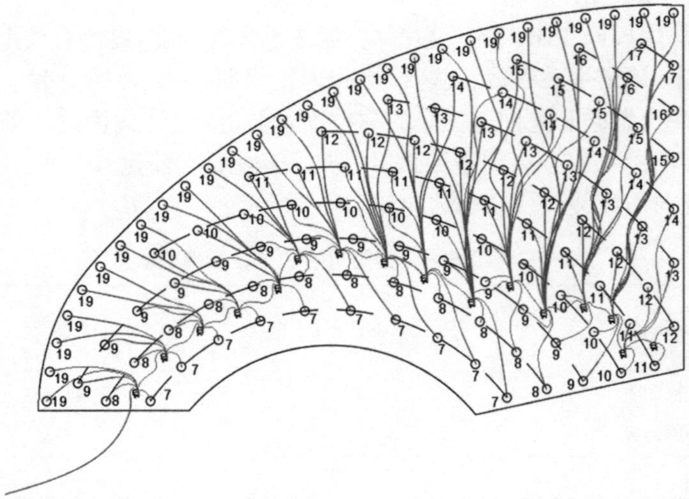

图 4-8　右线上台阶起爆网路

设测点到爆破中心的距离 R：

$$R=\sqrt{x^2+y^2+z^2} \tag{4-1}$$

式中　x——测点沿垂直隧道轴向方向到工作面的距离(m)；

y——测点沿隧道轴向方向到工作面的距离(m)；

z——测点距爆破中心的垂直距离(m)。

爆破中心与测点的位置见表 4-4。由于测点在隧道轴向方向的正上方，所以 x 值为 0。

表 4-4　爆破中心与测点的位置

测点编号	测点沿垂直隧道轴向方向到工作面的距离 x(m)	测点距爆破中心的垂直距离 z(m)	测点沿隧道轴向方向到工作面的距离 y(m)
1#	0	28.7	0
2#	0	27.5	4
3#	0	26.4	8

为验证爆破开挖方案的合理性与可行性，使用 6 台测振仪进行 6 次爆破振动监测，共得到 36 组爆破振动监测数据。地面各测点的峰值振速 v 和爆心距 R 见表 4-5。

表 4-5　地面测点爆心距 R 及振速 v 的实测数据

1#测点		2#测点		3#测点	
R(m)	v(cm/s)	R(m)	v(cm/s)	R(m)	v(cm/s)
30.08	0.632	29.21	0.780	29.01	0.742
30.08	0.650	29.21	0.580	29.01	0.532
29.66	0.685	28.78	0.645	28.59	0.672
29.66	0.560	28.78	0.570	28.59	0.602
29.32	0.667	28.43	0.721	28.23	0.527
29.32	0.679	28.43	0.652	28.23	0.516
29.05	0.672	28.15	0.651	27.95	0.731
29.05	0.789	28.15	0.720	27.95	0.645
28.86	0.842	27.95	0.808	27.75	0.995
28.86	0.821	27.95	0.724	27.75	0.900
28.74	0.799	27.83	0.887	27.63	0.784
28.74	0.685	27.83	0.679	27.63	0.701

为提高爆破振动预测的准确性，利用采集的 36 组爆破振动数据，采用 MATLAB 拟合萨道夫斯基公式。萨道夫斯基公式见式(4-2)。

$$v=K\left(\frac{Q^{1/3}}{R}\right)^{\alpha} \tag{4-2}$$

式中　R——爆心距(m)；

v——测点振动速度(cm/s)；

Q——最大单段药量(kg)；

K,α——与地形、地质条件有关的系数和衰减指数。

爆区不同岩性的 K、α 值见表 4-6。

表 4-6　爆区不同岩性的 K、α 值

岩　性	K	α
坚硬岩石	50～150	1.3～1.5
中硬岩石	150～250	1.5～1.8
软岩石	250～350	1.8～2.0

由于爆破地点地质为微风化花岗岩，岩性为坚硬岩石，故拟合时设定 $K=50\sim150$，$\alpha=1.3\sim1.5$。最后，得到爆破地震波衰减系数 $K=138.2$，$\alpha=1.5$。从而得到适合四线大断面隧道爆破条件下的萨道夫斯基预测公式，见式(4-3)。

$$v=138.2\left(\frac{Q^{1/3}}{R}\right)^{1.5} \tag{4-3}$$

由式(4-3)可知，在地质条件相同的情况下，当爆心距一定时，振动速度的大小主要取决于最大单段起爆药量。由于爆破周边建筑安全性评级均为Bsu级，根据《爆破安全规程》(GB 6722—2014)的隧道爆破振动安全标准要求，周边砖混结构楼房的安全振速不超过1.0 cm/s。测点与爆破中心的直线距离R最小值为27.63 m，最大单段起爆药量Q为0.6 kg。将R、Q值代入式(4-3)，得到振动速度为0.74 cm/s，符合安全规程允许的安全振速。不同振动速度峰值下的最大单段允许药量与爆心距的关系如图4-9所示。

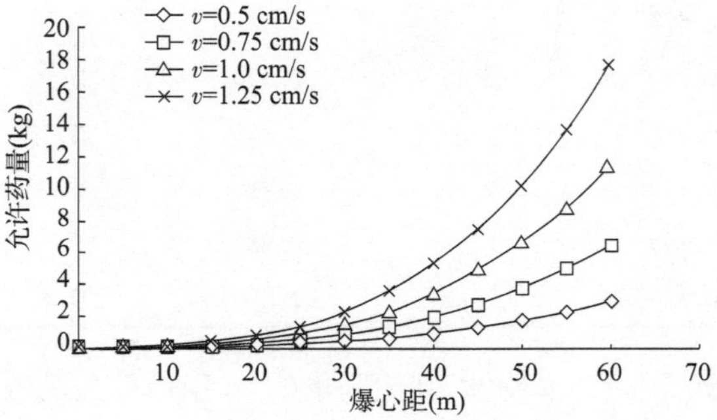

图4-9　最大单段允许药量与爆心距的关系

为保障周边建筑设施的安全，在爆破施工之前，将被保护对象的爆心距代入式(4-3)进行验算，得到的最大单段起爆药量Q均满足工程要求。为了验证爆破开挖方案的可靠性，对爆破振动进行实时监测，最后得到实测振动速度峰值与理论计算值均较小，且两者的误差均在工程要求允许范围之内。因此，本次爆破开挖方案是合理的，能够有效控制爆破地震波对周边建筑设施的影响，满足施工进度和施工效益的要求。四线大断面隧道右线上台阶爆破后现场如图4-10所示。

图4-10　四线大断面隧道右线上台阶爆破后施工现场

通过爆破振动跟踪监测，36组爆破振动速度都低于安全允许振动速度，盲炮率为0，光面爆破效果良好，超欠挖较少，大块率较低。在该技术指导下，爆破施工效果良好，有效地确保了隧道开挖顺利通过敏感区域。因此，本次爆破开挖方案是合理的，能够有效控制爆破地震波对周边建筑设施的影响，满足施工进度和施工效益的要求。

4.1.4 数码电子雷管爆破方案

虽然导爆管雷管优化方案中连线网路解决了振速过大、盲炮率高等问题，但是由于导爆管雷管段数不足、精度较低、可靠性低和网路连线复杂、振动控制效果一般等原因，并不能很好地满足四线大断面隧道穿过Ⅳ级围岩等复杂环境下的隧道爆破施工要求。为了更好地改善爆破效果，精确设置延期间隔时间，故选用具有很高安全性和精确性的数码电子雷管开展实验。

1. 爆破器材

实验现场使用的炸药是潍坊龙海民爆有限公司生产的 2 号岩石乳化炸药，药卷的直径为 32 mm，单卷质量 0.2～0.3 kg，炸药性能参数见表 4-7。

表 4-7 炸药性能参数

名称	殉爆距离（cm）	爆速（m/s）	猛度（mm）	做功能力（mL）	密度（g/cm³）	使用保证期（d）
2 号岩石乳化炸药	≥5	≥3.2×10^3	≥12	≥260	0.95～1.30	180

实验现场使用的雷管为数码电子雷管，长度 5 m，延期误差小于 0.2%，延期时间设定范围 1～10 000 ms，最小时间间隔 1 ms。可以根据现场实际工况设置延期间隔时间，并且在线检测与验证，实现双向通信，确保无故障可靠起爆，具有很高的安全性。数码电子雷管具体参数见表 4-8，现场使用数码电子雷管如图 4-11 所示。

表 4-8 数码电子雷管性能参数

项　目	性　能
延期时间设定范围及最小时间间隔	1～10 000 ms；1 ms
长度	5 m
延期精度	延期误差小于 0.2%
抗静电能力	脚—脚(20 kV/2 500 pF/0.5 Ω)，放电不发火 脚—壳(30 kV/2 500 pF/0.5 Ω)，放电不发火
抗射频、杂散电流	在 80 MHz～2 GHz、10 V/m 的条件下或通以 250 mA 杂散电流，无意外引爆
耐温性能	100 ℃的环境中保持 4 h 不发生爆炸
使用温度/储存温度	(−20～+71) ℃/(−40～+71) ℃
网络通信	在线检测与验证，实现双向通信，确保无故障可靠起爆
组网能力	≤1 600 发使用单台起爆器；>1 600 发使用专用可串联起爆器

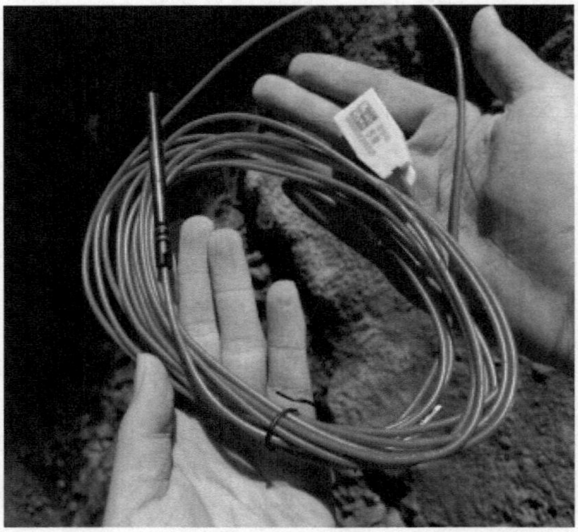

图 4-11　数码电子雷管

2. 右线上台阶开挖方案

充分利用 TBM 掘进形成的先行导洞作为临空面,并且不设计掏槽眼。本区域存有工作面和 TBM 掘进形成的临空面共 2 个自由面。四线大断面隧道右线上台阶爆破参数见表 4-9。辅助孔和周边孔单孔单响,单段最大药量 0.4 kg。辅助孔孔深 1.2 m,周边孔孔深 1.0 m。

表 4-9　四线大断面隧道右线上台阶爆破参数

炮孔名称	孔数	炮孔深度(m)	单孔装药量(kg)	装药量(kg)	单段最大装药量(kg)
辅助孔	70	1.2	0.4	28	0.4
周边孔	30	1.0	0.4	12	0.4
合计	100	—	—	40	—

装药结构采用不耦合、反向连续装药,在炮孔内使用长度 200 mm 的水袋。孔底先装水袋,后装炸药,再装水袋和炮泥,用炮棍捣实。装药结构如图 4-12 所示。

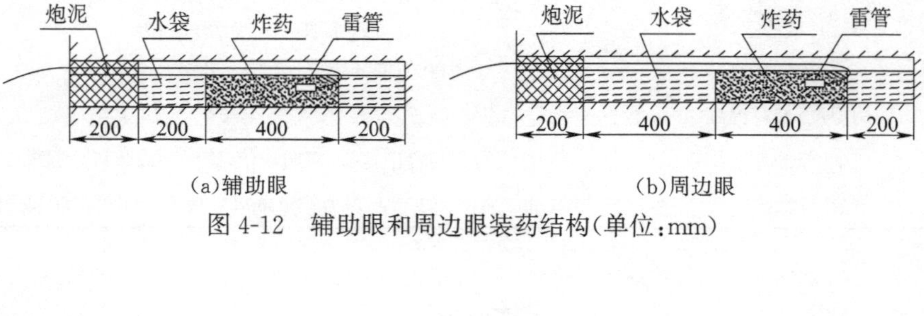

(a)辅助眼　　(b)周边眼

图 4-12　辅助眼和周边眼装药结构(单位:mm)

起爆网路如图 4-13 所示。四线大断面隧道右线上台阶开挖面积 50.79 m^2，循环进尺 1.0 m。一次起爆炮孔 100 个，比钻孔数 1.97 个/m^2，炸药单耗 0.79 kg/m^3。相邻两个雷管孔内延期 50 ms，总延期时长 5 000 ms。数码电子雷管的使用，实现了单孔单响、一次起爆，解决了导爆管雷管段数有限、误差较大等问题。

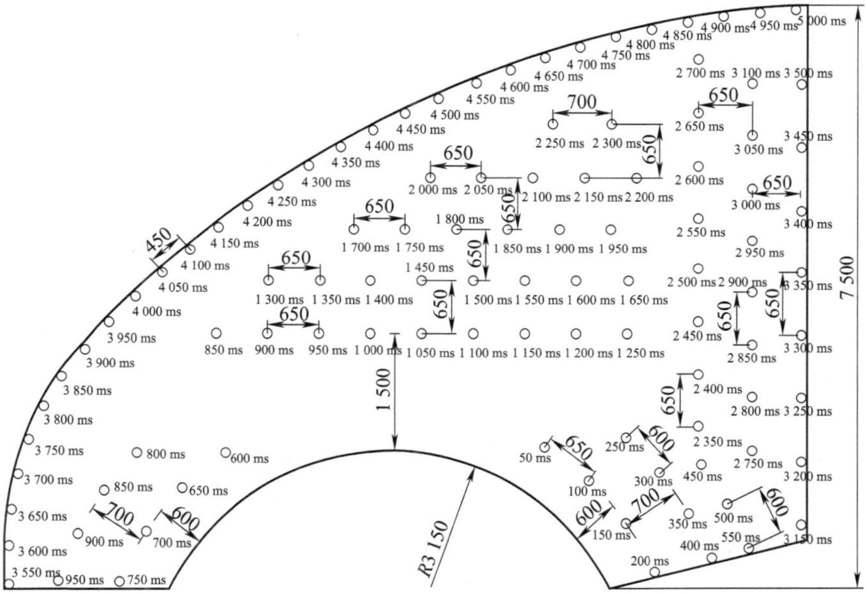

图 4-13　右线上台阶起爆网路(单位：mm)

3. 安全检验

与爆破工作面直线距离约 21.50 m 的 Csu 级建筑由于年代久远且破旧，受到的爆破振动影响相比较周围的建筑大。依据《爆破安全规程》(GB 6722—2014)的要求，隧道爆破振动安全标准需要控制在 0.5 cm /s 之内。根据萨道夫斯基公式(4-2)，验算爆破振动速度是否符合安全标准。由于爆破地点地质为Ⅳ级围岩，有较多的断裂和软弱结构面，所以 K 取 250，α 取 1.9，并代入式(4-2)中。经计算得到振速为 0.41 cm/s，小于安全标准规定的 0.50 cm/s，符合安全要求。

4. 爆破振动监测及结果分析

为了验证爆破开挖方案的合理性，采用 TC-4850 爆破振动测试仪进行实时监测，并将其布置在 Csu 级敏感建筑物附近，持续进行 16 次振动监测，监测得到的振动数据见表 4-10。

表 4-10 爆破振动监测数据

序号	振速(cm/s)	序号	振速(cm/s)
1	0.46	9	0.38
2	0.44	10	0.40
3	0.41	11	0.42
4	0.40	12	0.39
5	0.42	13	0.44
6	0.40	14	0.38
7	0.39	15	0.37
8	0.43	16	0.39

由表 4-10 可知，监测到的 16 组振动数据均小于 0.5 cm/s，符合安全规程允许的安全振速要求。并且，实测振动速度峰值与理论计算值的误差较小。因此，爆破开挖方案是合理的，且能够有效控制爆破地震波对地表建筑物的影响。施工现场光面爆破效果良好，超欠挖较少，块度均匀。在该技术指导下，有效确保了隧道开挖顺利通过敏感区域。

根据四线大断面隧道周围环境和地质条件，为创造减振自由面，降低爆破振动有害效应，提出了 TBM 双导洞先行隧道下穿复杂敏感建筑群的施工方法。采用 TBM 开挖和钻爆法开挖相结合的开挖方法。并且采用左、右线台阶法交错开挖，最后有效地降低了爆破振动。高精度数码电子雷管的使用，解决了导爆管雷管段数有限、误差过大的问题。数码电子雷管单段单响并且可以精确延期时长达 5 000 ms 以上，爆破效果良好。通过振动实测与理论计算对比分析，两者数值均在安全允许振速范围之内。因此，验证了数码电子雷管爆破开挖方案的可行性和合理性，并且能够有效降低爆破振动，保障既有建筑物和周边居民的安全。

4.2 隧道爆破对砌体结构振动影响的现场监测实验

依托青岛地铁 1 号线贵—西区间四线大断面爆破开挖工程，在磁山路 2 丁号楼五单元砖混砌体结构居民楼进行现场振动实测，通过对采集的振动实测数据进行处理和分析，研究砖混砌体结构在爆破作用下的振动响应规律。

4.2.1 实验条件

本次实验选取磁山路 2 丁号楼五单元作为监测对象。监测的楼房主体共有 7 层，层高 3.2 m。楼房局部已出现裂缝且隧道正好下穿此建筑，为研究隧道爆破对砖混结构建筑物的振动影响规律，对该楼进行跟踪监测。磁山路 2 丁号楼五单元的外观如图 4-14 所示。

图 4-14　磁山路 2 丁号楼五单元结构外观

磁山路 2 丁号楼位于台西五路、磁山路、台西四路和台西纬二路的交汇处，贵西区间四线大断面隧道下穿此建筑物。磁山路 2 丁号楼由 8 栋 7 层砖混结构楼房组成，建筑地基较浅，位于四线大断面隧道 YK32＋120～YK32＋165 区域内。建筑物的周围环境如图 4-15 所示。测点位于台西五路和台西纬二路交叉口东北侧。

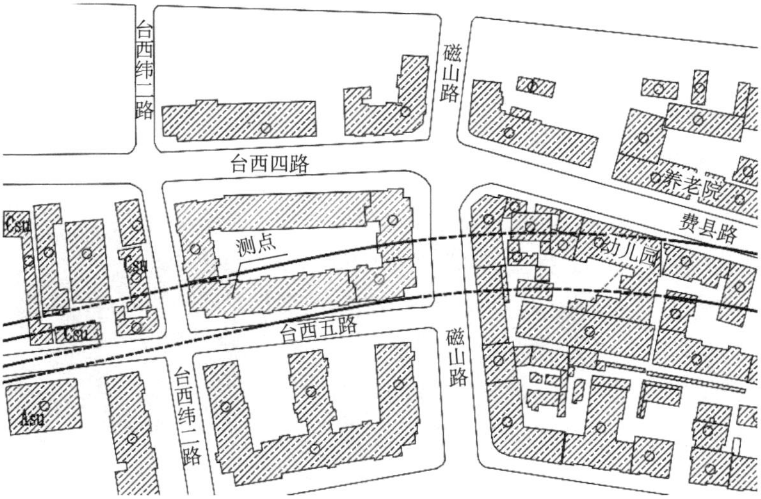

图 4-15　磁山路 2 丁号楼周围环境

磁山路 2 丁号楼五单元的里程为 YK32+126，测点对应地面位置与隧道工作面形心的垂直距离为 19.5 m，测点对应地面位置与隧道中线的垂直距离为 12.5 m。磁山路 2 丁号楼五单元与隧道剖面关系如图 4-16 所示。

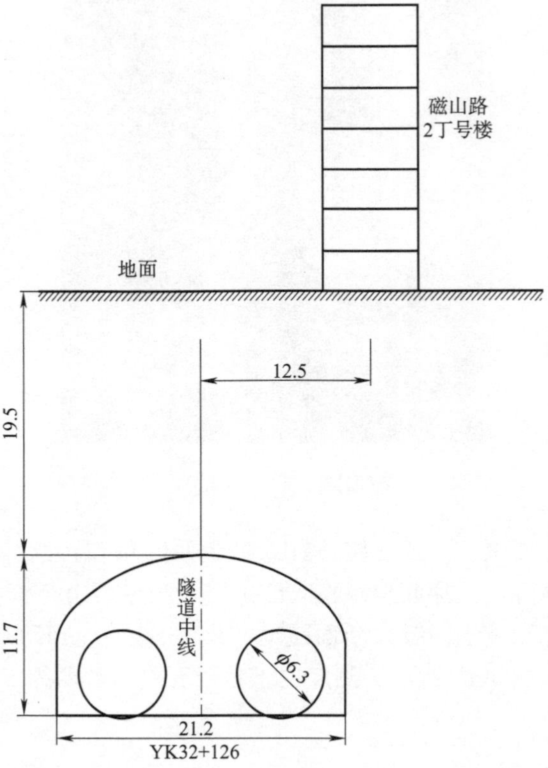

图 4-16　磁山路 2 丁号楼五单元与隧道剖面关系(单位：m)

4.2.2　振动监测仪器及测点布置

实验采用 TC-4850 爆破测振仪(以下简称“测振仪”)采集振动数据，测振仪如图 4-17 所示。测振仪工作原理是通过传感器将采集到的爆破地震波转换为电压信号，并通过 A/D 转换为可记录的数字信号，存储到测振仪的内存里。实验结束后可以在计算机上利用 Blasting vibration analysis 软件将采集到的振动数据通过 USB 数据线导

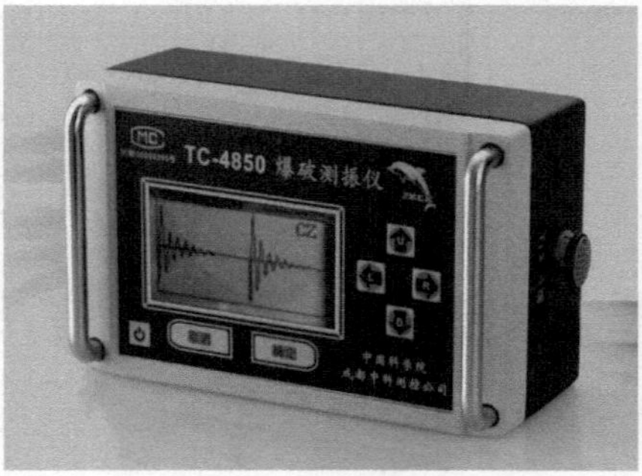

图 4-17　TC-4850 爆破测振仪

出。测振仪主要技术指标见表 4-11。

表 4-11　爆破测振仪主要技术指标

主要技术指标	参　数
触发方式	内、外触发
量程	0～35 cm/s
记录方式	128～1 000 次
记录时长	1～160 s
记录精度	1‰
触发电平	0～35 cm/s
采样频率	1～50 kHz
A/D 分别率	16 bit

在收集数据的过程中常会出现仪器主频过大、数据采集异常等问题。一般情况下，收集到的正常数据的主频范围为 50～500 Hz，由于主频过大的数据是干扰数据，不可用来分析研究。主要的原因是由于测振周围环境、高压电或者磁场的干扰。如果通过互换传感器发现是仪器的原因，则主要是仪器干扰电流过大或者仪器内部元件受损、老化。在数据采集的过程中经常会出现未采集到数据的情况，这是由于仪器内数据存储过多，需要定期进行数据删除或者格式化。仪器在出厂前会进行振动台测试，误差为±10%，但在仪器的使用过程中，由于安装条件、地质条件和传感器接触面等因素会造成误差过大。

对于传感器的灵敏度，在出厂前每个传感器灵敏度的设置都是和仪器配套的，使用过程中不宜互换传感器。由于振动传感器里有弹簧振子，所以在较长时间的使用过程中传感器灵敏度系数会有微弱变化，虽然对采集振动数据造成的影响不大，但是也需要定期进行检查调整。不同传感器的对应系数见表 4-12。

表 4-12　不同传感器的对应系数

传感器编号	矢量方向	系　数
002349	X-axis	25.98
	Y-axis	26.38
	Z-axis	26.43
002341	X-axis	24.96
	Y-axis	24.38
	Z-axis	27.41

续上表

传感器编号	矢量方向	系　数
	X-axis	24.90
002356	Y-axis	25.54
	Z-axis	27.46
	X-axis	26.00
002317	Y-axis	27.10
	Z-axis	26.50
	X-axis	25.20
002343	Y-axis	25.02
	Z-axis	26.72
	X-axis	25.47
002350	Y-axis	25.26
	Z-axis	27.20

在监测隧道爆破对砌体结构的影响时，共采用 8 台 TC-4850 爆破振动监测仪，并将其进行编号，分别为 1 号，2 号，3 号，…，8 号。同时为了便于数学表达，在对监测点所在的楼层进行编号时，地下室采用负数，如地下室－1 层；将日常认为的 1 层地面定义为 0 层，楼层编号随楼层增加依次递加，监测的高层楼房楼顶定义为 7 层。将测振仪与振动传感器通过数据线连接，爆破时即可自动触发采集电平，并自动存储振动数据。触发电平设置为 0.05 cm/s，采集时长为 5 s。

为减少人为误差，保证砌体结构的振动响应规律具有普适性，本监测方案以磁山路 2 丁号楼五单元 7 层砌体结构为监测对象，进行共 70 d 的爆破振动监测。贵西区间四线大断面右线上台阶数码电子雷管爆破方案见 4.1.4 节，开挖里程为 YK32＋75～YK32＋165。为更好地反映出爆破振动对砌体结构的影响规律，将所有传感器布置在砌体结构每层的相同位置，清除测点表面的浮土，采用石膏粉拌水和成糊状将传感器固定在每层楼的下行楼梯口处。为方便数据处理，布置三矢量传感器时将通道 1 平行于隧道掘进方向布置，采集到的平行于隧道掘进方向的峰值振速用 v_r表示；通道 2 垂直于隧道掘进方向布置，采集到的振动峰值速度用 v_t表示；通道 3 垂直于地表布置，采集到的峰值振速用 v_c表示；将监测数据的三矢量合成振速峰值用 v_h表示。楼道内振动监测测点如图 4-18 所示，楼顶振动监测测点如图 4-19 所示。

图 4-18　楼道内振动监测测点

图 4-19　楼顶振动监测测点

4.2.3　振速监测数据分析

1. 监测数据汇总

2020 年 4～6 月在贵—西区间四线大断面右线上台阶开挖里程 YK32＋75～YK32＋165 的区域内，对磁山路 2 丁号楼五单元 7 层砌体结构进行爆破振动监测，共筛选出 35 组有效数据。三矢量合成振速峰值 v_h 监测数据见表 4-13。

表 4-13　三矢量合成振速峰值 v_h 监测数据　　(单位：cm/s)

日期	0 层	1 层	2 层	3 层	4 层	5 层	6 层	7 层
20200412	0.329	0.195	0.271	0.240	0.209	0.128	0.145	0.162
20200414	0.232	0.204	0.119	0.085	0.163	0.103	0.093	0.107
20200415	0.195	0.207	0.269	0.155	0.183	0.082	0.105	0.173

续上表

日期	0层	1层	2层	3层	4层	5层	6层	7层
20200416	0.159	0.316	0.127	0.124	0.185	0.101	0.076	0.146
20200418	0.416	0.385	0.401	0.293	0.255	0.153	0.121	0.325
20200419	0.684	0.513	0.210	0.183	0.385	0.150	0.136	0.225
20200420	0.326	0.109	0.218	0.258	0.298	0.096	0.150	0.206
20200421	0.604	0.327	0.299	0.255	0.199	0.110	0.152	0.189
20200423	0.713	0.412	0.329	0.318	0.162	0.114	0.127	0.205
20200425	0.463	0.347	0.200	0.182	0.238	0.111	0.098	0.153
20200426	0.701	0.312	0.452	0.348	0.293	0.288	0.206	0.312
20200427	0.514	0.331	0.454	0.337	0.223	0.205	0.291	0.308
20200428	0.486	0.697	0.379	0.277	0.332	0.216	0.170	0.665
20200430	0.836	1.136	0.520	0.352	0.485	0.312	0.261	0.391
20200501	0.655	1.154	0.4325	0.229	0.270	0.234	0.312	0.463
20200502	0.392	0.270	0.255	0.258	0.280	0.170	0.198	0.317
20200503	0.656	0.630	0.310	0.303	0.287	0.191	0.153	0.363
20200506	0.562	0.330	0.279	0.215	0.182	0.172	0.285	0.413
20200509	0.440	0.382	0.373	0.258	0.279	0.146	0.137	0.210
20200511	0.613	0.674	0.309	0.347	0.384	0.131	0.262	0.242
20200518	0.422	0.435	0.386	0.250	0.220	0.150	0.133	0.208
20200523	0.529	0.708	0.445	0.282	0.185	0.163	0.069	0.216
20200524	0.381	0.528	0.472	0.269	0.145	0.138	0.188	0.210
20200526	0.287	0.621	0.274	0.164	0.199	0.093	0.118	0.150
20200528	0.288	0.382	0.253	0.091	0.136	0.094	0.094	0.125
20200529	0.310	0.536	0.317	0.213	0.188	0.247	0.194	0.293
20200530	0.465	0.264	0.188	0.156	0.143	0.276	0.169	0.196
20200602	0.221	0.394	0.179	0.136	0.202	0.120	0.114	0.171
20200603	0.298	0.243	0.152	0.141	0.114	0.093	0.073	0.123
20200612	0.238	0.374	0.203	0.104	0.136	0.122	0.108	0.141
20200615	0.193	0.207	0.159	0.084	0.074	0.075	0.116	0.121
20200619	0.140	0.112	0.078	0.071	0.093	0.074	0.067	0.119
20200621	0.075	0.080	0.058	0.059	—	—	—	0.115
20200622	0.119	0.061	0.051	0.062	0.049	—	0.055	0.101
20200625	0.128	0.094	0.075	0.064	0.063	—	0.087	0.118

注:表中“—”表示已布置爆破振动监测仪,但未采集到数据。

由于四线大断面隧道右线上台阶每一次爆破时单段最大药量不同,为分析研究砌体结构每一楼层在爆破作用下随爆心距变化的振动规律,对每一次爆破循环的

单段最大药量 Q 统一成单位药量，即 1 kg。单位药量振速峰值 v_i 数据见表 4-14。

表 4-14　单位药量振速峰值 v_i 数据　　（单位：cm/s）

日期	0 层	1 层	2 层	3 层	4 层	5 层	6 层	7 层
20200412	0.444	0.263	0.366	0.324	0.278	0.173	0.196	0.218
20200414	0.472	0.415	0.242	0.172	0.320	0.209	0.189	0.217
20200415	0.396	0.421	0.547	0.315	0.360	0.166	0.213	0.352
20200416	0.323	0.642	0.258	0.252	0.363	0.205	0.154	0.297
20200418	0.667	0.617	0.642	0.469	0.399	0.245	0.193	0.520
20200419	0.924	0.693	0.283	0.247	0.513	0.202	0.183	0.304
20200420	0.663	0.221	0.443	0.524	0.586	0.195	0.305	0.419
20200421	0.817	0.442	0.404	0.344	0.265	0.148	0.205	0.255
20200423	0.963	0.556	0.444	0.429	0.215	0.154	0.171	0.277
20200425	0.741	0.555	0.320	0.291	0.373	0.177	0.156	0.245
20200426	0.947	0.421	0.610	0.470	0.390	0.389	0.278	0.421
20200427	0.823	0.530	0.727	0.539	0.349	0.328	0.466	0.493
20200428	0.656	0.942	0.512	0.374	0.442	0.291	0.229	0.898
20200430	1.130	1.535	0.702	0.475	0.646	0.421	0.352	0.528
20200501	0.885	1.560	0.584	0.309	0.359	0.316	0.421	0.625
20200502	0.797	0.549	0.518	0.524	0.550	0.345	0.402	0.645
20200503	1.126	1.081	0.532	0.520	0.480	0.327	0.262	0.623
20200506	1.143	0.671	0.567	0.437	0.358	0.349	0.579	0.840
20200509	0.895	0.777	0.758	0.524	0.548	0.297	0.278	0.427
20200511	1.052	1.157	0.530	0.595	0.642	0.224	0.449	0.415
20200518	0.724	0.746	0.662	0.429	0.368	0.257	0.228	0.357
20200523	0.715	0.957	0.601	0.381	0.246	0.220	0.093	0.291
20200524	0.515	0.713	0.638	0.363	0.193	0.186	0.254	0.283
20200526	0.388	0.839	0.370	0.221	0.265	0.125	0.159	0.202
20200528	0.389	0.516	0.341	0.123	0.181	0.127	0.127	0.168
20200529	0.419	0.724	0.428	0.287	0.250	0.333	0.262	0.396
20200530	0.744	0.422	0.301	0.249	0.223	0.442	0.270	0.313
20200602	0.298	0.532	0.241	0.183	0.269	0.162	0.154	0.231
20200603	0.402	0.328	0.205	0.190	0.151	0.125	0.098	0.166
20200612	0.321	0.505	0.274	0.140	0.181	0.164	0.145	0.190
20200615	0.260	0.279	0.214	0.113	0.098	0.101	0.156	0.163
20200619	0.224	0.179	0.124	0.113	0.145	0.118	0.107	0.190
20200621	0.101	0.108	0.078	0.079	0	0	0	0.155
20200622	0.160	0.082	0.068	0.083	0.065	0	0.074	0.136
20200625	0.173	0.127	0.101	0.086	0.083	0	0.117	0.159

以一层监测点为例，测点与隧道掌子面的距离见表 4-15。表中 r 代表测点对应地面位置与工作面形心的水平距离；H 代表测点对应地面位置与隧道工作面形心的垂直距离；R 代表测点对应地面位置与隧道工作面形心的直线距离，即爆心距。

表 4-15　测点对应地面位置与隧道的距离

日期	爆破开挖里程	r(m)	H(m)	R(m)
20200412	YK32＋152.351～YK32＋151.231	29.16	19.5	35.08
20200414	YK32＋150.129～YK32＋149.022	27.17	19.5	33.44
20200415	YK32＋149.022～YK32＋147.89	26.19	19.5	32.65
20200416	YK32＋147.89～YK32＋146.751	25.20	19.5	31.86
20200418	YK32＋145.613～YK32＋144.476	23.25	19.5	30.35
20200419	YK32＋144.476～YK32＋143.335	22.30	19.5	29.62
20200420	YK32＋143.335～YK32＋142.198	21.37	19.5	28.93
20200421	YK32＋142.198～YK32＋141.060	20.46	19.5	28.26
20200423	YK32＋141.06～YK32＋139.977	19.57	19.5	27.62
20200425	YK32＋138.897～YK32＋137.812	17.96	19.5	26.51
20200426	YK32＋137.812～YK32＋136.729	17.19	19.5	26.00
20200427	YK32＋136.729～YK32＋135.645	16.47	19.5	25.52
20200428	YK32＋135.645～YK32＋134.563	15.78	19.5	25.09
20200430	YK32＋133.48～YK32＋132.397	14.56	19.5	24.34
20200501	YK32＋132.397～YK32＋131.312	14.04	19.5	24.02
20200502	YK32＋131.312～YK32＋130.224	13.58	19.5	23.76
20200503	YK32＋130.224～YK32＋129.139	13.19	19.5	23.54
20200506	YK32＋126.968～YK32＋125.883	12.53	19.5	23.18
20200509	YK32＋123.717～YK32＋122.632	12.70	19.5	23.27
20200511	YK32＋121.549～YK32＋120.464	13.26	19.5	23.58
20200518	YK32＋115.058～YK32＋113.981	16.61	19.5	25.61
20200523	YK32＋109.666～YK32＋108.596	20.56	19.5	28.34
20200524	YK32＋108.596～YK32＋107.525	21.42	19.5	28.97
20200526	YK32＋106.456～YK32＋105.385	23.19	19.5	30.30
20200528	YK32＋104.315～YK32＋103.238	25.02	19.5	31.72
20200529	YK32＋103.238～YK32＋102.161	25.96	19.5	32.47
20200530	YK32＋102.161～YK32＋101.085	26.91	19.5	33.23
20200602	YK32＋98.931～YK32＋97.854	29.81	19.5	35.62
20200603	YK32＋97.854～YK32＋96.698	30.79	19.5	36.45
20200612	YK32＋91.281～YK32＋90.113	36.90	19.5	41.73

续上表

日期	爆破开挖里程	r(m)	H(m)	R(m)
20200615	YK32＋87.76～YK32＋86.598	40.23	19.5	44.70
20200619	YK32＋83.116～YK32＋81.953	44.66	19.5	48.73
20200621	YK32＋80.795～YK32＋79.632	46.90	19.5	50.79
20200622	YK32＋79.632～YK32＋78.480	48.02	19.5	51.83
20200625	YK32＋77.325～YK32＋76.163	50.25	19.5	53.90

地表建筑对隧道开挖爆破振动的响应特性与建筑结构、建筑材料、地质、爆破参数、建筑与隧道的距离多种因素有关，但主要影响因素是爆破药量和建筑与隧道间的距离。由萨道夫斯基公式可知，振速与距离 R 呈负相关，与装药量 Q 呈正相关，药距比系数 β：

$$\beta=\frac{100Q^{\frac{1}{3}}}{R} \tag{4-4}$$

药距比系数反映了最大单段起爆药量与爆心距之间的关系，可以用来对爆破振动影响规律进行分类处理。

2. 爆破振动衰减系数 K、α 回归分析

采用在监测楼房 1 层采集的 v_h 峰值振动数据，回归得到符合萨道夫斯基公式的爆破振动衰减系数 K、α，对爆破振动速度进行验算。v_h 峰值振动数据见表 4-13，爆心距 R 值见表 4-15，采用 MATLAB 拟合萨道夫斯基公式。

由于爆破地点地质为微风化花岗岩，局部呈现碎裂状，岩性为中硬岩石，故拟合时设定 $K=150\sim250$，$\alpha=1.5\sim1.8$。爆区不同岩性的 K、α 值见表 4-6，拟合后的结果得出 $K=245.47$、$\alpha=1.77$。从而得到萨道夫斯基公式为

$$v=245.47\left(\frac{Q^{1/3}}{R}\right)^{1.77} \tag{4-5}$$

3. 合振速 v_h 的振动规律

综合分析不同日期 v_h 的振动规律，根据表 4-13，得到的合振速峰值 v_h 与楼层的变化关系曲线如图 4-20 所示。为便于描述规律，文中引用爆破振动参量基准点（简称“参量基准点”）、振动监测参量“绝对放大”“相对放大”“绝对降低”“相对降低”以及放大系数的概念。此处所述的爆心距是指 2 号风道 2 部开挖掌子面的形心与楼房监测测点在地面上投影位置的直线距离，具体为表 4-15 中 R 的数值。

爆破振动参量基准点是指在对建筑物进行爆破振动监测时，监测仪测得的振速值。文中所述的爆破振动参量基准点为磁山路 2 丁号楼五单元砌体结构 0 层监测点所测的振速。绝对放大，是指监测点测量值不仅大于参量基准点的监测值，而且大于相邻楼层监测值的现象。相对放大，是指监测点监测值小于参量基准点的

监测值，但是大于相邻楼层监测值的现象。绝对降低，是指监测点的监测值不仅小于参量基准点的监测值，而且小于相邻楼层的现象。相对降低，是指监测点的监测值大于参量基准点的监测值，但小于相邻楼层监测点的监测值的现象。放大系数 K_f，是指监测点的监测值与参量基准点监测值的比值。

由图 4-20(a)可知，合振速峰值 v_h 随着楼层的增加，变化规律总体上呈现先降低后增加的趋势。0 层出现振速极大值，6 层出现振速极小值。在 1～7 层振动速度在数值上呈现震荡变化的特点。7 层的振动速度数值在 0.107～0.325 cm/s 之间，表现为比较明显的相对放大效应，放大系数在 0.33～0.92 之间。

由图 4-20(b)可知，合振速峰值 v_h 变化规律总体上呈现出先降低后小幅度增加的趋势。振速极大值出现在 0 层或 1 层，振速极小值出现在 5 层或 6 层。在 2～7 层振动速度在数值上呈现震荡变化的特点。7 层的振动速度数值在 0.153～0.665 cm/s 之间，出现相对放大现象，放大系数在 0.29～1.37 之间。

由图 4-20(c)，合振速峰值 v_h 随着楼层的增加呈先降低后增加的变化规律。7 层振速在 0.208～0.463 cm/s 之间，表现为比较明显的相对放大效应，放大系数在 0.39～0.81 之间。在 2～7 层振动速度在数值上呈现震荡变化的特点。振速极大值出现在 0 层或 1 层，振速极小值出现在 5 层。

由图 4-20(d)可知，随着楼层的增加，合振速峰值 v_h 总体上呈现先增加后降低的趋势。7 层振速数值在 0.125～0.293 cm/s 之间，出现相对放大现象，放大系数在 0.41～0.95 之间。合振速 v_h 在 2～7 层呈现震荡变化的特点。振速极小值出现在 6 层，振速极大值出现在 1 层。

由图 4-20(e)可知，合振速峰值 v_h 随着楼层的增加，变化规律总体上呈先降低后增加的趋势。7 层振速在 0.101～0.141 cm/s 之间，表现为比较明显的相对放大效应，放大系数在 0.41～1.53 之间。振动速度在 2～7 层呈现震荡变化的特点。振速极小值出现在 6 层，振速极大值出现在 1 层。

综合分析图 4-20，在爆心距 R 越接近 23.18 m 时，此时工作面形心距离测点最近，合振速 v_h 总体上呈现先增加后减小再增加的趋势，振速极大值出现在 1 层。当工作面远离测点时，合振速 v_h 的变化规律转变为先减小后增加的趋势，此时的振速极大值出现在 0 层。振速极大值出现在 0 层或 1 层，振速极小值出现在 5 层或 6 层，并没有出现在距离最远的 7 层，不遵循距离爆源越远振速越小的萨道夫斯基公式规律。在 2～7 层，振速 v_h 在数值上呈现震荡变化的特点。随着爆心距 R 增加至大于 50.79 m 时，4～6 层逐渐监测不到振动数值，但是在 7 层仍然出现比较明显的相对放大现象，放大系数在 0.29～1.53 之间。可以推测，当爆心距 R 大于某一值时，顶层将会监测不到振动，此时会出现绝对降低的现象。

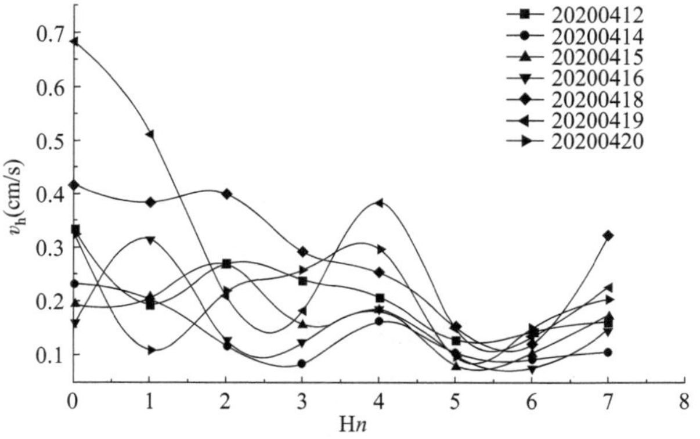

20200412
20200414
20200415
20200416
20200418
20200419
20200420
v_h(cm/s)
0.1
0.2
0.3
0.4
0.5
0.6
0.7
0
1
2
3
4
5
6
7
8
Hn

(a)

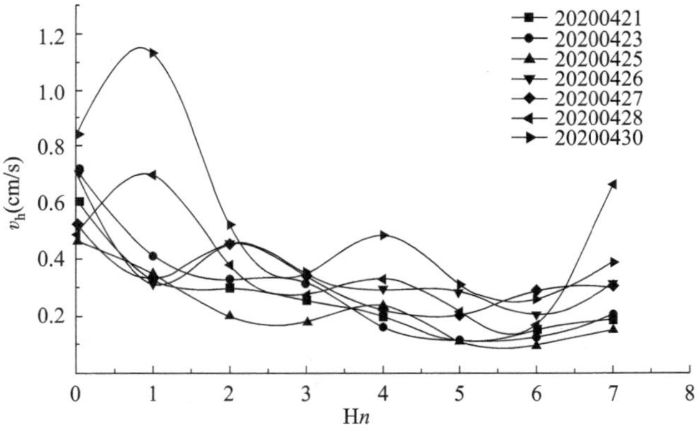

20200421
20200423
20200425
20200426
20200427
20200428
20200430
v_h(cm/s)
0.2
0.4
0.6
0.8
1.0
1.2
0
1
2
3
4
5
6
7
8
Hn

(b)

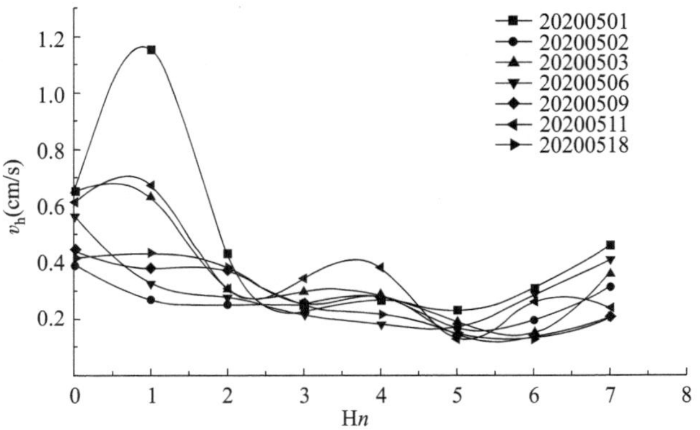

20200501
20200502
20200503
20200506
20200509
20200511
20200518
v_h(cm/s)
0.2
0.4
0.6
0.8
1.0
1.2
0
1
2
3
4
5
6
7
8
Hn

(c)

图 4-20

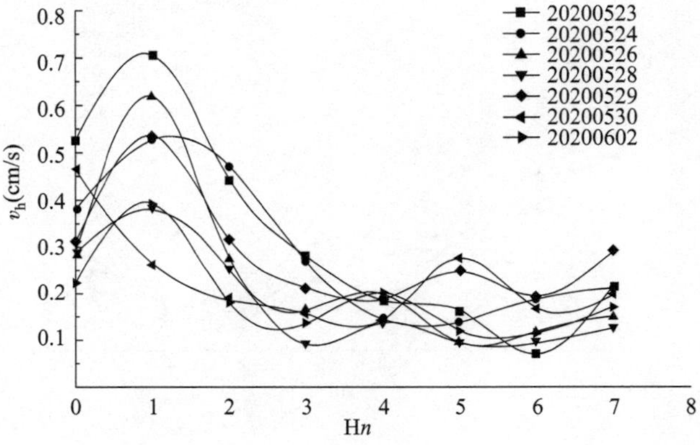

(d)

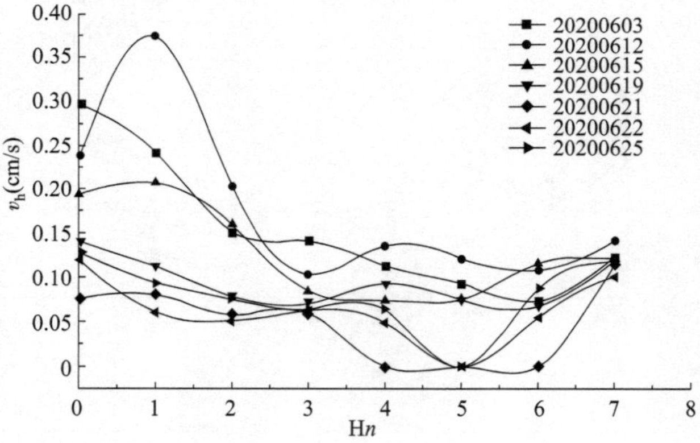

(e)

图 4-20　合振速峰值 v_h 与楼层 Hn 的关系

4. 地表质点振动规律

根据表 4-14，得到砌体结构每一楼层的振动规律曲线。各楼层单位药量振速峰值 v_i 变化规律如图 4-21 所示。为更好地进行描述，将 F0～F7 指代砌体结构的 0～7 层。

由图 4-21 分析可知，地面测点距工作面的水平距离 L_a 小于某值时，振动速度随 L_a 绝对值的增加而增加；大于此值时，振动速度呈递减趋势，并且随着 L_a 绝对值的增大，v_i 值的衰减速率呈递减趋势。F0～F7 总体上的变化趋势是一致的，v_i 峰值振速最大值出现在 L_a 绝对值小于 10 m 的范围内。当 L_a 小于 10 m 时，v_i 最大值出现在 F1，最小值出现在 F6。当 L_a 值大于 10 时，F0 处 v_i 值普遍大于 F1。

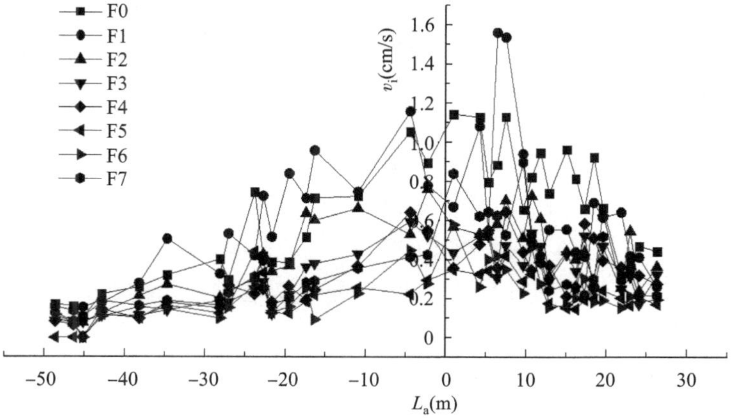

图 4-21　各楼层单位药量振速峰值 v_i 变化规律

对于萨道夫斯基公式，从其变化曲线可以看出振动速度随着爆心距 R 的增大而递减。萨道夫斯基公式的爆破振动衰减曲线如图 4-22 所示。

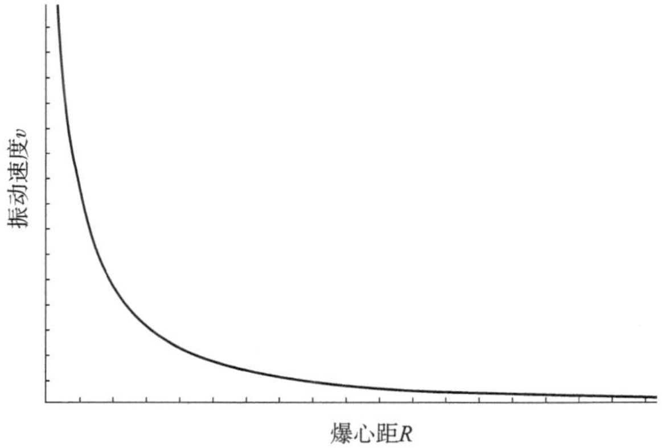

图 4-22　萨道夫斯基公式的爆破振动衰减曲线

由图 4-22 可知，振动速度随着爆心距的增大呈现递减，并且在爆心距接近于 0 时，振动速度达到无穷大。当爆心距 R 值较小时，振动速度的变化幅度很大，随着爆心距 R 的增大急剧降低，并随着爆心距的不断增大呈现平缓的减小趋势。根据图 4-21 和图 4-22，每一楼层的振动规律曲线与萨道夫斯基公式的爆破振动衰减曲线中振动速度随爆心距变化的规律一致，隧道爆破产生的振动速度符合萨道夫斯基公式。

4.3　隧道爆破对砌体结构振动影响的 ANSYS/LS-DYNA 数值模拟

在现场的振动实验过程中经常会遇到各种各样的问题，致使振动数据缺失、采集错误以及由环境或人为造成的误差，这些均会影响研究的成果。因此，本节主要利用 ANSYS/LS-DYNA 结合实际工况建立了有无导洞爆破条件下的数值模型，并采用 LS-PrePost 对模型进行计算处理，研究 7 层砌体结构在爆破影响下的响应规律。

4.3.1　ANSYS/LS-DYNA 软件简介

在工程领域，数值模拟方法主要包括有限元法、离散元法、边界元法以及有限差分法，其中应用最佳、最广泛的一种方法是有限元法。经过专家学者的研究以及计算机更新迭代，有限元法的发展越来越快，如今已成为解决爆炸冲击相关问题的一个重要途径。ANSYS/LS-DYNA 主要包含了前、后处理器功能，其中前处理主要包括定义单元类型，定义材料属性，建立模型，划分网格，设定约束、加载和边界条件，设置求解参数等。ANSYS/LS-DYNA 的基本分析流程如图 4-23 所示。

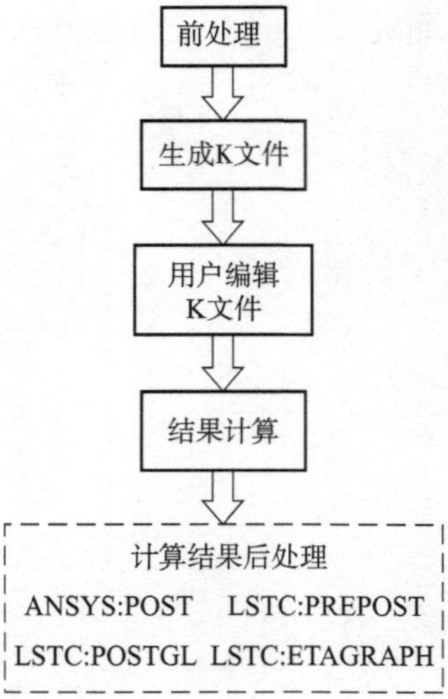

图 4-23　ANSYS/LS-DYNA 基本分析流程

ANSYS 完成前处理过程并生成 K 文件，K 文件在 UltraEdit 编辑软件上进行编辑修改。然后利用 LS-DYNA Solver 模块对 K 文件进行计算求解，计算结果输出为 D3-PLOT 的文件。最后把计算结果导入到 LS-PREPOST 后处理软件中进行分析，可以根据需要生成各个方向的振速曲线、压力云图等数据。

4.3.2　数值模型建立

地表以下数值模型是以青岛地铁 1 号线贵西区间四线大断面钻爆施工作为原型建立的，地表砌体结构模型部分是以磁山路 2 号楼五单元 7 层砌体结构作为原型建立的。数值模型材料参数均来自中铁二十二局集团合作科研项目“TBM 导洞超前大断面隧道爆破施工技术”工程地质报告。本节在模拟爆炸时采用共节点的多物质 ALE 方法。

1. 材料类型选取

本次建模的材料主要包括炸药、岩石、钢筋混凝土和墙砌体四种，并采用 cm-g-μs 协调单位系统。后面对这 4 种模型材料的计算参数、状态方程、计算控制参数及模型整体单元类型等选项进行选择。

岩石、炸药、砌体结构均是三维实体单元，在 ANSYS/LS-DYNA 模拟过程中，三维模拟实体单元通常采用 SOLID164 和 SOLID168 单元。其中，SOLID164 是由 8 节点构成的六面体单元，如图 4-24 所示。

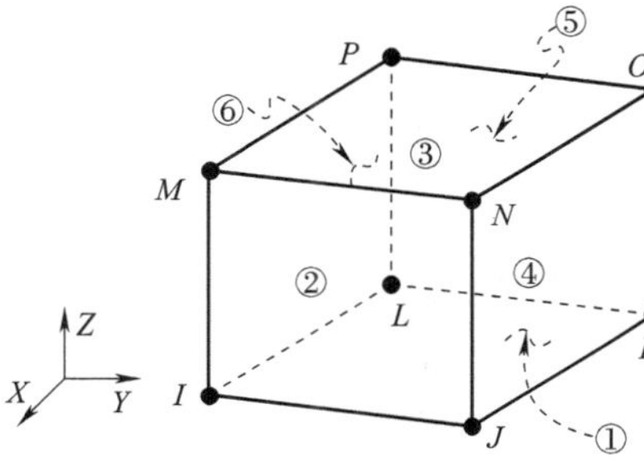

图 4-24　SOLID164 单元类型

SOLID164 单元在计算过程中如果单元网格变形过大可以退化成具有重节点的楔形、锥形、四面体单元，退化后的单元类型示意图如图 4-25 所示。SOLID164 单元可以适用于规则的几何模型的网格划分，支持所有的动力显示非线性特性。

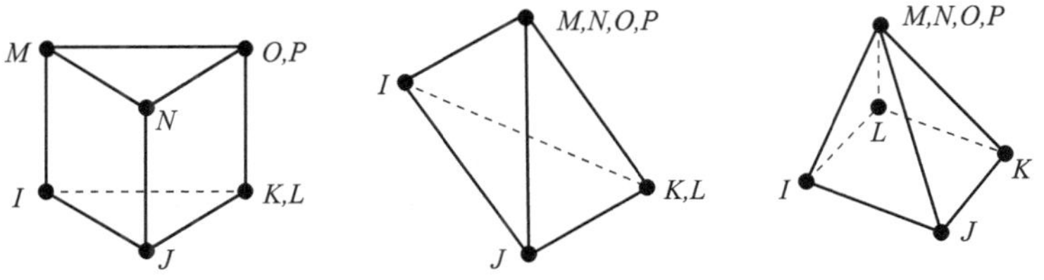

图 4-25　SOLID164 单元的退化形式

SOLID168 单元是由 10 节点构成的四面体单元，该单元较前者可以适用于处理各种不规则的几何模型的网格划分。但 SOLID168 单元在处理动力显示非线性问题时误差较大，因而本节有限元模型单元均采用 SOLID164 单元。

随动塑性材料模型是各向同性、随动硬化或各向同性和随动硬化的混合模型，与应变率相关，可以考虑失效。通过在 0～1 之间调整硬化参数 η 对应的选择随动硬化或各向同性。应变率用 Cowper-Symonds 模型来考虑，用与应变率有关的因数表示屈服应力：

$$\sigma_y=\left[1+\left(\frac{\varepsilon}{C}\right)\right](\sigma_0+\eta E_p\varepsilon_p^{eff}) \tag{4-6}$$

式中 σ_0——初始屈服应力；

ε——应变率；

C,P——Cowper-Symonds 应变率参数；

ε_p^{eff}——有效塑性应变；

E_p——塑性硬化模量。

其中 E_p 由式(4-7)给出：

$$E_p=\frac{E_{tan}E}{E-E_{tan}} \tag{4-7}$$

式中 E——弹性模量；

E_{tan}——切线模量。

该材料的塑性变形过程中是各向异性的，数值计算中一般采用各向同性强化、随动强化两种法则来描述随动塑性材料强化现象，强化特性曲线如图 4-26 所示。随动塑性材料的强化现象自带失效应变特征，适合绝大多数天然介质。

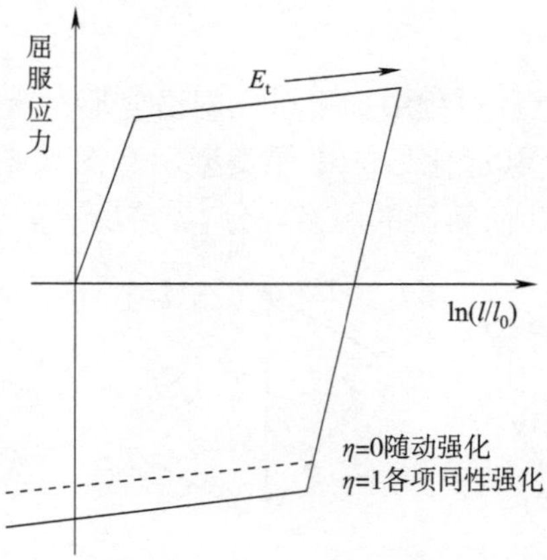

图 4-26 随动塑性材料强化特性曲线

自然界中的岩石介质为弹塑性的，施加外力时会产生变形。当外力超过弹性阶段后，此时解除外力，只有弹性变形部分消失，塑性变形部分在外力解除后却不会消失。相对来说，岩石的塑性特性较为复杂。构造柱、横梁、楼板均采用钢筋混凝土材料，混凝土等级为 C25，钢筋型号为 Q235。墙砌体由普通烧结砖和砂浆砌成，砖的强度等级为 MU25，砂浆强度等级为 M10。因此为保证模拟的可靠性，模型中岩石、混凝土、墙砌体均采用随动塑性材料模型来模拟实验隧道微风化花岗岩，通过对材料参数进行修改来模拟不同材料。随动塑性材料用

PLASTIC_KINEMATIC 材料模型表示。岩石、钢筋混凝土、墙砌体的材料参数见表 4-16。

表 4-16　岩石、钢筋混凝土、墙砌体计算参数

材料	密度 ρ (g/cm³)	剪切模量 G (GPa)	弹性模量 E (GPa)	泊松比 ν	屈服应力 (GPa)	强化系数
岩石	2.6	15	30	0.25	1.2×10^{-1}	0.5
钢筋混凝土	2.4	6.1	30	0.2	1.67×10^{-2}	1.0
墙砌体	2.12	0	4.768	0.2	2.98×10^{-3}	0.6

现场实验过程中使用的 2 号岩石乳化炸药对应 ANSYS/LS-DYNA 软件中高能炸药材料模型为 * MAT_HIGH_EXPLOSIVE_BURN。炸药爆炸状态方程采用 JWL(Jones-Wilkins-Lee)状态方程，该方程可以准确反映炸药爆炸过程中理想爆轰波波阵面(C-J 面)上爆轰产物的压力、能量和体积的关系，是研究过程中的重要参数之一。JWL 状态方程表达见式(4-8)：

$$P=A_1\left(1-\frac{\omega_1}{R_1V_0}\right)e^{-R_1V_0}+\frac{\omega_1E_0}{V_0}+B\left(1-\frac{\omega_1}{R_2V_0}\right)e^{-R_2V_0} \tag{4-8}$$

式中　P——炸药爆轰压力(Pa)；

E_0——炸药初始内能(J)；

V_0——初始相对体积；

A_1,B,R_1,R_2,ω_1——实验中确定的常数。

在后续处理关键字文件过程中，采用 MAT_HIGH_EXPLOSIVE_BURN 关键字定义炸药，采用 JWL 状态方程来定义爆轰产物各个物理量之间的关系。炸药材料的爆速、密度、C-J 面压力及 JWL 状态方程中 A_1、B、R_1、R_2、ω_1 等常数见表 4-17。

表 4-17　炸药材料参数

密度 ρ(g/cm³)	爆速(m/s)	$P_{C\text{-}J}$压力(GPa)	A_1(GPa)	B(GPa)	R_1	R_2	ω_1	E_0(GPa)
1.2	3 600	3.72	264	18.5×10^{-2}	4.5	0.9	0.35	4.19

2. 边界条件

为消除边界对振动波传播的影响，1972 年 Lysmer 和 Wass 提出黏性边界(Viscous Boundary)算法，Lysmer 认为通过人为的设置一种阻尼边界，当振动波通过该阻尼边界时发生透射，用以模拟无限岩体。在阻尼边界需要施加两个方向的黏性正应力与黏性剪应力：

$$\sigma=a\rho c_{\mathrm{p}}v_{\mathrm{n}} \tag{4-9}$$

$$\tau=b\rho c_{\mathrm{s}}v_{\mathrm{s}} \tag{4-10}$$

式中 σ,τ——作用在边界上的法向、切向应力；

a,b——无量纲参数，反应介质的阻尼特性；

ρ——岩石介质的质量密度；

c_p,c_s——入射纵波与横波的波速；

v_n,v_s——边界上法向与切向质点的运动速度分量。

本节所述的岩石模型底部、左侧、右侧、前侧、后侧均设置黏性边界，又称无反射边界条件，用以模拟无限岩体；地表、隧道已开挖部位、砌体结构均设为自由边界。在 ANSYS 前处理器中，无反射边界条件利用 NON-REFLECT 关键字定义，自由边界为默认边界条件，无需特殊处理。

3. 建立模型

针对四线大断面隧道右线隧道的掘进开挖，建立了有无导洞条件下的爆破模型，通过分析处理地面砖混结构应力、振动响应规律，来确定适用于下穿敏感建筑群的大断面隧道爆破方法。模型中地面结构为 7 层砖混建筑物，层高 3.2 m，柱间距 5.5 m，跨度 6 m。横梁的截面尺寸为 0.3 m×0.2 m，构造柱的截面尺寸为0.3 m×0.3 m，楼板厚 0.2 m，墙砌体厚 0.3 m。砌体结构的数值模型如图 4-27 所示。

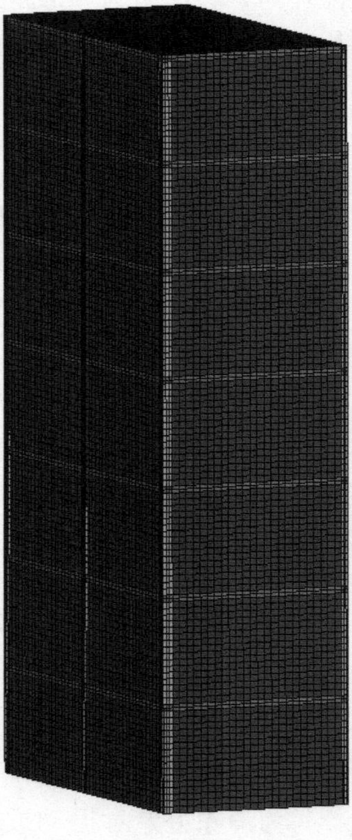

图 4-27 砌体结构数值模型

4. 无导洞条件下的爆破模型

模型中岩石简化为立方体，长 35 m，宽 20 m，高 40 m。隧道沿岩石立方体宽度方向水平贯穿整个岩层，已开挖部分设置成空物质。无导洞条件下隧道炮孔位置如图 4-28 所示。隧道右线断面与现场实际大小一致，近似为一个扇形。隧道右线底部距离长 10.45 m，拱顶最大高度 11.6 m。炮孔设计为沿垂直于隧道掘进方向进行钻凿，设定炸药质量为 1 kg 的圆柱体，炮孔的直径设置为 0.05 m，长度1.2 m，装药形式为连续装药，并后续采用水炮泥进行炮孔的堵塞。炸药中心埋深为 24.1 m，炸药距离底板 7.1 m，距离左边轮廓线 5.225 m。模型爆炸过程中仅存在单个自由面，即隧道掘进工作面。模型采用共节点的多物质 ALE 方法，采用变网格划分的方式对模型进行网格划分。无导洞条件下的爆破模型如图 4-29 所示。

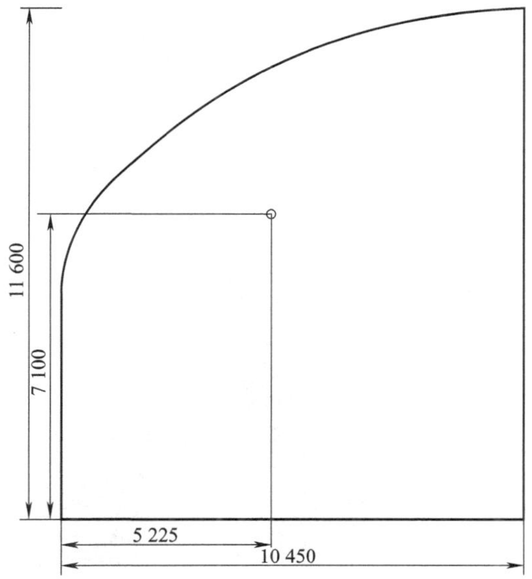

图 4-28　无导洞条件下的炮孔位置(单位:mm)

图 4-29　无导洞条件下的爆破模型

在 ANSYS 前处理器建立的模型包括地下炸药、岩石部分和地表砌体结构部分,共计 7 个 part。一般来说,模型网格划分的越精细、合理,在显示非线性动力计算网格不容易发生畸变,同时降低能量耗散。但是随着网格数量的增加,会对计算机的性能提出严苛的要求。炸药与炸药周围的 ALE 空间采用流固耦合算法,ALE 空间与岩石接触部位采用共节点算法。

5. 有导洞条件下的爆破模型

区别于无导洞条件下的爆破模型,有导洞条件下的爆破模型在隧道工作面沿隧道掘进方向设置一个长直径的导洞,从而为爆破创造减振自由面。此模型对于隧道轮廓尺寸、炮孔规格、炮孔位置以及装药参数没有进行改动。有导洞条件下的导洞位置如图 4-30 所示。

如图 4-30 所示,在距离炮孔 0.8 m 的正下方位置,设置了一个直径 4 m 的导洞。在此模型爆炸过程中存在两个自由面,即隧道掘进工作面以及导洞面。有导洞条件下的爆破模型如图 4-31 所示。

炸药在岩石中爆炸产生的振动波传播到地表砌体结构基础部位,使砌体结构在振动波激励作用下发生振动,炸药爆炸产生的振动波作为砌体结构模型的荷载。利用模拟炸药产生的振动波作为荷载,可以有效避免加载实测数据振动波的误差。

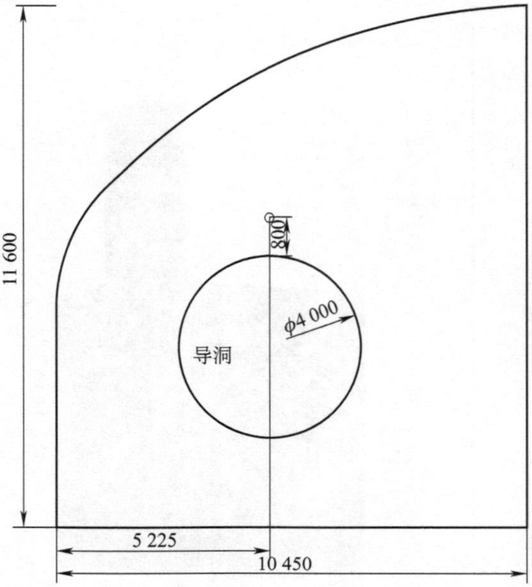

图 4-30　有导洞条件下的导洞位置(单位:mm)

图 4-31　有导洞条件下的爆破模型

为了便于建模、计算、分析,建立数值模型时会对一些参数进行了人为的优化、假设。建模时,将岩石、钢筋混凝土、墙砌体以及炸药视为均匀介质,不考虑节理、裂隙、风化等其他外界条件;通过在前处理器中设置无反射边界条件,模拟无限边界岩体;已开挖隧道以及地表上方不考虑空气介质对计算结果的影响。

4.3.3　砌体结构振速数值模拟分析

将两个模型的计算结果文件 D3PLOT 导入 LS-PREPOST 后处理器软件,分析砌体结构合速度峰值 v_h 的振速云图。从各个楼层选取测点单元,分析 v_h 随楼层的变化规律,并提取模型应力云图,探究模拟结果的合理性。

1. 合速度峰值 v_h 等值线云图分析

在输出等值线云图时将炸药、岩石部分隐藏掉,只选中模型砌体结构部分的 4 个 part。为了使等值线云图显示明显,通过边缘接口“Range”选择“User”,设置砌体结构 4 个 part 显示的合速度峰值 v_h 等值线最小为 0 cm/s,最大为 1.5×10^{-2} cm/s。

(1)无导洞模型等值线云图分析

炸药爆炸后,振动波先传播至岩石中,当 t=6 999.8 μs 时传播至 0 层砌体结构内,分别选取 t=6 999.8 μs、7 999.3 μs、9 399.6 μs、11 198 μs、13 598 μs、15 798 μs、17 800 μs、19 199 μs、19 798 μs 共 9 个时间节点的合速度峰值 v_h 的振速云图,观察分析不同时刻 v_h 在砌体结构内的传播规律。合速度峰值 v_h 等值线云图如图 4-32 所示。

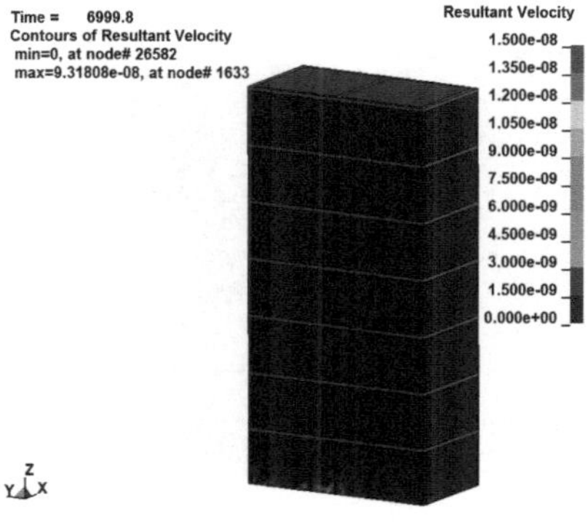

$t=6\ 999.8\ \mu s$

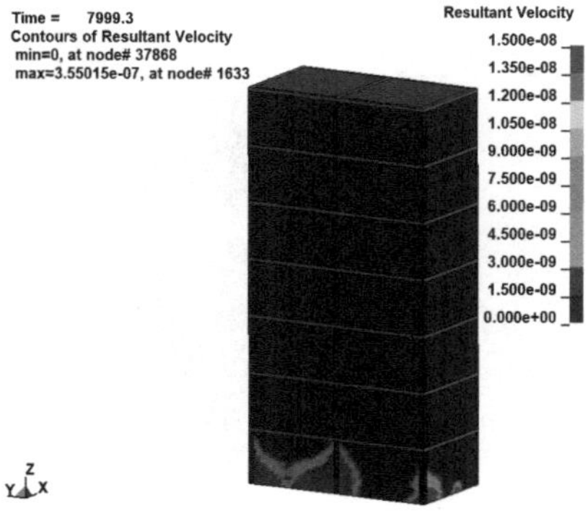

$t=7\ 999.3\ \mu s$

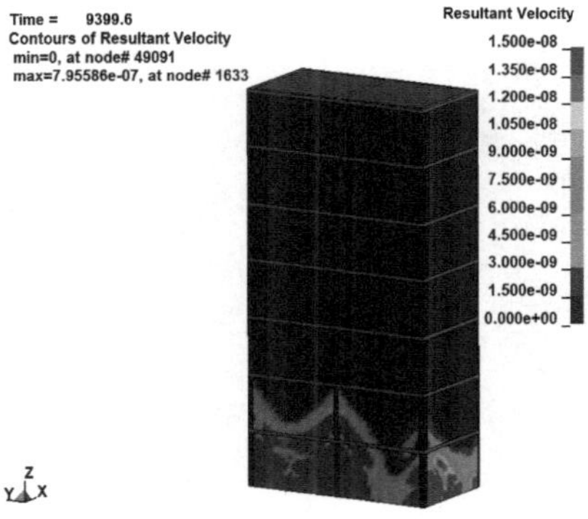

$t=9\ 399.6\ \mu s$

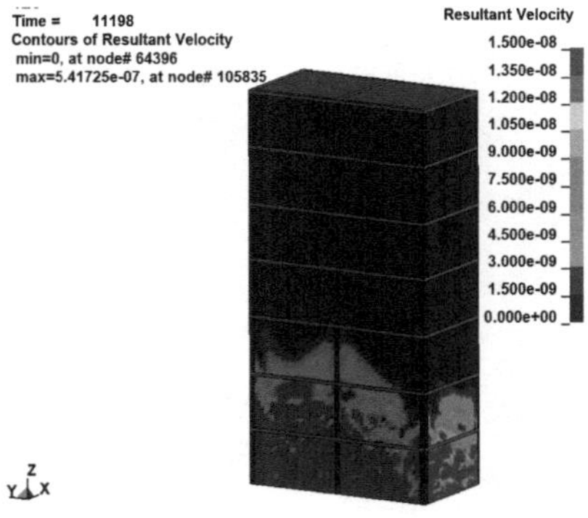

$t=11\ 198\ \mu s$

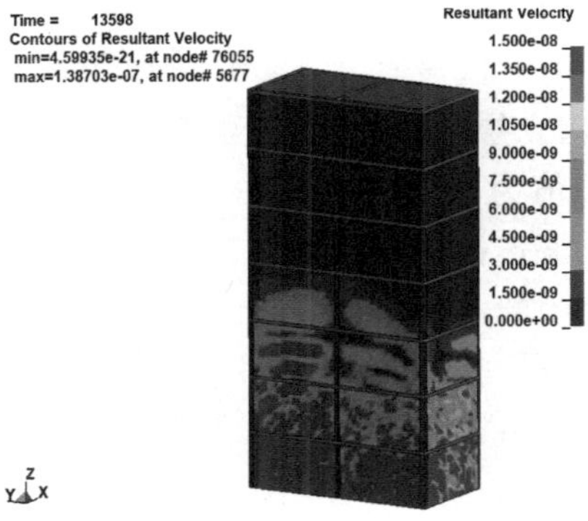

$t=13\ 598\ \mu s$

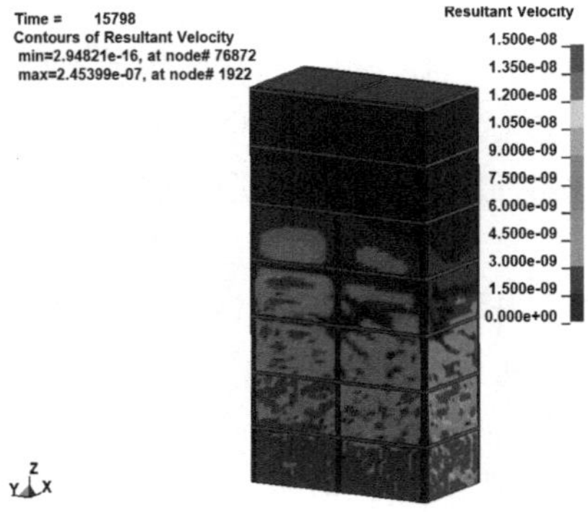

$t=15\ 798\ \mu s$

图　4-32

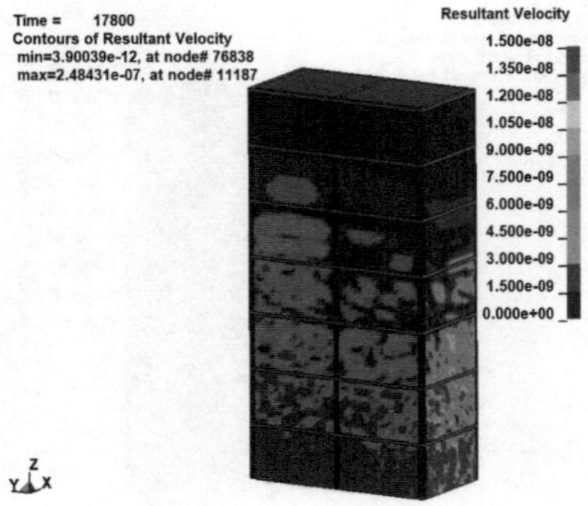

t=17 800 μs

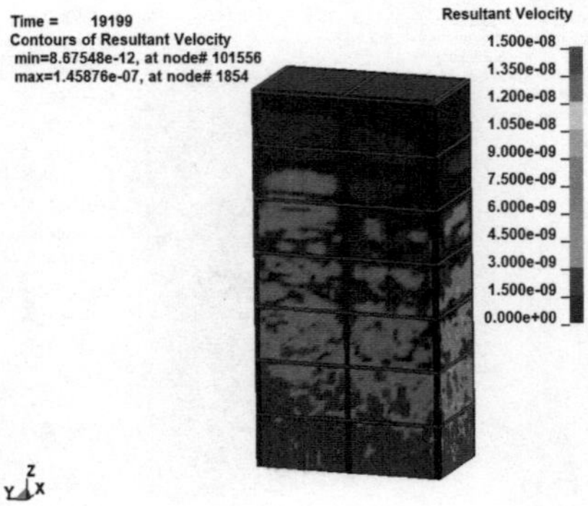

t=19 199 μs

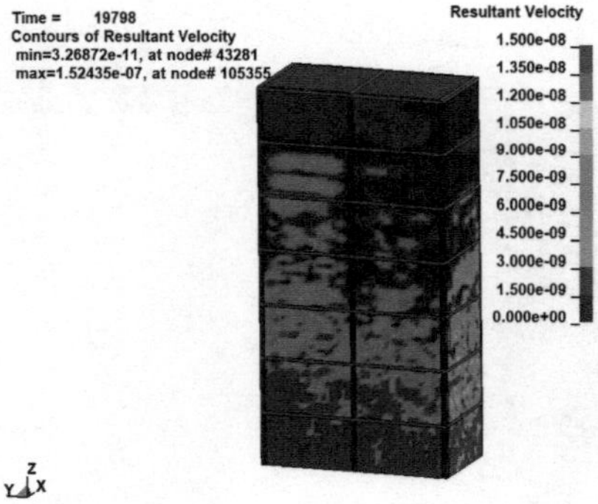

t=19 798 μs

图 4-32　不同时刻合速度峰值 v_h 等值线云图(无导洞)

由图 4-32 可以看出,当 t=6 999. 8 μs 时,振动波经岩层、地表开始传播至砌体结构 0 层的基础位置,最大振速出现在 1633 节点处,振速值为 9. 32×10^{-2} cm/s;当 t=7 999. 3 μs 时,振动波已经传播至砌体结构 0 层顶板处,并没有扩散至 0 层所有区域,最大振速仍出现在 1633 节点处,振速值为 3. 55×10^{-1} cm/s,在 0 层波阵面渐变显示不明显;当 t=9 399. 6 μs 时,振动波传播至砌体结构 1 层顶板处,最大振速仍出现在 1633 节点处,振速值为 7. 96×10^{-1} cm/s;当 t=11 198 μs 时,振动波刚传播至 2 层顶板,振动波能量集中在 0～1 层,具有明显的振速波大小渐变面,表现为远爆源位置振速小、近爆源位置振速大的特征。最大振速出现在 105835 节点处,振速值为 5. 42×10^{-1} cm/s;当 t=13 598 μs 时,振动波开始传播至 3 层顶板,最大振速出现在 5677 节点处,振速值为 1. 39×10^{-1} cm/s;当 t=15 798 μs 时,振动波开始传播至 4 层顶板,最大振速出现在 1922 节点处,最大振速值为 2. 45×10^{-1} cm/s;当 t=17 800 μs 时,振动波开始传播至 5 层顶板,此时最大振速出现在

11187 节点处，振速值为 2.48×10^{-1} cm/s；当 t=19 199 μs 时，振动波开始传播至 6 层顶板，最大振速出现在 1854 节点处，振速值为 1.46×10^{-1} cm/s；当 t=19 798 μs 时，振动波能量继续向高楼层传播，直至扩散了整个砌体结构，振动波能量主要集中在 0 层和 1 层区域，并且振动波能量随着楼层的增加逐渐衰减。最大振速出现在 105355 节点处，振速值为 1.52×10^{-1} cm/s。

综上分析可以看出，当 t=6 999.8 μs 时，最大振速值与其他时间节点相差1 个数量级，表明振动波能量在岩石和砌体结构中的传播历程与时间相关。通过观察云图可以发现随着时间的增加，振动波能量的扩散主要集中在 0 层和 1 层的区域内。当 t=9 399.6 μs 时，合速度峰值 v_h 增加到最大 0.796 cm/s，并随着时间的增加逐渐降低至 0.139 cm/s。具体表现：在 6 999.8～9 399.6 μs 时间段里，合速度峰值 v_h 随着时间的增加不断增加，表明岩石中的振动波能量逐渐传播至砌体结构内，砌体结构内的能量输入大于能量的输出与耗散，同时在这一时间段，合振速峰值 v_h 达到整个起爆过程中的最大值；在 9 399.6～19 798 μs，合速度峰值 v_h 随着时间的增加先减小，后趋于稳定，表明岩石中的振动波能量已完全传播至砌体结构内，当振动波传播至砌体结构时会受到一定的阻尼，从而耗散系统的一部分振动波能量；在 19 798 μs 之后，振动波随着时间的增加扩散整个砌体结构，砌体结构内振动波能量输入小于能量的输出与耗散，具体表现为合速度峰值 v_h 随时间的增加而减小。

（2）有导洞模型等值线云图分析

在 t=6 799.7 μs 时，合振速 v_h 刚传播至 0 层砌体结构内，因此以 t=6 799.7 μs 作为起始时间节点。分别选取 t=6 799.7 μs、7 799.2 μs、9 399.9 μs、11 198 μs、13 799 μs、15 798 μs、18 000 μs、19 000 μs、19 799 μs 共 9 个时间节点的合速度峰值 v_h 的振速云图，观察分析不同时刻合速度峰值 v_h 在砌体结构内的传播规律。合速度峰值 v_h 等值线云图如图 4-33 所示。

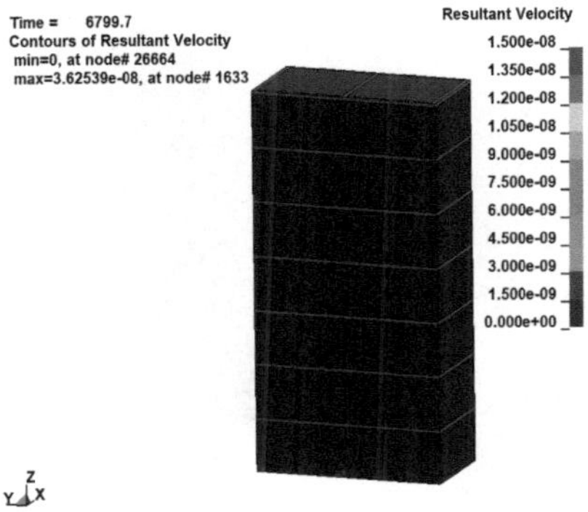

t=6 799.7 μs

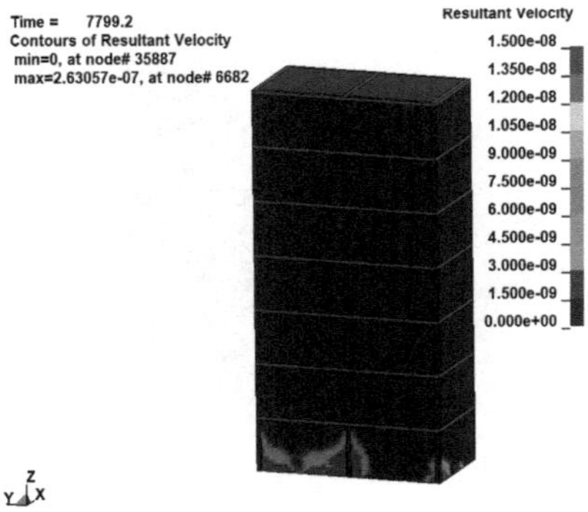

t=7 799.2 μs

图　4-33

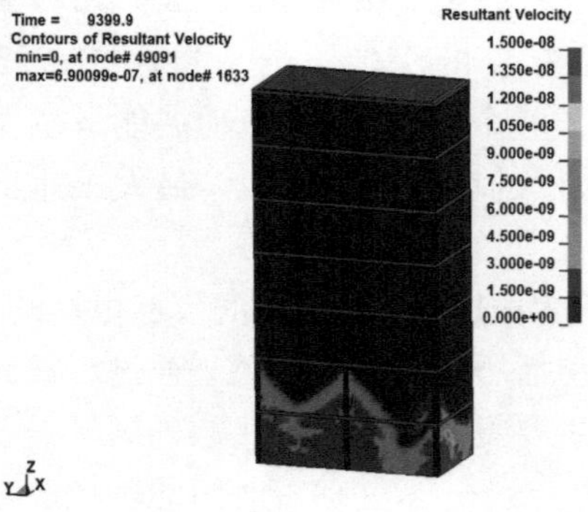

t=9 399.9 μs

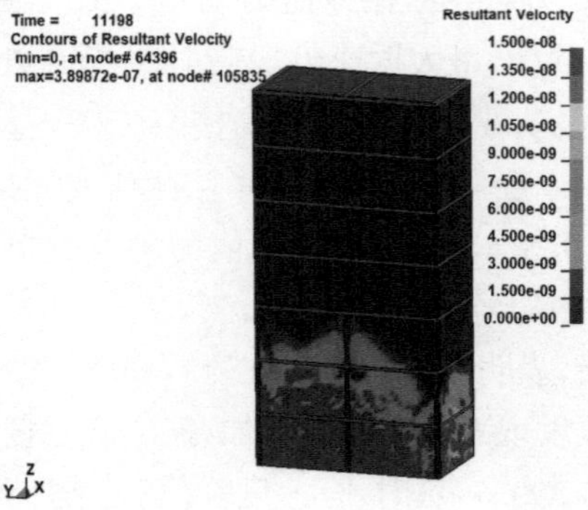

t=11 198 μs

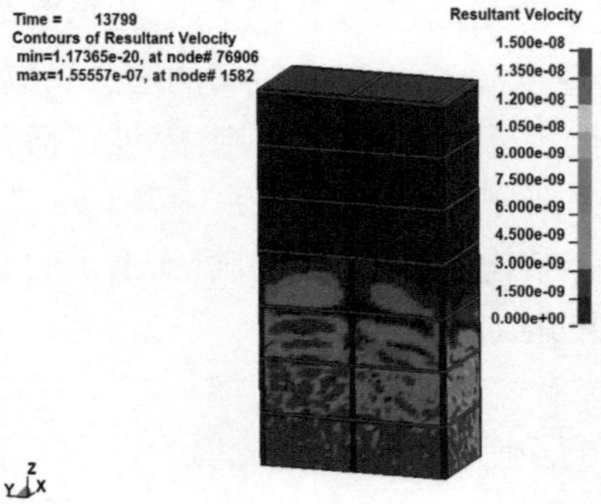

t=13 799 μs

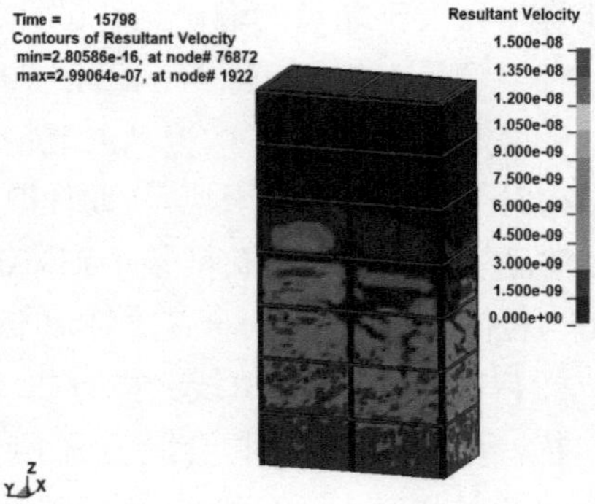

t=15 798 μs

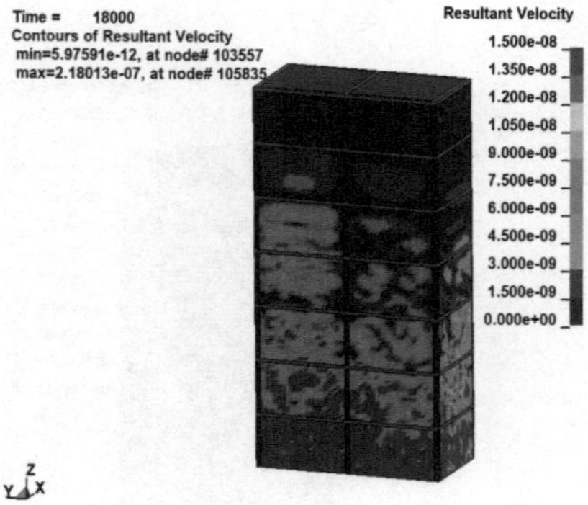

t=18 000 μs

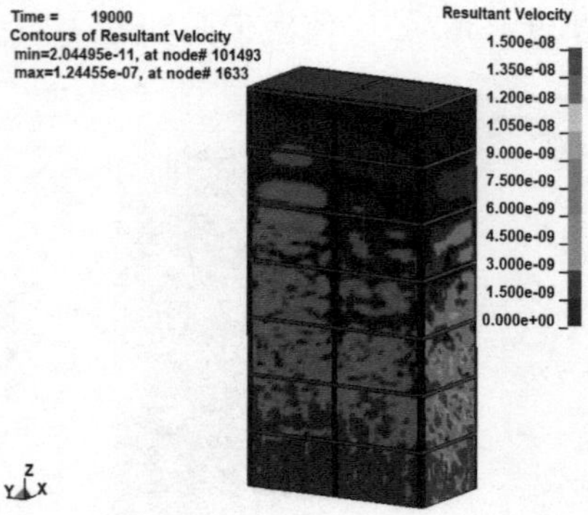

t=19 000 μs

图　4-33

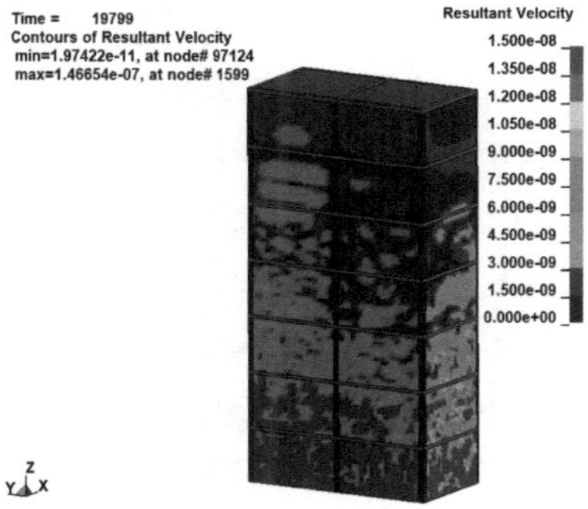

t=19 799 μs

图 4-33　不同时刻合速度峰值 v_h 等值线云图(有导洞)

由图 4-33 可以看出,当 t=6 799.7 μs 时,振动波传播至砌体结构 0 层的基础位置,最大振速出现在 1633 节点处,最大振速值为 3.63×10^{-2} cm/s;当 t=7 799.2 μs 时,振动波传播至砌体结构 1 层底板,且没有扩散 0 层所有区域,最大振速出现在 6686 节点处,振速值为 2.63×10^{-1} cm/s;当 t=9 399.9 μs 时,振动波传播至砌体结构 1 层顶板处,最大振速出现在 1633 节点处,最大振速值为 6.90×10^{-1} cm/s;当 t=11 198 μs 时,振动波刚传播至 2 层顶板,振动波能量集中在 0～1 层,最大振速出现在 105835 节点处,振速值为 3.90×10^{-1} cm/s;当 t=13 799 μs 时,振动波开始传播至 3 层顶板,最大振速出现在 1582 节点处,最大振速值为 1.56×10^{-1} cm/s;当 t=15 798 μs 时,振动波开始传播至 4 层顶板,最大振速出现在 1922 节点处,振速值为 2.99×10^{-1} cm/s;当 t=18 000 μs 时,振动波开始传播至 5 层顶板,此时最大振速出现在 105835 节点处,振速值为 2.18×10^{-1} cm/s;当 t=19 000 μs 时,振动波开始传播至 6 层顶板,最大振速出现在 1633 节点处,最大振速值为 1.24×10^{-1} cm/s;当 t=19 799 μs 时,振动波能量继续向高楼层传播,直至扩散了整个砌体结构,振动波能量主要集中在 0 层和 1 层区域,并且振动波能量随着楼层的增加逐渐衰减。最大振速出现在 1599 节点处,最大振速值为 1.47×10^{-1} cm/s。

综上分析,通过观察云图可以发现随着时间的增加,振动波能量的扩散主要集中在 0 层和 1 层的区域内。当 t=9 399.9 μs 时,合速度峰值 v_h 增加到最大 0.69 cm/s,并随着时间的增加逐渐降低至 0.156 cm/s。具体表现:在 6 799.7～9 399.9 μs 时间段里,合速度峰值 v_h 随着时间的增加不断增加,同时在这一时间段合振速峰值 v_h 达到整个起爆过程中的最大值。在 9 399.9～19 799 μs,合速度峰值 v_h 随着时间的增加先减小后趋于稳定。在 19 799 μs 之后,振动波随着时间的增加扩散整个砌体结构,砌体结构内振动波能量输入小于能量的输出与耗散,具体表现为合速度峰值 v_h 随时间的增加而减小。

结合图 4-32 和图 4-33 可知,两个数值模型下不同时刻合速度峰值 v_h 在砌体结构内的传播规律基本一致，即在岩石中振动波能量未完全传播到砌体结构内时，合速度峰值 v_h 随着时间的增加不断增加，直至岩石中能量传播结束。两种模型分别在 9 399.6 μs、9 399.9 μs 时，v_h 分别达到最大值 0.796 cm/s 和 0.69 cm/s，并且都出现在 1633 节点处，此时振动波能量基本分布于整个 0 层，可知合速度峰值 v_h 的最大值出现在砌体结构 0 层的部位。当岩石中振动波能量完全传播到砌体结构内时，合速度峰值 v_h 随着时间的增加先降低后趋于稳定，最后振动波随着时间的增加扩散整个砌体结构，砌体结构内振动波能量输入小于能量的输出与耗散，具体表现为合速度峰值 v_h 随时间的增加而减小。可以观察到振动波从岩石中传播到砌体结构后，开始由构造柱进行传播，后是墙砌体。这是由于构造柱采用钢筋混凝土材料，而墙砌体是由普通烧结砖和砂浆砌成的混合材料，两者密度、剪切、弹性模量以及强化系数等参数不一致。针对两个模型有无导洞的条件下，得出有导洞模型的合速度峰值 v_h 比无导洞模型的降低 13.3%～25.9%，表明创造自由面可以有效地降低振动。

2. 数值模拟合速度峰值 v_h 数据分析

通过对合速度峰值 v_h 等值线云图进行分析，可知最大振速节点出现在构造柱、墙砌体处，因实测时在墙砌体内部无法放置 TC-4850 振动监测仪，所以实测时将振动传感器放置在各个楼层楼板上方。在数值模型中，各个楼层的测点选取在靠近爆源一侧楼板的中心位置，0～7 层分别选取 415104、62936、65048、67160、69272、71384、73496、75608 单元编号。数值模型中各个楼层测点位置如图 4-34 所示。

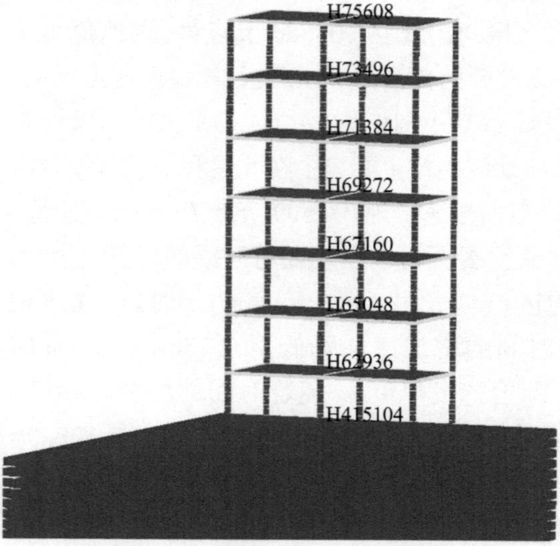

图 4-34　数值模型中各个楼层测点位置

提取图 4-34 数值模型中各个测点单元的 v_r、v_t、v_c、v_h 振速峰值，提取的两个模型的振速数据汇总分别见表 4-18 和表 4-19。其中，v_r 表示平行于隧道掘进方向的振速峰值；v_t 表示垂直于隧道掘进方向的振速峰值；v_c 表示垂直于地表方向的振速峰值；v_h 表示三矢量合成的合速度峰值。

表 4-18　各测点单元三矢量振速提取数据(无导洞)

楼　层	单元编号	v_r(cm/s)	v_t(cm/s)	v_c(cm/s)	v_h(cm/s)
0	415104	0.179	0.21	0.437	0.44
1	62936	0.152	0.153	0.314	0.34
2	65048	0.115	0.095	0.135	0.2
3	67160	0.075 5	0.108	0.138 5	0.18
4	69272	0.085	0.089	0.094 5	0.12
5	71384	0.065	0.049	0.104	0.11
6	73496	0.044	0.047	0.086	0.098
7	75608	0.057	0.095	0.133	0.15

表 4-19　各测点单元三矢量振速提取数据(有导洞)

楼　层	单元编号	v_r(cm/s)	v_t(cm/s)	v_c(cm/s)	v_h(cm/s)
0	415104	0.17	0.19	0.33	0.39
1	62936	0.143	0.15	0.19	0.27
2	65048	0.079	0.08	0.126	0.15
3	67160	0.067	0.107	0.098	0.117
4	69272	0.064	0.088	0.079	0.096
5	71384	0.056	0.069	0.074	0.078
6	73496	0.037	0.044	0.068	0.081
7	75608	0.039	0.051	0.092	0.104

根据表 4-18，在无导洞爆破条件下，模拟振速峰值 v_r、v_t、v_c、v_h 与 楼层 Hn 的变化关系如图 4-35 所示。

由图 4-35 可以发现，振速峰值 v_r 总体呈现降低的变化趋势，在 0～2 层的振速衰减率约 35%，振速在 2～7 层呈规律的波浪状上下波动，在 7 层出现相对放大现象，放大系数为 0.32。振速峰值 v_t 变化规律总体上与 v_r 一致，在 0 层出现振速最大值。具体表现为振速峰值 v_t 在 0～2 层快速衰减，衰减率为 55%；在 2～7 层振速呈规律的波浪状上下波动，在 7 层出现相对放大现象，放大系数为 0.45，振速极大值和振速极小值分别出现在3 层和 6 层。振速峰值 v_c 总体上随着楼层的增加呈现降低的变化趋势，主要表现在 0～2 层迅速衰减，衰减率为 69%；在 2～7 层振

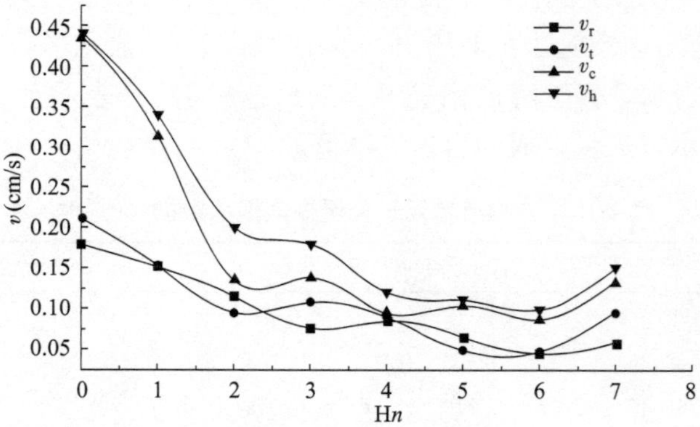

图 4-35 模拟振速峰值 v_r、v_t、v_c、v_h 与楼层 Hn 的变化关系(无导洞)

速趋于稳定,呈现规律的波浪状上下波动;在 7 层出现相对放大现象,放大系数为 0.3。振速峰值 v_h 作为 v_r、v_t、v_c 三矢量的合速度,其总体上的变化曲线与垂直方向振速峰值 v_c 基本一致,都表现为振速随楼层的增加逐渐降低,衰减速度也由快转为缓慢。具体表现为在 0～2 层振速迅速衰减,衰减为 0 层的 45%,振速在 2～6 层呈现"丘陵"状,并在 6 层和 7 层都出现相对放大的现象,放大系数分别为 0.22 和 0.34。

综上,由图 4-35 可知,无导洞爆破条件下的模拟振速峰值 v_r、v_t、v_c 和 v_h 与楼层 Hn 之间的变化关系基本一致,都随着楼层的增高呈现出逐渐降低的趋势,衰减速度也随着楼层的增加逐渐降低,振速峰值在 2～7 层都呈现波浪状上下波动,并在 7 层出现相对放大现象,放大系数在 0.3～0.45 之间。振速最大值和振速最小值分别出现在 0 层和 6 层。

根据表 4-19,在有导洞爆破条件下,模拟振速峰值 v_r、v_t、v_c、v_h 与楼层 Hn 的变化关系如图 4-36 所示。

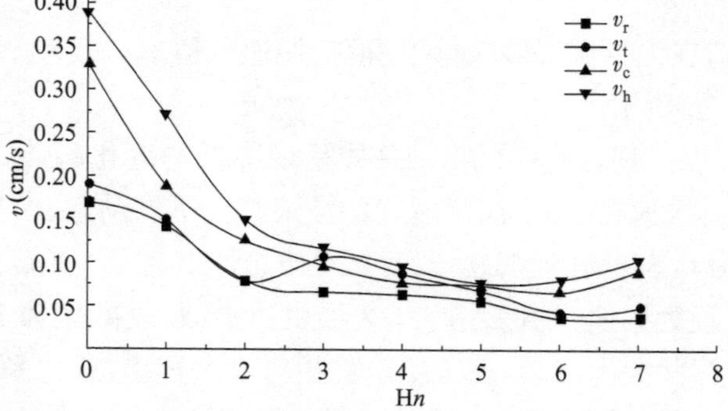

图 4-36 模拟振速峰值 v_r、v_t、v_c、v_h 与楼层 Hn 的变化关系(有导洞)

由图 4-36 可知，振速峰值 v_r 总体呈现降低的变化趋势，在 0～2 层振速衰减较快，振速在 2～7 层趋于稳定，无明显变化，并在 7 层出现相对放大现象，放大系数为 0.23。振速峰值 v_t 总体上随着楼层的增加呈现先降低后增加再降低的变化规律，主要表现为在 0～2 层快速衰减，2～6 层振速呈现“丘陵”状，并在 3 层出现振速极大值，在 7 层出现相对放大现象，放大系数为 0.27。振速峰值 v_c 和 v_h 的变化规律一致，都随着楼层的增加逐渐降低，并在 7 层出现相对放大现象，放大系数分别为 0.28、0.26。衰减速度随着楼层增加逐渐降低，v_c 和 v_h 在 2 层的振速分别衰减为 0 层的 38.2%、38.5%。

有导洞爆破条件下的模拟振速峰值 v_r、v_t、v_c 和 v_h 与楼层 Hn 之间的变化关系基本一致，都随着楼层的增高呈现出逐渐降低的趋势，衰减速度也随着楼层的增加逐渐降低，振速峰值在 2～7 趋于稳定，并在 7 层出现相对放大现象，放大系数在 0.23～0.28 之间。

根据图 4-35 和图 4-36 可知，无导洞爆破条件下的模拟振速峰值 v_r、v_t、v_c 和 v_h 与楼层 Hn 之间的变化关系和有导洞爆破条件下的变化条件基本一致，总体上都随着楼层的增加逐渐降低，衰减速度也随着楼层的增加逐渐降低。振速最大值出现在 0 层，振速最小值出现在 6 层。在 7 层都出现不同程度的相对放大现象。对两种爆破条件下的模拟数据进行对比分析可知，有导洞爆破条件下的振速峰值 v_r、v_t、v_c 和 v_h 小于无导洞爆破，0 层振速最大值分别降低 5%、10%、24.5%和 11.4%。这是因为岩石中炸药爆炸产生的一部分能量会通过导洞自由面破碎岩石后耗散在空气中，另一部分能量则通过岩石传播到地表砌体结构。表明因导洞增加的自由面能够有效地降低垂直方向的振速，对水平方向振速的降低效果不明显。相对于无导洞爆破，有导洞爆破条件下的振速峰值 v_r、v_t、v_c 和 v_h 在 0～2 楼层的衰减幅度都要大于无导洞爆破，并在 2～7 层呈现逐缓慢的下降趋势，在 7 层出现的相对放大现象不明显，放大系数小于无导洞爆破。表明导洞自由面可以有效地降低建筑物顶层放大效应。分析结果表明，砌体结构的数值模拟振动数据与实测振动数据具有较高的吻合度，可以较好地反映砌体结构的振动响应真实状态。

4.4 小　　结

以青岛地铁 1 号线贵西区间四线大断面隧道的爆破开挖工程为研究背景，采用了理论分析、现场实验和数值模拟相结合的方法，研究了多层砌体结构在爆破作用下的响应规律。在现场实验的基础上，采用数值模拟的方法对有无导洞爆破作用下的建筑物模型振动、应力响应规律进行研究分析。并根据现场实验总结出适合大断面隧道爆破扩挖的方法，后对 TBM 导洞扩挖隧道的爆破振动控制技术进行研究。通过前述分析，已经得出一些结论，但是仍有不足之处以及需要改进的地方。

(1)针对大断面隧道的爆破施工，建立有无导洞爆破条件下的数值模型。并对磁山路 2 丁号楼五单元 7 层砌体结构进行现场振动实测。研究砌体结构的振动响应规律，得到适合大断面隧道爆破施工的施工方法。主要有以下结论：

1)合速度峰值最大值出现在砌体结构的 0 层或 1 层，最小值出现在 5 层或 6 层，并没有出现在距离最远的 7 层，不符合萨道夫斯基公式。

2)采用现场采集的 v_h 峰值振动数据，回归得到 TBM 双导洞先行大断面隧道下穿复杂建筑群条件下的萨道夫斯基公式。

3)在砌体结构 2～7 层，合振速峰值呈现震荡变化的特点，并在 7 层出现比较明显的相对放大现象。当爆心距 R 大于某一值时，顶层将会监测不到振动，此时会出现绝对降低的现象。

4)砌体结构各个楼层合振速峰值总体上随着地面测点距工作面水平距离 L_a 的增大，呈现出先增大后减小的变化规律。峰值振速最大值出现在 L_a 绝对值小于 10 m 的范围内。每一楼层的振动规律曲线与萨道夫斯基公式的爆破振动衰减曲线中振动速度随爆心距变化的规律一致，符合萨道夫斯基公式。

5)针对两个模型有无导洞的条件下，得出有导洞模型的合速度峰值比无导洞模型的降低 13.3%～25.9%，创造自由面可以有效降低振动。有导洞爆破条件下的水平方向、垂直方向以及合振速峰值都小于无导洞爆破，砌体结构 0 层的振速最大值分别降低 5%、10%、24.5%和 11.4%。有导洞爆破条件下的水平方向、垂直方向以及合振速峰值在 0～2 层的衰减幅度都要大于无导洞爆破，并在 2～7 层呈现逐渐缓慢的下降趋势，在 7 层出现的相对放大现象不明显，放大系数小于无导洞爆破，导洞自由面可以有效地降低建筑物顶层放大效应。

6)砌体结构的数值模拟振动数据与实测振动数据具有较高的吻合度，可以较好地反映砌体结构的振动响应真实状态。

(2)通过模拟有无 TBM 导洞条件下的砌体结构对爆破振动的响应规律，可以知道 TBM 导洞可以有效降低爆破振动有害效应。所以在对贵西区间四线大断面隧道的爆破施工中，为了创造减振自由面，降低振动有害效应，采用振动较小的 TBM 开挖方式进行掘进，并对爆破振动控制技术进行了研究。

1)当岩石中的振动波传播到砌体结构时，合速度峰值 v_h 随着时间的增加不断增加，并在某一时刻合振速峰值 v_h 达到最大值。表明岩石中的振动波能量逐渐传播至砌体结构内，砌体结构内的能量输入大于能量的输出与耗散。当经过某一时刻后，合速度峰值 v_h 随着时间的增加先减小后趋于稳定，表明岩石中的振动波能量已完全传播至砌体结构内，受结构的阻尼作用，从而耗散系统的一部分振动波能量。

2)两种模型分别在 9 399.6 μs、9 399.9 μs 时，v_h 分别达到最大值 0.796 cm/s 和 0.69 cm/s，并且都出现在 1633 节点处，此时振动波能量基本分布于整个 0 层，可知合速度峰值 v_h 的最大值出现在砌体结构 0 层的部位；针对两个模型有无导洞的条件下，得出有导洞模型的合速度峰值 v_h 比无导洞模型的降低 13.3%～25.9%，创造自由面可以有效降低振动。

3)振动波从岩石中传播到砌体结构后，先是在构造柱内进行传播，后到墙砌体。这是由于构造柱采用钢筋混凝土材料，而墙砌体是由普通烧结砖和砂浆砌成的混合材料，两者密度、剪切、弹性模量以及强化系数等参数不一致的原因造成的。

4)根据四线大断面隧道周围环境和地质条件，为创造减振自由面，降低爆破振动有害效应，采用 TBM 开挖和钻爆法开挖相结合的开挖方法，并采用左、右线台阶法交错开挖，从而有效地降低了爆破振动。

5)采用导爆管"孔内大段别，孔外小段别"簇并联连接方法的起爆网路，解决了雷管段数有限、一次起爆雷管数过多的问题，且最大限度地减小最大单段起爆药量。

6)通过 MATLAB 拟合爆破地震波衰减系数 K 和 α 值，并得到适合 TBM 双导洞先行的大断面隧道下穿复杂建筑群条件下的爆破振动预测公式。爆破振动预测公式可以有效地预测爆破振动速度，从而指导地铁隧道的爆破施工。

7)数码电子雷管在复杂环境下隧道爆破过程的使用，解决了导爆管雷管段数有限、误差过大的问题。数码电子雷管单段单响并且可以精确延期时长达 5 000 ms 以上，爆破效果良好，并且具有很高的精确性和安全性。

8)通过振动实测与理论计算对比分析，两者数值均在安全允许振速范围之内。因此，验证了导爆管雷管和数码电子雷管爆破开挖方案的可行性和合理性，并且能够有效降低爆破振动，保障既有建筑物和周边居民的安全。

第5章　总结及展望

5.1 总　　结

本书结合青岛轨道交通建设中的研究和实践，围绕具体工程案例，介绍了城市大跨度硬岩隧道施工控制爆破新技术及理论研究成果，分析了几种典型建筑结构对隧道爆破的振动响应特性。

(1)近距离隧道下穿多层砖混建筑物基础5～7.4 m时，围岩等级为Ⅱ～Ⅲ级，采用台阶法施工，上台阶单孔单段最大0.1 kg，在药距比系数为5.05～5.53范围内时，垂直振动峰值速度、水平径向振动峰值速度和合振动峰值速度在建筑物顶层出现振速绝对降低现象，水平切向振动峰值速度在建筑物顶层出现振速相对降低现象。爆源在测点前后－0.5～1.65 m范围内时，垂直振动峰值速度、水平径向振动峰值速度和合振动峰值速度在0层出现振速降低，最大值出现在－1层。爆源在测点后－2.67～－2.17 m和测点前2.2～3.8 m，垂直振动峰值速度、水平径向振动峰值速度和合振动峰值速度在0层出现振速增大，最大值出现在0层。在测点前后－2.67～3.8 m范围内时，水平径向振动峰值速度在－1层取最大值，在4层取最小值。建筑物的爆破振动速度随着层高的增加，顶层分别呈现绝对降低、相对降低、相对放大和绝对放大4种类型。提出以药距比系数来判别建筑物顶层振动响应形式。当药距比系数在6.135～8.42之间时，建筑物顶层出现振速放大现象；当药距比系数在3.39～5.53之间时，建筑物顶层出现振速减小现象。

(2)基于理论分析、数值模拟与现场测试，分析了隧道爆破对地面框架结构的振动影响。框架结构振速峰值出现绝对降低、相对放大等主要与药距比系数β相关。在药量相对较低、自由面数量较多的下台阶爆破时，振速峰值出现了绝对降低现象。沿楼层增高方向，爆破振动频谱曲线逐渐由多峰值转变为单峰值结构。框架结构主振频率的传播具有方向性。

(3)分析得到了TBM导洞扩挖大断面隧道爆破对地面7层砌体结构的振动影响。合速度峰值最大值出现在砌体结构的0层或1层，最小值出现在5层或6层，并没有出现在距离最远的7层。砌体结构2～7层，合振速峰值呈现震荡变化的特点，并在7层出现比较明显的相对放大现象。当爆心距R大于某一值时，顶层将会监测不到振动，此时会出现绝对降低的现象。针对两个模型有无导洞的条件下,得出有导洞模型的合速度峰值比无导洞模型的降低 13.3%～25.9%,创造自由面可以有效降低振动。有导洞爆破条件下的水平方向、垂直方向以及合振速峰值都小于无导洞爆破,砌体结构 0 层的振速最大值分别降低 5%、10%、24.5%和 11.4%。有导洞爆破条件下的水平方向、垂直方向以及合振速峰值在 0～2 层的衰减幅度都要大于无导洞爆破,并在 2～7 层呈现逐渐缓慢的下降趋势,在 7 层出现的相对放大现象不明显,放大系数小于无导洞爆破,导洞自由面可以有效地降低建筑物顶层放大效应。

5.2 展 望

爆破振动建筑物的影响研究是一项非常复杂和困难的工作。影响爆破振动和建筑物的因素较多,如爆源参数、地质围岩情况、建筑物自身情况等。研究工作涉及爆破工程、爆炸力学、岩石力学、土力学、结构力学等多个学科领域。本书结合大量爆破振动实测数据,通过对爆破振动波频谱分析,研究了爆破振动效应下建筑物的响应规律。但限于爆破的复杂性,这个领域需要扩展的空间还很大,需要进行更多更深入的研究。

(1)分析隧道爆破对多层砖混结构的影响时,针对爆破振动峰值速度 3 分量出现的时间与水平距离的关系进行分析,得到了建筑物下方尚未形成空腔和建筑物下方形成空腔两种情况下的 3 个方向峰值速度出现的时间关系,但是未进行更深入的力学分析计算。今后的研究还需要通过振动力学、数值模拟等手段验证分析结果。

(2)在进行砌体结构数值模拟时,对岩石、砌体结构等材料采取的都是理想化的均匀介质,然而实际上的岩石中会存在着各种各样的裂隙,砌体结构的构造柱、墙砌体以及楼板等由于年代久远、疏于维修等原因都有不同程度的损坏,与模型材料参数有着较大的出入。将炸药装药结构简化为单孔耦合装药,忽略了群药包装药以及延期时间的影响。更加合理的数值模型与计算方法,需进一步完善和探索。

(3)框架结构数值模拟时,并未针对诸如下穿隧道、开挖空洞、爆心距更远的工况进行模拟。数值模型未针对剪力墙的受力情况和振速进行分析;将爆破药量简化为集中荷载的方式施加在开挖轮廓壁面上,忽略了装药之间的相互影响。后续工作中,应将更多影响建筑结构振动响应规律的因素考虑在内,优化模型,与工程实际更加符合。并建立不同爆心距的模型,完善药距比系数与建筑结构振动响应规律的关系。

参考文献

[1] 彭立敏,刘小兵. 隧道工程[M]. 长沙:中南大学出版社,2009.

[2] 齐景岳,刘正雄,张儒林,等. 隧道爆破现代技术[M]. 北京:中国铁道出版社,1995.

[3] 任文祥,王学斌. 城市地下铁道隧道开挖控制:青岛地铁车站大跨度施工[J]. 都市快轨交通,1999(3):13-17,20.

[4] 郑峰,段卫东,钟冬望,等. 爆破震动研究现状及存在问题的探讨[J]. 爆破,2006,23(1):92-94.

[5] 王海亮,蓝成仁. 工程爆破[M]. 2 版. 北京:中国铁道出版社,2018.

[6] 言志信,王后裕. 爆破地震效应及安全[M]. 北京:科学出版社,2011.

[7] JONES E, MITCHEL D. Spread of detonation in high explosives[J]. Coast and Geodetic Survey,1950:98-99.

[8] 谢毓寿,王耀文. 工业爆破的地震效应[J]. 地球物理学报,1962(2):154-163.

[9] JIMENO C L, BALKEMA A A. Drilling and blasting of rocks [M]. Netherlands: Printed In Netherlands, 1967:103-109.

[10] GHOSH A, DAEMEN J J K. A simple new blast vibration predictor (based on wave propagation laws)[C]. The 24th US Symposium On Rock Mechanics,1983.

[11] 龚亚莉. 爆破引起地面震动及其衰减规律[J]. 爆炸与冲击,1981(2):79-88.

[12] GHOSH A, DAEMEN J J K. Statistics-a key to better blast vibration predictions [C]. The 26th US Symposium On Rock Mechanics,1985.

[13] 李保珍. 露天深孔爆破地震效应的研究[J]. 长沙矿山研究院季刊,1989(4):84-94.

[14] 李玉民,倪芝芳. 地下工程开挖爆破的地面振动特征[J]. 岩石力学与工程学报,1997,16(3):274-278.

[15] 韩志型,刘东宇. 露天爆破控制方法[J]. 世界采矿快报,1999(8):3-5.

[16] 廖大学,宋光明,史秀志. 振动主频对质点振速测量影响的实验研究[J]. 矿业研究与开发,2000,20(1):43-45.

[17] 徐全军,龙源,张庆明,等. 微差爆破震动叠加起始位置数值模拟[J]. 力学与实践,2000,22(5):45-48.

[18] 张继春,曹孝君,郑爽英,等. 浅埋隧道掘进爆破的地表震动效应试验研究[J]. 岩石力学与工程学报,2005(22):4158-4163.

[19] 郭建群．渝怀铁路人和场隧道的掘进爆破技术研究[D]. 成都：西南交通大学，2003.

[20] 郭建群，张继春，许海亮，等．人和场隧道掘进爆破的地震效应实验研究[J]. 中国铁道科学，2003，24(4)：92-95.

[21] 许海亮．浅埋隧道掘进爆破地震效应实验研究[D]. 成都：西南交通大学，2004.

[22] 唐信来．厦门机场高速路隧道爆破振动效应及其控制[D]. 长沙：中南大学，2007.

[23] 傅洪贤，赵勇，谢晋水，等．隧道爆破近区爆破振动测试研究[J]. 岩石力学与工程学报，2011，30(2)：335-340.

[24] 李兴华，龙源，纪冲，等．基于小波包变换的高程差对爆破震动信号影响分析[J]. 振动与冲击，2013，32(4)：44-47，65.

[25] BAO R C，GAO T W，CHEN L J，et al. Analyzing on blasting vibration in urban section of the Kiaochow Bay cross-harbour tunnel [J]. Theory and Practice of Energetic Materials，2009：636-639.

[26] WANG H L，XUE X B，LI S X，et al. Modification of surface velocity calculation formula in tunnel blasting[C]. Switzerland：Trans Tech Publications Ltd.，2011.

[27] 于建新．大跨度硬岩隧道爆破对地表质点振动的影响规律[D]. 青岛：山东科技大学，2011.

[28] 杨利波，王海亮．胶州湾湾口海底隧道青岛端接线工程地面监测技术[J]. 科技情报开发与经济，2010，20(17)：180-183.

[29] 王利，王海亮．隧道爆破不同类型最大振速对建筑物的影响研究[J]. 爆破，2012(4)：6-9.

[30] 丛树翠，王海亮．相邻隧道爆破震动波的传播规律研究[J]. 隧道建设，2012(4)：502-505.

[31] 王楠，王海亮．胶州湾湾口海底隧道青岛端接线工程隧道内变形监测技术[J]. 中小企业管理与科技，2010(5)：180-182.

[32] 王斌，王海亮．海底隧道下穿高层建筑段的处理措施[J]. 中小企业管理与科技，2010(5)：117-118.

[33] 丛树翠．隧道开挖对邻近建筑物的振动损伤影响[D]. 青岛：山东科技大学，2012.

[34] 赵常伟．微振动爆破有害效应控制与评估方法研究[D]. 青岛：山东科技大学，2009.

[35] 王知深．城市硬岩浅埋隧道爆破施工地表质点响应规律研究[D]. 青岛：山东科技大学，2013.

[36] 代青松，陶铁军，李鸿，等．土石方控制爆破减振试验研究[J]. 矿业研究与开发，2016，36(4)：22-25.

[37] 张梦雅，龙祖根，唐志鹏，等．露天矿爆破震动对周边建筑物的影响研究[J]. 矿业研究与开发，2017，37(4)：17-19.

[38] 胡守云,周传波,蒋楠,等. P波作用下机场跑道的爆破安全振动速度研究[J]. 华南理工大学学报(自然科学版),2018,46(4):129-136.

[39] 张志呈. 论工程爆破地震的方向性[J]. 有色金属,1985(5):35-40.

[40] 杨异田. 爆炸荷载下坑道振动规律及安全性估计[J]. 爆炸与冲击,1985,5(4):17-23.

[41] GRAIZER V. Low-velocity zone and topography as a source of site amplification effect on Tarzana hill, California[J]. Soil Dynamics & Earthquake Engineering, 2009,29(2):324-332.

[42] 李新平,孟建,徐鹏程. 溪洛渡水电站出线竖井爆破振动效应研究[J]. 岩土力学,2011,32(2):474-480.

[43] 金旭浩. 爆破地震波的产生及衰减机制[D]. 武汉:武汉大学,2013.

[44] 雷振. 台阶爆破振动效应非线性预测方法研究及应用[D]. 北京:中国矿业大学,2015.

[45] 冉成. 爆破地震波作用下房屋结构动力响应研究[D]. 武汉:武汉理工大学:2017.

[46] 胡学龙,璩世杰,蒋文利,等. 基于等效路径的爆破地震波衰减规律[J]. 爆炸与冲击,2017,37 (6):966-975.

[47] 任仕国. 地铁车站开挖爆破地震波衰减特性监测分析[J]. 工程爆破,2017,23(5):44-48,66.

[48] 张声辉,刘连生,钟清亮,等. 露天边坡爆破地震波能量分布特征研究[J]. 振动与冲击,2019,38(7):224-232.

[49] DAUBECHIES I, GROSSMANN A, MEYER Y. Painless nonorthogonal expansions [J]. Journal of Mathematical Physics, 1986, 27(5):1271-1283.

[50] 何军,于亚伦,梁文基. 爆破振动信号的小波分析[J]. 岩土工程学报,1998,20(1):47-50.

[51] 娄建武,龙源. 爆破震动信号的特征提取及识别技术研究[J]. 振动与冲击,2003,22(3):80-82.

[52] 林大超,施惠基,白春华,等. 爆炸地震效应的时频分析[J]. 爆炸与冲击,2003,23(1):31-36.

[53] 凌同华,李夕兵. 用小波变换识别微差爆破中的实际延迟时间[J]. 湖南科技大学学报,2004,19(2):21-23.

[54] 凌同华,李夕兵. 基于小波变换的时-能分布确定微差爆破的实际延迟时间[J]. 岩石力学与工程学报,2004,23(13):2266-2270.

[55] 李洪涛,卢文波,舒大强. 小波分析在爆破振动加速度推求中的应用[J]. 爆破器材,2007,35(5):4-7.

[56] 易长平,赵明生,崔正荣. 基于独立分量分析的爆破振动信号分离仿真实验[J]. 爆破,2010,27(1):31-36.

[57] 高富强,张光雄,杨军.露天煤矿爆破地震波衰减规律的频谱特性[J].煤矿安全,2017(2):76-82.

[58] ROCKWELL E H. Vibration caused by quarry blasting and their effect on structures[J]. The Explosives Engineer, 1927:93-96.

[59] THOENEN J R, WINDES S L. Seismic effects of quarry blasting[R]. Washington: United States Government Printing Office,1942.

[60] JOSEPH A, SHARPE. The production of elastic waves by explosion pressures. I. theory and empirical field observations[J]. Geophysics, 1942, 7(2):144-145.

[61] PERKINS B, CARDER D S. Structure of the snake river lava plains near Arco, Idaho, from seismic investigations of large explosions [J] . Coast and Geodetic survey, 1947, 1(1):71-73.

[62] 王迪安.多层建筑对爆破地震波主频率的响应特性[J].矿业研究与开发,1999(S3):10-12.

[63] 方俊波,崔天麟.浅埋地铁区间爆破震动对地表建筑物的影响[J].世界隧道,2000(5):28-31,41.

[64] 朱泽兵,张东明.大坪隧道掘进中爆破震动的控制[J].工程爆破,2002(4):67-70.

[65] 李德林,方向,齐世福,等.爆破震动效应对建筑物的影响[J].工程爆破,2004(2):66-69.

[66] 刘满堂,陈庆寿.建筑结构对爆破地震的动力响应特性研究[J].爆破,2005,22(4):23-28.

[67] 胡国忠.城市地下工程爆破的地面爆破震动效应及其震动强度预测[D].重庆:重庆大学,2005.

[68] 刘晓梁.隧道施工中爆破引起地面建筑物的微振动响应[D].北京:北京交通大学,2008.

[69] 赵常伟.微振动爆破有害效应控制与评估方法研究[D].青岛:山东科技大学,2009.

[70] 高同伟.建筑结构对隧道爆破的振动响应特性[D].青岛:山东科技大学,2011.

[71] 王利,王海亮.隧道爆破不同类型最大振速对建筑物的影响研究[J].爆破,2012,29(4):6-9,69.

[72] 薛宪彬.隧道爆破振动效应下多层砌体结构建筑物的振动响应规律研究[D].青岛:山东科技大学,2013.

[73] 孙志果.隧道爆破对多层砖混结构建筑物的振动影响研究[D].青岛:山东科技大学,2014.

[74] 王文强.砌体结构在隧道爆破作用下的振动规律研究[D].青岛:山东科技大学,2018.

[75] 肖业辉．基于大断面隧道 TBM 导洞先行条件的砌体结构爆破振动响应规律[D]．青岛：山东科技大学，2021.
[76] 孙中博．隧道爆破对多层框架结构的振动影响研究[D]．青岛：山东科技大学，2021.
[77] 刘优平，赵江倩．建筑物下爆破震动放大效应的实验研究[J]．矿业研究与开发，2009，29(6)：95-97.
[78] 魏海霞，陈士海，王海亮．爆破地震波作用下建筑结构速度响应的现场测试研究[J]．矿业安全与环保，2010，37(2)：44-46.
[79] 王文韬．重庆地铁隧道钻爆法施工对邻近高层建筑振动响应研究[D]．北京：北京交通大学，2011.
[80] 王小红，李晓杰，闫鸿浩，等．高层建筑不同楼层对低频爆破振动的响应[C] //中国爆破新技术Ⅲ，中国力学学会，中国工程爆破协会，2012.
[81] 张建波，杨新安，何知思．浅埋隧道下穿建筑物爆破振动规律及控制研究[J]．华东交通大学学报，2014，3(1)：7-22.
[82] 王伟．爆破地震波影响下结构动力响应及其开裂规律研究[D]．青岛：青岛理工大学，2014.
[83] 高富强，张光雄，杨军．爆破地震荷载作用下建筑结构的动力响应分析[J]．爆破，2015，32(1)：5-10，80.
[84] 林凡涛．隧道开挖爆破震动对地表建筑物影响[D]．北京：北京交通大学，2015.
[85] 高愿．建筑物对地铁隧道爆破振动响应分析[D]．北京：北京理工大学，2016.
[86] 杨家田．地铁车站爆破施工对地表建筑物的影响研究[D]．重庆：重庆大学，2016.
[87] 吴仕鹏．爆破振动荷载作用下建(构)筑物的动力响应规律研究[D]．湘潭：湖南科技大学，2017.
[88] 陈至昊，杜建伟．城市轨道钻爆开挖引起下穿高层建筑的振动响应规律研究[J]．中国安全生产科学技术，2019，15(S1)：111-115.
[89] HUO R K, LI S G, SONG Z P, et al. Analysis of vibration response law of multistory building under tunnel blasting loads[J]. Advances in Civil Engineering, 2019(4), 1-16.
[90] ADHIKARI G R, SINGH R B, GUPTA R N. Structural response to ground vibration from blasting in opencast coal mines. [J]. International Journal of Rock Mechanics and Mining Science & Geomechanics Abstracts, 1990, 27(2): A177.
[91] LU Y, HAO H, MA G, et al. Shear force in structural response to blast-induced ground excitations [M]. Southampton: Wit Press, 2000.
[92] DHAKAL R P, PAN T-C. Response characteristics of structures subjected to

blasting-induced ground motion [J]. International Journal of Impact Engineering, 2003,28(8):813-828.

[93] 言志信,王永和,江平,等. 爆破地震测试及建筑结构安全标准研究[J]. 岩石力学与工程学报,2003,22(11):1908-1909.

[94] 曹孝君. 浅埋隧道爆破的地表震动效应研究[D]. 成都:西南交通大学,2006.

[95] 蔺新丽,蔡彬彬,张红英,等. 基于 ANSYS/LS-DYNA 的高层框架结构爆破震动响应模拟[C]. 第十一届中国煤炭学会爆破学术会议论文集,2010:36-42.

[96] 张远华. 城市隧道爆破开挖条件下地表建筑动力响应分析[D]. 重庆:重庆大学,2011.

[97] 王辉,阳生权,常中民,等. 轻轨隧道下穿建筑物爆破震动实验研究[J]. 湖南工业大学学报,2014,28(6):17-22.

[98] 黄华东. 隧道爆破地震波对围岩及邻近建筑物的影响分析[D]. 重庆:重庆交通大学,2015.

[99] 刘光汉,周建敏,余红兵. 爆破振动高程放大效应研究[J]. 矿业研究与开发,2015,35(12):84-87.

[100] 刘斌. 地铁隧道爆破施工对邻近建筑物影响的数值模拟分析[D]. 大连:大连交通大学,2016.

[101] 纪伟杰. 隧道爆破开挖引起临近建筑物振动效应研究[D]. 青岛:青岛理工大学,2016.

[102] 何如. 下穿隧道爆破作用下建筑结构的动力响应特征研究[D]. 北京:中国地质大学,2018.

[103] 潘毅,时胜杰,常志旺,等. 近断层脉冲地震动对基础隔震结构放大效应的量化分析[J]. 土木工程学报,2018,51(11):8-16.

[104] ADEPITAN R O, OWOLABI A, KOMOLAFE K. Prediction of structural response to blast-induced vibration in Kopek Construction Quarry, Ikere-Ekiti, Ekiti State, Nigeria [J]. International Journal of Environmental Studies, 2018, 75(6):990-999.

[105] 张忆,杨文东,彭振,等. 地铁隧道爆破开挖对高层框架结构的动态响应[J]. 爆破,2018,35(1):147-153.

[106] 李洋,舒大强,丁留涛,等. 开挖爆破对在建混凝土烟囱的振动影响及控制[J]. 爆破,2019,36(4):132-136.

[107] 张玉琦,蒋楠,周传波,等. 地铁基坑爆破振动作用邻近高层框架建筑物结构动力响应[J]. 煤炭学报,2019,44(S1):118-125.

[108] 公伟增,段宝福,张雪伟,等. 隧道爆破地震波作用下砌体建筑物振动响应分析[J]. 科学技术与工程,2019,19(33):377-383.

[109] 王岗,安建永,王少民,等. 隧道掘进爆破下多层建筑的应力响应特征研究[J]. 低温建筑技术,2020,42(3):56-61.
[110] 李小宇. 城市隧道爆破开挖对临近砖混建筑物的振动影响研究[D]. 包头:内蒙古科技大学,2020.
[111] 黄迪. 水下爆破振动对周围建筑物影响研究[D]. 长沙:湖南大学,2019.
[112] 罗忆,卢文波,陈明,等. 爆破振动安全判据研究综述[J]. 爆破,2010,27(1):14-22.
[113] 陶刘群,于亚伦. 爆破振动安全判据三大核心问题研究[J]. 金属矿山,2012(10):127-129.
[114] 张玉成,杨光华,胡海英,等. 爆破振动对建(构)筑物影响数值计算模型及安全判据的研究[J]. 土木工程学报,2015,48(S2):22-29.
[115] 廖识. UBOX5016爆破监测仪在城市地铁爆破监测中的应用[J]. 中国科技信息,2012,(5):54-55.
[116] 王利. 高层建筑物对隧道爆破的振动响应特性[D]. 青岛:山东科技大学,2012.
[117] 杨庆. 浅埋隧道近接建筑物爆破减振技术研究[D]. 青岛:山东科技大学,2013.
[118] SU H F, CHEN L J, WANG H L, et al. Test and analysis on the answer discipline to the tunnel blasting of the high buildings [C]. Theory and Practice of Energetic Materials,2009:644-646.
[119] LI S X, SU H F, WANG H L, et al. Controlled blasting technology and vibration monitoring in Qingdao seabed tunnel through high building [C]. Theory and Practice of Energetic Materials,2009:632-635.
[120] WANG H L, WANG L, LIU L S, et al. Influences discipline of tunnel blasting vibration on 20 floors reinforced concrete frame-shear wall structure building [C]. Advanced Materials Research,2011:874-877.
[121] 杨军伟. 基于FFT的实测爆破振动信号综合分析[J]. 科技信息,2011,(22):439-440.
[122] 孙亚飞. 小波分析理论应用于岩石松动圈声波测试的研究[D]. 武汉:武汉理工大学,2008.
[123] 陈士海,魏海霞,杜荣强,等. 建筑结构爆破地震效应分析[M]. 北京:煤炭工业出版社,2010.
[124] 李治. Midas/GTS在岩土工程中应用[M]. 北京:中国建筑工业出版社,2013.
[125] 龚晓南. 土塑性力学[M]. 浙江:浙江大学出版社,1990.
[126] 谢晓锋. 立交下穿隧道爆破施工对既有隧道动力响应研究[D]. 长沙:长沙理工大学,2013.
[127] 王继荣,杨影. 浅谈掌子面形状对隧洞爆破的影响[J]. 水利水电技术,2004,35

(7):61-62.
[128] DOWDING C H, AIMONE C T. Multiple blast-hole stresses and measured fragmentation[J]. Rock Mechanic and Rock Engineering,1985,18:17-36.
[129] 占城．城市隧道爆破震动对邻近建筑物的影响及安全评估[D]. 重庆:重庆交通大学,2017.
[130] 陈宝心,杨勤荣．爆破动力学基础[M]. 武汉:湖北科学技术出版社,2005.
[131] 孙钧,侯学渊．地下结构[M]. 北京:科学出版社,1988.
[132] 刘国华,王振宇．爆破荷载作用下隧道的动态响应与抗爆分析[J]. 浙江大学学报(工学版),2004,38(2):77-82.
[133] LYSMER J,KUHLEMEYER R L. Finite dynamic model for infinite media[J]. Journal of Engineering Mechanics, Proceeding of the ASCE, 1969, 95 (4): 859-877.
[134] LYSMER J, WASS G. Shear Wave in plane infinite structure[J]. Journal of Engineering Mechanics,Proceeding of the ASCE,1972,98(1):85-105.
[135] 李小宇．城市隧道爆破开挖对临近砖混建筑物的振动影响研究[D]. 包头:内蒙古科技大学,2020.
[136] 李洪涛．基于能量原理的爆破地震效应研究[D]. 武汉:武汉大学,2007.
[137] 白宇辉．下穿隧道爆破引起地面建筑结构振动响应及减震爆破微差时间优化研究[D]. 北京:中国地质大学,2020.
[138] 李洋,舒大强,丁留涛,等．开挖爆破对在建混凝土烟囱的振动影响及控制[J]. 爆破,2019,36(4):132-136.
[139] 管晓明．隧道爆破作用下砌体结构动力反应及控制研究[D]. 北京:北京交通大学,2015.
[140] 叶春雷,郑德明,戴春阳,等．复杂环境下数码电子雷管在土石方爆破工程中的应用[J]. 爆破,2019,36(4):76-79,95.
[141] 郭华杰．数码电子雷管在地铁隧道爆破降振中的应用[D]. 包头:内蒙古科技大学,2015.
[142] 尚晓江,苏建宇,王化锋,等．ANSYS LS-DYNA 动力分析方法与工程实例[M]. 2 版．北京:中国水利水电出版社,2008.
[143] 王书明．隧道钻爆法施工对地表建筑结构的动力响应研究[D]. 西安:长安大学,2014.